“十四五”时期国家重点出版物出版专项规划项目
新能源与智能网联汽车新技术系列丛书
中国机械工业教育协会“十四五”普通高等教育规划教材

新能源汽车与智能网联技术

主　编　靳文瑞　谭理刚　黄　晋
参　编　吕孝孝　姜笑坤　苏炎召

机械工业出版社

本书是“十四五”时期国家重点出版物出版专项规划项目。

本书主要讨论新能源汽车与智能网联技术的基础问题，包括新能源汽车和氢能源燃料电池汽车三电（电机、电池、电控）的总体技术和有关计算分析，智能技术（感知、决策、融合、定位、控制等）的算法理论和实现方法，内容主要包括新能源动力、电驱动技术、环境感知、高精地图与定位、决策规划、智能线控底盘。本书以丰富的例题使抽象的理论和算法具象化、实例化，易教易学。

本书既可作为新能源汽车工程、智能车辆工程、车辆工程、汽车服务工程等专业的专业课程教材，也可作为相关技术人员的参考读物。

图书在版编目（CIP）数据

新能源汽车与智能网联技术 / 靳文瑞，谭理刚，黄晋主编. --北京：机械工业出版社，2024.7. --（中国机械工业教育协会“十四五”普通高等教育规划教材）（一流本科专业一流本科课程建设系列教材）. -- ISBN 978-7-111-76051-1

Ⅰ. U463.67

中国国家版本馆 CIP 数据核字第 20247VX746 号

机械工业出版社（北京市百万庄大街 22 号　邮政编码 100037）
策划编辑：宋学敏　　　　责任编辑：宋学敏　周海越
责任校对：郑　雪　刘雅娜　　封面设计：张　静
责任印制：单爱军
保定市中画美凯印刷有限公司印刷
2024 年 9 月第 1 版第 1 次印刷
184mm×260mm · 12.75 印张 · 287 千字
标准书号：ISBN 978-7-111-76051-1
定价：42.00 元

电话服务
客服电话：010-88361066
010-88379833
010-68326294

网络服务
机　工　官　网：www.cmpbook.com
机　工　官　博：weibo.com/cmp1952
金　书　网：www.golden-book.com
机工教育服务网：www.cmpedu.com

前 言

能源和智能，是新时代工程科技的两大主题领域。以碳达峰、碳中和为目标的新能源理论和技术（如氢能、动力蓄电池）获得了广泛的工程应用。新一代人工智能为“赋能”和智慧交通为“场景”的智能网联理论和技术，成为国家创新博弈、企业实力竞争的重要手段。越来越多的高等院校学生、企业技术人员、交叉领域同行加入到这两大领域的研究中来。

本书主要讨论新能源汽车与智能网联技术的基础问题，包括电动汽车和氢能源燃料电池汽车三电（电机、电池、电控/网联智能）的总体技术和有关计算分析，智能技术（感知、决策、融合、定位、控制等）的算法理论和实现方法。我们认为，新能源汽车适宜侧重新的能源供给和转换，更偏“硬”，智能汽车适宜侧重如何实现算法，更偏“软”。让硬的更硬，让软的更软，是本书的特点之一。

我们努力做到在每章每节中有计算、有例题，使抽象的理论和算法具象化、实例化，这是本书的特点之二。通过案例讲解和例题训练，读者可以巩固对知识点和方法的理解和运用。我们希望，通过30~80学时的授课和实践试验内容，引导读者将理论、概念、公式、算法应用于解决实际问题中。

本书由靳文瑞（同济大学）起草编写提纲，经过黄晋（清华大学）、谭理刚（湖南大学）多次讨论后形成了编写大纲。第1章由谭理刚、靳文瑞、吕孝孝、姜笑坤编写，第2~6章由靳文瑞、黄晋、吕孝孝、苏炎召编写。吕孝孝还承担了计算部分的校对和核算工作。参加编写资料整理工作的还有李佳雪、张挺龙、缪通璇、曾柏铭、张涛、杨天鸿、代超、邱文博、方敏。贾一帆（河北工业大学）提供了部分数据，李凯（宁夏理工学院）制作了本书配套的PPT课件。

在编写和成稿过程中，编者参考了很多同行专家的观点和技术，在此一并表示感谢。同时，感谢湖南大学整车先进设计制造技术全国重点实验开放基金（批准号：32115018）的研究资助。书中不足之处，恳请读者提出宝贵意见，后续将不断完善。

编 者

目 录

第1章　新能源动力

1.1　新能源汽车

汽车工业是制造业的支柱，也是关系到国计民生的大产业，很难找到一个产业有如此大的影响力。2023 年我国汽车销量为 3009.4 万辆，连续 15 年全球第一，千人汽车保有量约为 248 辆（美国约为 830 辆），全国新能源汽车保有量为 1821 万辆，全国汽车保有量为 4.2 亿辆（美国为 2.7 亿辆）。汽车产业占我国国内生产总值的 10%左右（德国约为 20%），国家发展和改革委员会统计数据表明汽车产业就业人数占全国就业总人数的 1/6。

传统汽车产业链是一个非常成熟的“需求、研发、制造、销售”一体化网络，如图 1-1 所示。

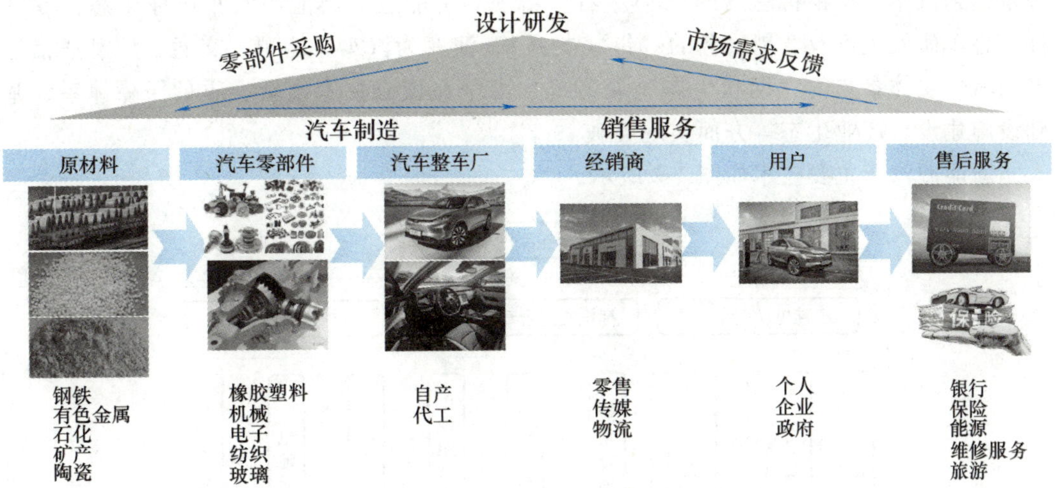

图 1-1　传统汽车产业链

由于国内外环保意识（气候变化及其带来的破坏）、城镇化进程（到 2030 年全球城镇化将达 60%）、新政策法规（CO_2 立法、车辆限行、新能源补贴）、节能意识（能源衰竭及油价上涨）、文化发展（可持续交通成为城市生活的元素，承担社会责任）和客户需求（观念的变化，个性化，共享经济）的变化，汽车工业正在向电动化、网联化、智能化、共享化的趋势发展。减少 CO_2 的排放是汽车技术创新的需求。

【例 1-1】 一辆日常出行的插电式混合动力汽车（Plug-in Hybrid Electric Vehicle，PHEV）每天行驶里程为 64km，该车的电能消耗率为 155W·h/km，传动效率为 100%，假设为车辆充电的电网输配电的损失率为 10%，燃煤电厂的 CO_2 排放量为 950g/(kW·h)，试计算为其提供电能的电厂的 CO_2 排放量。

解： 本题前提是此 PHEV 仅工作在用电模式，每日行驶 64km 消耗电能为 64km×155W·h/km=9.92kW·h。

将车辆消耗的电量折算为电厂的发电量，则发电量为 9.92kW·h/(1-10%)≈11.02kW·h。

根据电厂 CO_2 的排放程度，得到其排放量为 950g/(kW·h)×11.02kW·h=10.469kg。

2012 年 6 月 28 日，国务院办公厅印发《节能与新能源汽车产业发展规划（2012—2020 年)》，2020 年 11 月 2 日，国务院办公厅印发《新能源汽车产业发展规划(2021—2035 年)》，这两个连续的产业发展规划突出了以下特点：

1）强调“三纵三横”研发布局。“三纵”指纯电动汽车（Battery Electric Vehicle BEV)、插电式混合动力（含增程式）汽车、燃料电池汽车。“三横”指动力电池与管理系统、驱动电机与电力电子、网联化与智能化技术（原指“电控”)。

2）燃料电池汽车。力争经过 15 年的持续努力，燃料电池汽车实现商业化应用。

3）基础设施体系。有序推进氢燃料供给体系建设。

到 2025 年，纯电动乘用车新车平均电耗降至 12kW·h/100km，新能源汽车新车销售量达到汽车新车销售总量的 20%左右。新规划更能适应新能源汽车产业生态由零部件、整车研发生产及营销服务的“链式关系”，演变为汽车、能源、交通、信息通信等多领域多主体参与的“网状生态”新特征，力争在核心技术创新、质量保障体系、基础设施建设、产业生态等方面实现突破。

新能源汽车主要技术如图 1-2 所示。

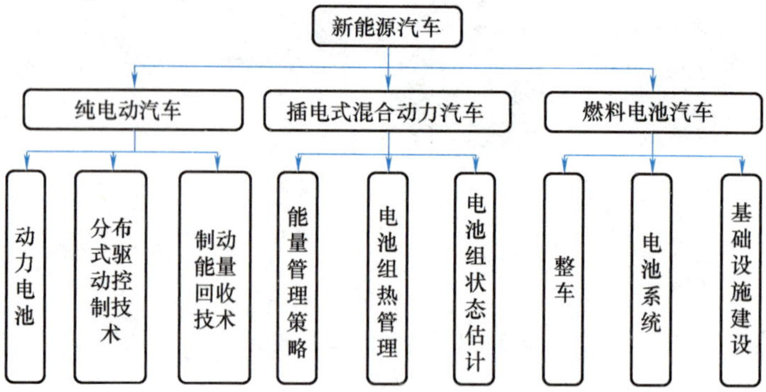

图 1-2 新能源汽车主要技术

1.2 电池

各种储能形式的理论能量密度如下：

核燃料>>气体燃料>内燃机传统液体燃料/锂金属/锂空气电池>燃料电池>锂离子电池>普通电池>超级电容器。

各种储能形式装机状态的实际能量密度如下：

气体燃料>内燃机传统液体燃料>燃料电池>锂离子电池>普通电池>超级电容器。

动力蓄电池系统是整车的能量源，为整车提供驱动电能，是电动汽车最重要的子系统。电池系统的体积、形状和技术参数会影响电动汽车的行驶性能。

1.2.1 动力蓄电池

1. 特点

各类电池特点对比见表 1-1。各特性详解如下：

1）能量密度高，以提高运行效率和续驶里程。

2）输出功率密度高，以满足驾驶性能要求。

3）工作温度范围宽广，以满足夏季高温和冬季低温的运行需要。

4）循环寿命长，保证电池的使用年限和行驶总里程。

5）有无记忆效应，以满足车辆在使用时常处于非完全放电状态下的充电需要。

6）自放电率小，满足车辆较长时间的搁置需求。

7）安全性好、可靠性高及可循环利用。

表 1-1　各类电池特点对比

电池类型	铅酸电池	镍镉电池	镍氢电池	锂离子电池
安全性	好	好	好	优秀
工作电压/V	2	1.2	1.2	3.7
质量比能量/(W·h/kg)	35	41	50~80	170~200
体积比能量/(W·h/L)	80	120	100~200	310~350
循环寿命/次	200~300	200~300	300~500	>500
工作温度/℃	-20~60	-20~60	-20~60	-20~60
记忆效应	无	有	无	无
自放电率(%)	<10	<10	<30	<5
毒性	有毒	有毒	轻毒	无

2. 分类

常用的动力蓄电池分类如图 1-3 所示。

3. 性能指标

（1）电动势　电动势指电池断路时正、负两极间的电位差，又称电池标准电压或

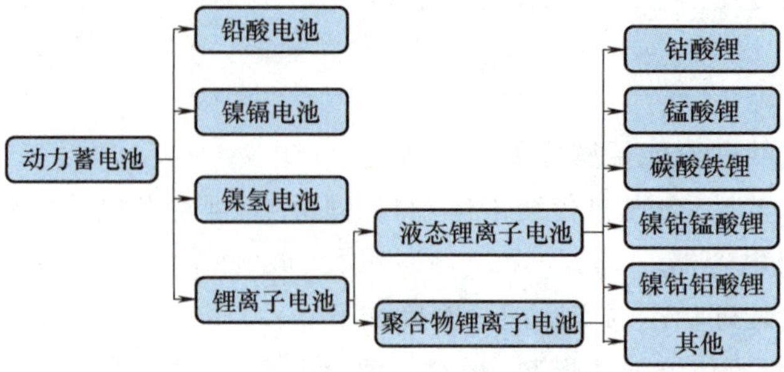

图 1-3　常用的动力蓄电池分类

理论电压。

(2) 标称电压　标称电压指在正常工作过程中表现出来的电压，如二次镍氢电池标称电压为 1.2V。

(3) 开路电压　开路电压指外线路中没有电流通过时，电池两极之间的电位差。

(4) 工作电压（负载电压）　工作电压指外线路中有电流通过时，电池两极之间的电位差。

(5) 终止电压　终止电压指放电时，电压下降到电池不宜再继续放电的最低工作电压。

(6) 中点电压　中点电压指放到 50%容量时电池的电压，主要用来衡量大电流放电系列电池高倍率放电能力。

(7) 电池容量　电池容量指在一定的放电条件下，从电池获得的电量，一般用 A · h 或 mA · h 来表示，影响到电池的最大工作电流和工作时间。电池的容量有理论容量、实际容量和额定容量等。

(8) 理论容量　理论容量指假设活性物质全部参与电池的成流反应所给出的电量，根据活性物质的质量按照法拉第定律计算求得。

(9) 实际容量　实际容量指在一定的放电制度下电池实际放出的电量。

(10) 额定容量　额定容量指设计和制造电池时，规定或保证电池在一定的放电制度下应该放出的最低限度的电量。

(11) 电池荷电状态（State of Charge，SOC）　用荷电状态来表征电池的剩余容量。从电量的角度，其定义为：电池在一定放电倍率下，剩余电量与相同条件下实际容量的比值。

SOC 用来反映电池的剩余容量，其数值上定义为电池剩余容量占电池容量的比值，常用百分数表示。其取值范围为 0～1，当 SOC = 0 时表示电池放电完全，当 SOC = 1 时表示电池完全充满。SOC 不能直接从电池本身获得，而只能通过测量电池组的外特性参数间接获得，如电流、电压、自恢复性、温度、充放电倍率、循环次数和老化程度等。

(12) 电池内阻　电池内阻是指电流通过电极或电池时所受到的阻力，包括欧姆内阻和电化学反应中电极极化所造成的极化内阻。

欧姆内阻包括由电极、隔膜和电解液等各部分欧姆内阻及其接触电阻。欧姆内阻的特点：①与电池的几何尺寸、结构、形状和装配松紧度有关；②与放电深度有关；③与充放电电流无关。

极化内阻包括电化学极化内阻和浓差极化内阻。电化学极化内阻是在电极与电解质溶液界面上进行电荷交换的阻力，也叫反应电阻。浓差极化内阻则是由于浓差极化而引起的对电流通过的阻碍作用。比较电化学极化内阻和浓差极化内阻，可以得知电化学反应相对于液相传质的难易程度。

（13）电池自放电 电池自放电是指电池在储存过程中由于非成流反应而引起的放电容量下降的现象。电池自放电又称荷电保持能力，即在开路状态下，电池储存的电量在一定环境条件下的保持能力，它是衡量电池性能的主要参数之一。

自放电主要受制造工艺、材料和储存条件的影响。电池储存温度越低，自放电率也越低，但也应注意温度过低或过高均有可能造成电池损坏无法使用。自放电分为可逆自放电和不可逆自放电。可逆自放电可以通过再充电复原，而不可逆自放电则不能通过充电复原。

（14）电池功率 电池功率是指在一定的放电制度下，单位时间内电池所输出的能量。

（15）电池比能量 电池能量即能量储存密度，有体积比能量和质量比能量两种，其常用单位分别为 W · h/L 和 W · h/kg。影响比能量的几个因素包括：质量效率、反应效率（即活性物质利用率）和电压效率。

（16）比功率 单位质量或单位体积的电池所输出的功率称为比功率。电池的质量比功率代表每千克质量的电池能提供的功率，它的大小决定电池所能输出的最大功率，标志着汽车的加速性能和最高车速，对电动汽车的动力性能等有直接影响。

（17）电池循环寿命 电池循环寿命是指按照一定的制度进行充放电，其性能衰减到某一程度时的循环次数。它是衡量电池寿命的重要指标，对电池的使用有直接影响。

电池的工作是一个不断“充电—放电—充电—放电”的循环过程，每充电和放电一次，动力蓄电池中的化学物质就要发生一次可逆性的化学反应。每次循环，电池的充电和放电性能都会衰减，直至完全丧失。

【例 1-2】 有两块锂离子电池：一台笔记本计算机电池额定容量为 4400mA · h，一款手机电池额定容量为 5000mA · h。从外形上看，笔记本计算机电池比手机电池大许多，但容量却比手机电池的少，手机电池是否比笔记本计算机电池耐用，如何理解？

解： 手机电池的额定电压为 3.7V，额定容量为 5000mA · h，额定能量为 3.7V×5000mA · h = 18.5W · h。

笔记本计算机电池的额定电压为 11.1V，额定容量为 4400mA · h，额定能量为 11.1V×4400mA · h = 48.84W · h。

如果有一个 5W 灯泡，工作电压为 2.5~12V，即在前面的这两个电压平台下都可以工作，那么手机电池可供此灯泡连续工作 18.5W · h/5W = 3.7h，而笔记本计算机电池可供此灯泡连续工作48.84W·h/5W=9.7h。因此，应从能量的角度考虑是否耐用，容量大不一定耐用。

1.2.2 锂离子电池结构原理

锂离子电池以碳为负极，以含锂的化合物为正极；在充放电过程中，没有金属锂存在，只有锂离子，这就是锂离子电池名称的由来。锂离子电池由正极、负极、电解质和隔膜等组成。根据电解质的不同，锂离子电池可分为液态锂离子电池和聚合物锂离子电池，如图1-4所示。

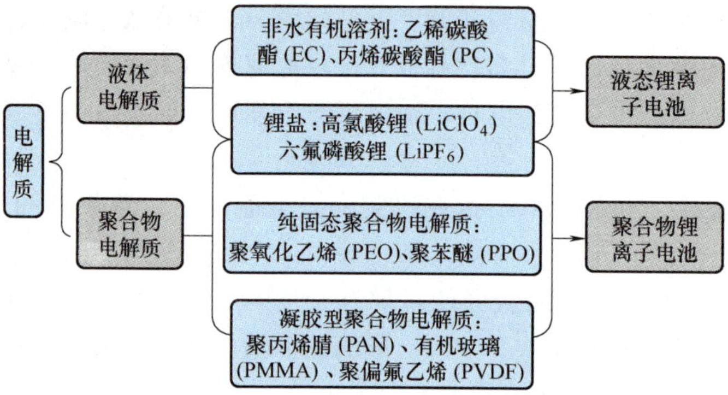

图1-4 锂离子电池分类

正极：由含锂的过渡金属氧化物组成，常用的材料有钴酸锂、锰酸锂、三元材料和磷酸铁锂。

负极：石墨、石墨化碳材料、改性石墨、石墨化中间相碳微粒。

电解质：大部分是由六氟磷酸锂（$LiPF_6$）加上有机溶剂配成。六氟磷酸锂由五氯化磷和溶解在无水氟化氢中的氟化锂反应结晶而成。

隔膜：一种特殊的复合膜，它的功能是隔离正、负极，阻止电子穿过，同时能够允许锂离子通过，从而完成在电化学充放电过程中锂离子在正、负极之间的快速传输。目前隔膜主要是聚乙烯（Polyethylene，PE）或者聚丙烯（Polypropylene，PP）微孔膜。

锂离子电池工作原理不是电极发生完全的氧化还原反应，那到底是什么原理呢？1980年阿曼德提出了“摇椅式”锂离子二次电池的新概念，如图1-5所示，其认为在充放电过程中，锂离子在正、负极之间往返入/脱嵌（Insert/Extract），就像一把摇椅。

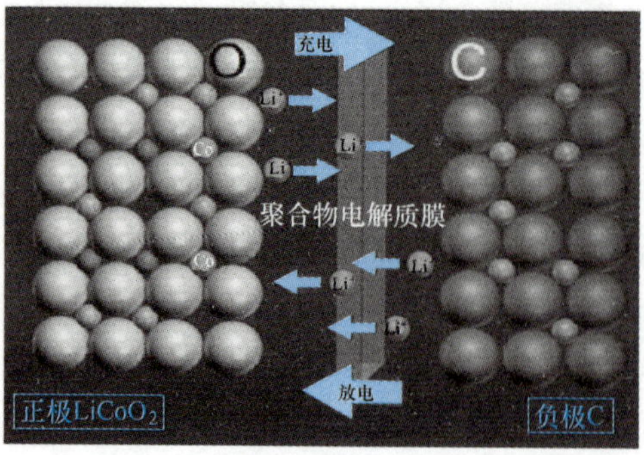

图1-5 “摇椅式”锂离子电池原理

锂电之父约翰B.古德诺（John B. Goodenough）教授开发了基于石墨负极和锂钴氧（$LiCoO_2$）材料正极的可充电锂离子电池。古德诺教授的工作使锂离子电池得到了广泛应用，使其获得2019年诺贝尔化学奖。

当外部电源给电池充电时，正极上的电子 e^-通过外部电路到达负极，锂离子 Li^+从正极“跳进”电解液里，“爬过”隔膜上弯弯曲曲的小洞，“游”到负极，与先前过来的电子结合在一起。当电池放电时，机理与充电时刚好相反。以 $LiFePO_4$ 为例，其化学反应方程式为

$$\text{充电}: LiFePO_4 - xLi^+ - xe^- \rightarrow xFePO_4 + (1-x)LiFePO_4$$

$$\text{放电}: FePO_4 + xLi^+ + xe^- \rightarrow xLiFePO_4 + (1-x)LiFePO_4$$

当对电池进行充电时，电池的正极上有锂离子生成，生成的锂离子经过电解液运动到负极。

当对电池进行放电时，嵌在负极碳层中的锂离子脱出，又运动回正极。

需要指出，摇椅式工作原理只是反映了锂离子和电极材料之间的作用，而没有反映电解质的作用。事实上，电解质是决定锂离子电池性能的重要因素。

【例 1-3】 已知：单位质量锂容量为 3.862A · h/g（统一化合价），锂离子单体电池电压为 3.5V，即 $LiFePO_4$ 电池的典型值。证明：含有 8g 锂离子的电池相当于约 100W · h 的电池组。

证明：

$$W_{Li} = q_{Li} m U_{Li} = 3.862\text{A}\cdot\text{h/g}\times 8\text{g}\times 3.5\text{V}\approx 108\text{W}\cdot\text{h}$$

注：自 2003 年 1 月起，国际民用航空组织（International Civil Aviation Organization，ICAO）的技术准则和国际航空运输协会（International Air Transport Association，IATA）的危险品法规要求使用国际航空运输锂离子电池和电池组时，应在装货之前对电池进行测试。安全旅行计划禁止托运的行李中携带锂离子电池。具体要求包括：①手提行李可以携带任意数量的备用电池，但其锂离子含量不能超过 8g（约 100W · h），且应做好安全保护措施，避免短路；②手机和手提计算机的电池应满足“8g”的要求；③不允许托运未安装在电子设备内的电池。备用的可充电锂离子电池不应超过两块，锂含量不超过 25g（约 300W · h）。

【例 1-4】 使用 $LiFePO_4$ 化学物质的插电式混合动力汽车锂离子电池组的额定容量为 15kW · h，假设只有 42%锂元素参与储能。使用例 1-3 中的结果，计算该插电式混合动力汽车电池需要多少锂金属，每千瓦时容量等效需要多少锂？

解： 每 8g 锂离子的电池相当于 108W · h 的电池组，得到每 1000g 锂离子的电池相当于 13.5 kW · h。

该插电式混合动力汽车电池所含锂金属为

$$m = \frac{15\text{kW}\cdot\text{h}}{13.5\text{kW}\cdot\text{h}/1000\text{g}} \div 42\% = 2645.5\text{g}$$

$$\text{等效需要的锂} = \frac{2645.5\text{g}}{15\text{kW}\cdot\text{h}} = 176.4\text{g}/(\text{kW}\cdot\text{h})\text{。}$$

1. 锂离子电池的优点

1）能量比相对较高。具有高储存能量密度，目前已达到460~600W·h/kg，是铅酸电池的6~7倍。

2）使用寿命长。使用寿命可达到6年以上，以磷酸亚铁锂为正极的电池1C（100DOD）充放电为例，可以有使用10000次的充放电记录。

3）额定电压高（单体工作电压为3.7V或3.2V）。电压约为3块镍镉或镍氢充电电池的串联电压，便于组成电池电源组。

4）具备高功率承受力。其中电动汽车用的磷酸亚铁锂的锂离子电池可以达到15~30C充放电能力，便于高强度的启动加速。

5）自放电率很低。这是该电池突出的优越性之一，目前一般可做到1个月1%以下，不到镍氢电池的1/20，且无记忆效应。

6）质量轻。相同体积下质量约为铅酸产品的1/5。

7）高低温适应性强。可以在-20~60℃环境下使用，经过工艺上的处理，可以在-45℃环境下使用。

8）绿色环保。无论生产、使用和报废，都不含有也不产生任何铅、汞、镉等有毒、有害重金属元素和物质。

9）生产基本不消耗水。对我国缺水地区来说，十分有利。

2. 锂离子电池的缺点

1）锂离子电池均存在安全性差，有发生爆炸的危险。

2）钴酸锂的锂离子电池不能大电流放电，安全性较差。

3）锂离子电池均需保护线路，防止电池被过充电、过放电。

4）在不使用的状态下存储一段时间后，其部分容量会永久丧失。

5）生产要求条件高，成本高。

1.2.3 电池单体和动力蓄电池组

1. 锂离子电池单体

锂离子电池单体/电芯（Cell）有方形和圆柱形两种。

单体正极材料：有 $LiCoO_2$、$Li_2Mn_2O_4$、$LiFePO_4$、三元素 NCM/NCA 等。

单体负极材料：一般为石墨、碳纤维、金属氧化物（如 SnO、SnO_2）等。

电解质：一般为 $LiPF_6$。

衡量锂离子电池性能的两个重要指标：一是比容量和能量密度，二是充放电倍率。

（1）比容量和能量密度 对锂离子电池来说，电极材料侧重用比容量，单位是mA·h/g；电池单体和电池系统则侧重容量、能量和能量密度，其单位分别是A·h（mA·h）、W·h（kW·h）、W·h/kg。几种电极材料和电池单体的比容量、能量密度数据见表1-2。

表 1-2 几种电极材料和电池单体的比容量、能量密度数据

电池类型	电极材料			电池单体		
	理论比容量/(mA·h/g)	实际比容量/(mA·h/g)	实际与理论比值(%)	理论能量密度/(W·h/kg)	实际能量密度/(W·h/kg)	实际与理论比值(%)
$LiFePO_4$	170	130~165	76~97	544	130(110~160)	24
NCA 三元系层状物	约 280	160~210	57~75	约 1000	250(180~250)	约 25
锂离子电池	—	—	—	540~1000	110~250	13~25
聚合物锂离子电池	—	—	—	540~1000	110~130	13~20

(2) 充放电倍率 充放电倍率指电池在规定的时间内充电或放出其额定容量时所需要的电流值，它在数值上等于电池额定容量的倍数，以字母 C 表示。放电时也称为放电 C 倍率。充放电倍率决定了以多快的速度将一定的能量存储到电池里，或者以多快的速度将电池里面的能量释放出来，后者又决定了电池的功率密度。

充放电倍率(C)= 充放电电流(A)/额定容量(A·h)

例如：额定容量为 100A·h 的电池用 20A 放电时，其放电倍率为 0.2C，反过来，以 0.2C 倍率放电，则表示放电电流为 20A。

电池放电 C 倍率是放电快慢的一种量度，即 C 倍率×放电时间（h）= 1。所用的容量 1h 放电完毕，称 1C 放电；5h 放电完毕，则称为 0.2C 放电。放电 C 倍率数值上等于放电时间的倒数（单位是 1/h）。

影响锂离子电池充放电倍率性能的因素很多。所有影响锂离子迁移速度的因素（等效为电池的内阻），都会影响锂离子电池的充放电倍率性能。如果散热速率慢，大倍率充放电时所积累的热量无法传递出去，会严重影响锂离子电池的安全性和寿命。改善锂离子电池的充放电倍率性能，主要从提高锂离子迁移速度和电池内部的散热效率两个方面着手。

2. 电池模块

按图 1-6 将 n 个 Cell 经 n_p 个并联和 n_s 个串联再装配成模块（Module），n_p 个并联在一起的 Cell 称为 1 个电池砖（Block）。即 1 个 Module 有 n_s 个 Block，1 个 Block 里有 n_p 个 Cell。

$$n = n_p n_s \tag{1-1}$$

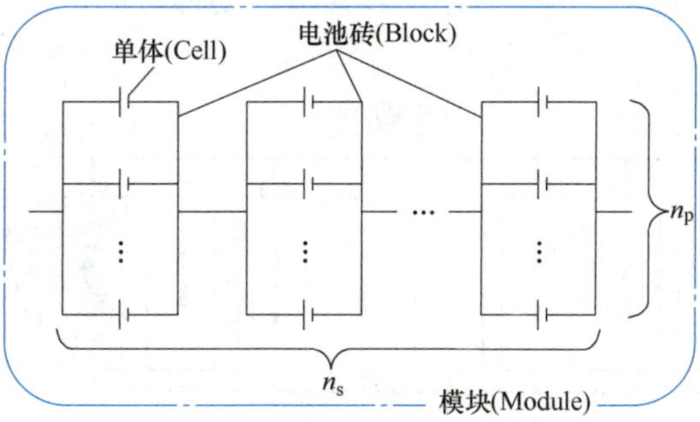

图 1-6 模块、电池砖和单体之间关系

设单体质量为 m（g），电压平台为 U_0（V），比容量为 Λ（$1\text{mA}\cdot\text{h/g}=10^{-3}\text{A}\cdot\text{h/g}$），容量为 C（mA·h），能量密度为 e_m（W·h/kg），单体能量为 E_0（W·h），则有

$$\begin{cases} C = m\Lambda \\ e_m = \Lambda U_0 \\ E_0 = \dfrac{m}{1000}e_m = \dfrac{CU_0}{1000} = \dfrac{m\Lambda U_0}{1000} \end{cases} \tag{1-2}$$

模块容量为

$$\Lambda_1 = \frac{n_p C}{1000} = \frac{n_p m\Lambda}{1000} = n_p \frac{E_0}{U_0} \tag{1-3}$$

模块能量为

$$E_1 = nE_0 = n\frac{m\Lambda U_0}{1000} = n_p n_s \frac{m\Lambda U_0}{1000} \tag{1-4}$$

3. 动力蓄电池组

因单个电芯容量小、电压低，动力蓄电池为了获得更高的容量和电压平台，往往将电芯并联或串联使用，为了获得更高的容量，先将电芯并联，形成单体电池，再将单体串联获得高电压平台，从而形成动力蓄电池组。优越的动力蓄电池组应满足高能量密度、结构可靠、安全性和热管理等要求。

高能量密度：满足电动汽车行驶里程。

结构可靠：能承受电动汽车行驶过程中的碰撞、振动，而不会导致电池发生位移或变形。

安全性：保证在遇到极端情况（如撞击、漏液、高温、短路等）下电池包不会发生危害人身安全的事故。

热管理：能适应不同温度下的正常运行，如在高温时开启制冷系统降低电池包温度，低温时开启加热系统保证电池的正常充放电。

对于动力蓄电池而言，必须保证单体电池内并联的电芯电压平台的一致性，否则容易出现单体内部环流，如图 1-7 所示其中一节或几节电芯电压低或出现内部短路，其他电芯会对其放电，单体电池的能量会使短路电芯温度急速升高，极易引发热失控，最终可能导致整个单体电池的损坏，甚至引发相邻单体或整包的损毁。还必须保证串联的单体电池内阻及容量的一致性，内阻互差大容易造成局部热失控，容量互差大则影响电池的有效容量和使用寿命。

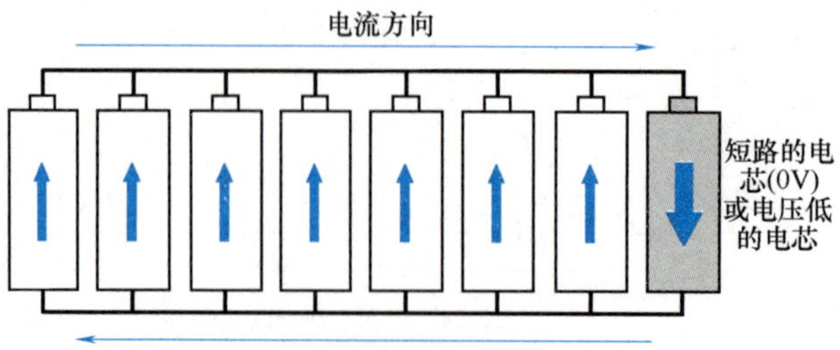

图 1-7　电芯短路或电压低

电池组的单体数、容量和能量：将 n' 个模块经串联，将导线、集流体、熔丝、电池管理系统（Battery Management System，BMS）、箱体、盖板等焊接和装配（Packing）成动力蓄电池组或电池包。

电池组含有单体数为

$$N=nn'=n'n_pn_s \tag{1-5}$$

动力蓄电池组容量（A·h）为

$$\Lambda_2=\Lambda_1=n_p\frac{m\Lambda}{1000}=n_p\frac{E_0}{U_0} \tag{1-6}$$

动力蓄电池组能量（W·h）为

$$E=n'E_1=nn'E_0=NE_0=mnn'\frac{\Lambda U_0}{1000} \tag{1-7}$$

动力蓄电池组电动势或开路电压（V）为

$$E_o\approx U_{oc}=n'n_sU_0 \tag{1-8}$$

【例 1-5】 已知：电池组 11×(77p9s)，即 $n'=11$，$n_p=77$，$n_s=9$，单体电压 $U_0=3.6V$，容量 $C=3.1A\cdot h$，单体能量 $E_0=11.16W\cdot h$。计算模块能量、电池组能量和开路电压。

解： $N=n'n_pn_s=11\times77\times9=7623$，$n=n_pn_s=77\times9=693$。

模块能量 $E_1=nE_0=693\times11.16W\cdot h\approx7.734kW\cdot h$。

电池组能量 $E=NE_0=7623\times11.16W\cdot h\approx85kW\cdot h$。

电压 $U_{oc}=n'n_sU_0=11\times9\times3.6V=356.4V$。

【例 1-6】 以图 1-8 所示的笔记本计算机电池为例，如何获得 11.1V、4400mA·h 的电池组？

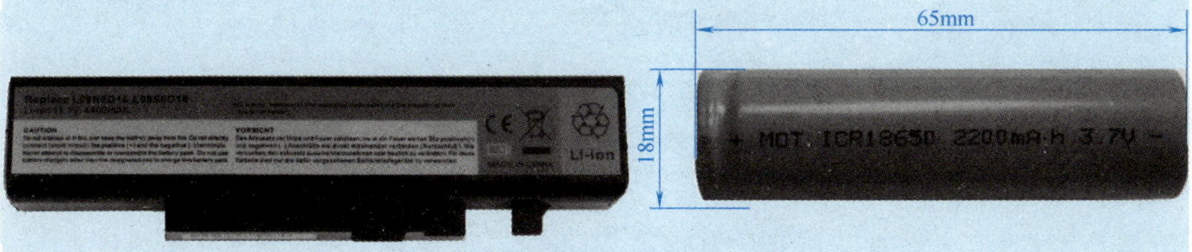

图 1-8　笔记本计算机电池和单节电池

解： 计算原理：①串联电压相加而容量不变；②并联容量相加而电压不变。

计算方法：首先由 11.1V/3.7V=3，可以确定串联电芯的个数。

不管串联多少个电芯，仅仅增加总电压，而额定容量一直为 2200mA·h，因笔记本计算机电池的额定容量为 4400mA·h，因此还需要并联电芯才能增加它的额定容量，有图 1-9 所示的 4 种方案。

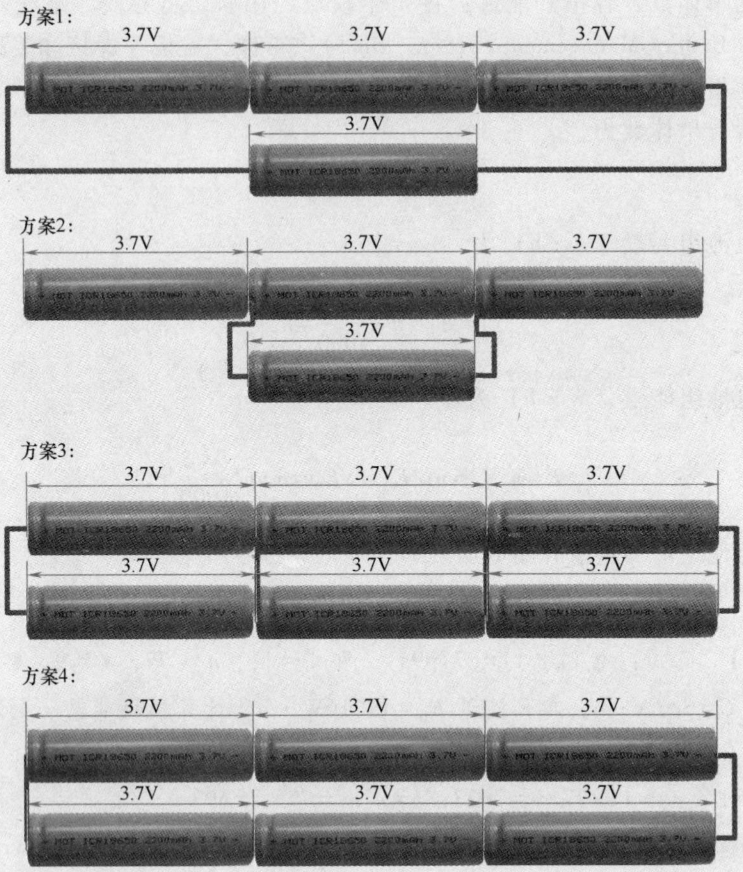

图 1-9 并联方案

以方案 3 为例，相当于 3 个容量为 4400mA · h、电压为 3.7V 的电芯串联，串联后的电压为 11.1V，容量为 4400mA · h。结论：可行。

其他方案以此类推，请思考哪个方案最佳。

【例 1-7】 已知 Model S 75D 电池的单体为 NCR18650，单体电压平台为 $U_0=3.6V$，容量 $C=2.9A \cdot h$，共 444 个单体。电池组由 16 个模块串联，每个模块 $n_p n_s=74p6s$，电池组能量 $E=75kW \cdot h$，每天累计行驶约 330km，行驶时间 $T=5h$ 放电 90% 就需要再充电，电芯内阻 $r=0.045\Omega$。求 Model S 75D 电池放电时内阻焦耳热损失。

解： 该电池组单体总数 $N=n'n_p n_s=16\times74\times6=7104$。

开路电压 $U_{oc}=n'n_s U_0=16\times6\times3.6V=345.6V$。

电池包平均放电电流 $I_d=E\times90\%/(TU_{oc})=75000W \cdot h\times90\%/(5h\times345.6V)\approx39A$。

单体每小时焦耳热功率损失 $E_L=I^2 r=(39A/74)^2\times0.045\Omega\approx0.013W$。

焦耳热与单体能量相比，损失比例为 $E_L T/(CU_0\times90\%)=0.013W\times5h/(2.9A \cdot h\times3.6V\times90\%)\approx0.7\%$。

1.2.4 电池管理系统

1. 电池管理系统概述

电池管理系统（BMS）是对蓄电池组进行安全监控及有效管理，提高蓄电池使用效率的装置。对于电动汽车而言，通过该系统对电池组充放电的有效控制，可以达到增加续驶里程、延长使用寿命、降低运行成本的目的，并保证动力蓄电池组应用的安全性和可靠性。动力 BMS 已经成为电动汽车不可缺少的核心部件之一。

锂离子电池在成组使用时，更容易发生过充电、过放电的现象，其根源在于电池的一致性差异。而这些差异，如果在充放电过程中没有得到应有的控制，将进一步加大，导致部分电池发生过充电、过放电现象，造成电池容量和寿命的急剧下降，最终引起事故的发生。BMS 的基本功能有：单体电池电压采集、单体电池温度采集、电池组电流检测、单体/电池组 SOC 测算、电池组健康状态（State of Health，SOH）评估、充放电均衡功能、绝缘检测及漏电保护、热管理控制（散热、加热）、关键数据记录（循环数据、报警数据）、电池故障分析与在线报警、通信功能（与充电机、电机控制器等通信）。

如图 1-10 所示，BMS 多采用主从（Master-Slave）结构，包含一个主控、多个从控（见图 1-11），每个从控最多管理 60 只电池。主控与充电机、车辆控制器通过外部控制器局域网络（Controller Area Network，CAN）总线通信，主控与手持设备通过 RS232 通信，主、从之间通过内部 CAN 总线级联。从控实现电压采集、温度采集、热管理，主控兼顾电流测量、绝缘检测及与其他设备通信等功能。

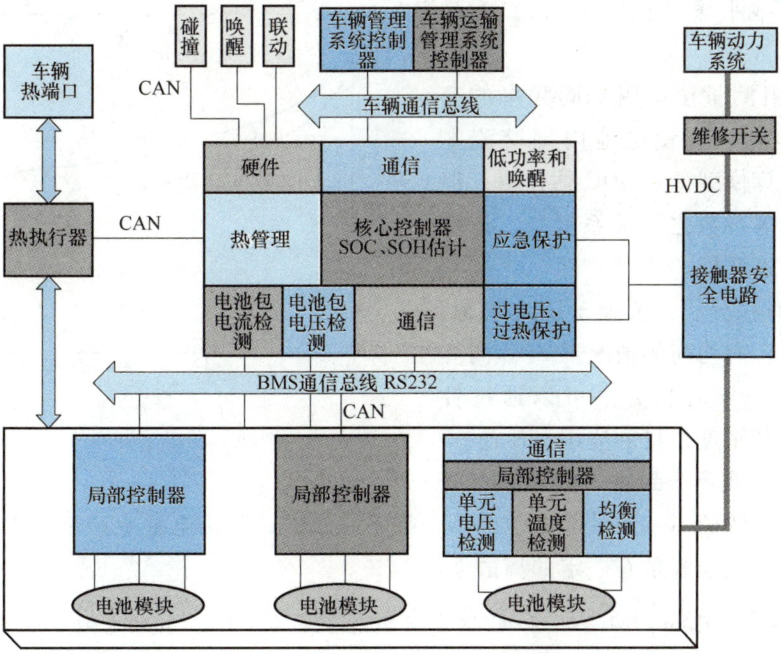

图 1-10 BMS 组成结构

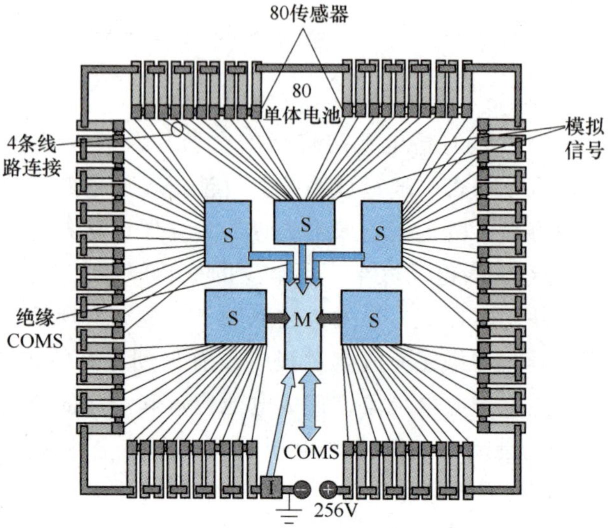

图 1-11　BMS 主从结构

主从结构的优点是不需要在每只电池上安装控制电路板，连接灵活；从控离电池近，避免过长连线；便于扩展。其缺点是需要考虑主从之间的通信隔离，通信多样、控制复杂。

2. SOC 均衡方法

锂离子电池 SOC 测算方法有如下几种：

1）电压法：不依赖于历史状态，无累积误差，各单体 SOC 相对独立；但是锂离子电池电压曲线平缓（见图 1-12），不易判断。

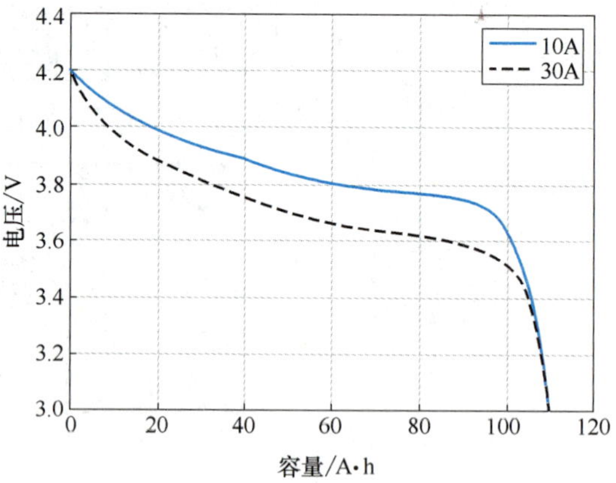

图 1-12　锂离子电池的电压与容量关系曲线

2）电阻测量法：用不同频率的交流电激励电池，测量电池内部交流电阻，通过计算模型得到 SOC 估计值；但 SOC 与电阻等参数之间关系复杂，传统数学方法难以建模。

3）安时积分法：依赖于历史状态，有累积误差，有均衡的情况下 SOC 测算难度加大；但安时积分法可以通过补偿、校准提高精度，目前应用最广泛。

(1) 第一类不一致性　因电池自身容量的差异导致的不一致性为电池的第一类不一致性，其由电池生产制造工艺不完善导致，同一批次电池容量有一定的离散性。

【例 1-8】　已知：#1、#2 和#3 这 3 只额定容量为 100A · h 的电池串联的实际容量分别为 95A · h、100A · h 和 105A · h，即存在第一类不一致性，容量差异为±5A · h，如图 1-13 所示。假设 3 只电池的初始电量均为 60A · h，计算 SOC 最大差异和最小差异，分析第一类不一致性影响。

解：根据电池 SOC 定义（SOC＝当前电量/实际容量）计算得出电池当前电量为 95A·h、60A·h 和 0A·h 时 3 只电池 SOC 的结果，如图 1-13 所示。第一类不一致性影响：充电时#1 电池先达到截止电压，充电终止；放电时 3 只电池几乎同时达到截止电压，放电终止；电池组的充放电能力受容量最小单体（#1）制约，实际只有 95A·h。

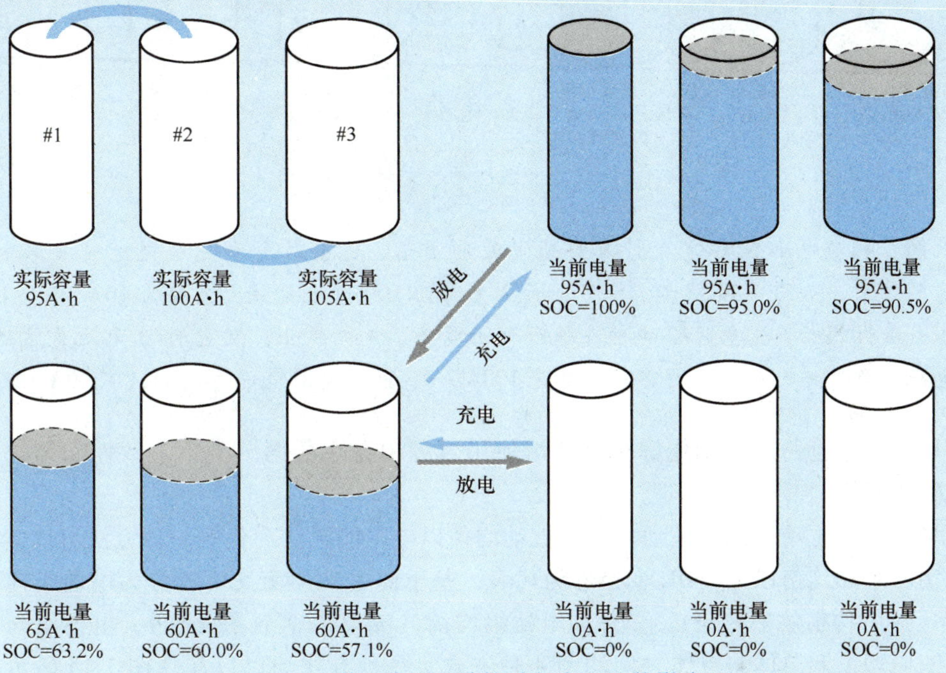

图 1-13 第一类不一致性对电池 SOC 的影响

（2）第二类不一致性 因各个单体电池初始电量差异导致的不一致性为电池的第二类不一致性，其不依赖于第一类不一致性存在。电池组在实际应用过程中因为内阻差异、自放电率差异等原因，第二类不一致性会从无到有、从弱到强。

【例 1-9】 已知：如图 1-14 所示的#1、#2 和#3 这 3 只电池串联的实际容量均为 100A·h，即不存在第一类不一致性。3 只电池的当前电量为 55A·h、60A·h 和 65A·h，计算此情况下 3 只电池 SOC 差异，分析第二类不一致性影响。

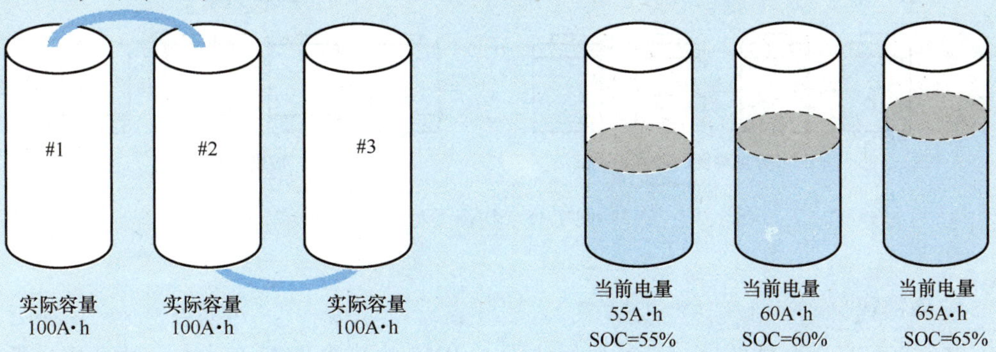

图 1-14 第二类不一致性对电池 SOC 的影响

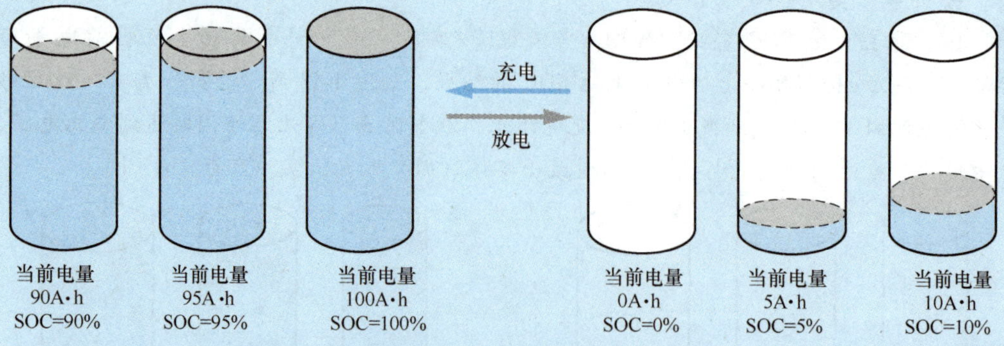

图 1-14　第二类不一致性对电池 SOC 的影响（续）

解：根据电池 SOC 定义计算得出电池组当前、完全放电和完全充电时 3 只电池 SOC 的结果，如图 1-14 所示。SOC 的最大差异为 10%，电量最大差异为 10A · h。第二类不一致性影响：充电时#3 电池先达到截止电压，充电终止；放电时#1 电池先达到截止电压，放电终止；电池的实际容量是 100A · h，然而充放电能力实际只有 90A · h。

BMS 可以通过均衡功能解决电池组使用过程中存在的第一类不一致性和第二类不一致性。

均衡分为主动均衡和被动均衡。被动均衡以电阻能耗法为代表，该方法可以实现充电均衡。主动均衡以 DC/DC 变换器为代表，基于此主动均衡又可以分为电池组向单体均衡（放电均衡效果尤佳）、单体向电池组均衡（充电均衡效果尤佳）、电池组与单体之间双向均衡和单体与单体之间均衡 4 种方式，每种方式均可以实现图 1-15 所示的充电均衡和放电均衡。均衡系统的目的是平衡电池组中单体电池的容量和能量差异，提高电池组的能量利用率。

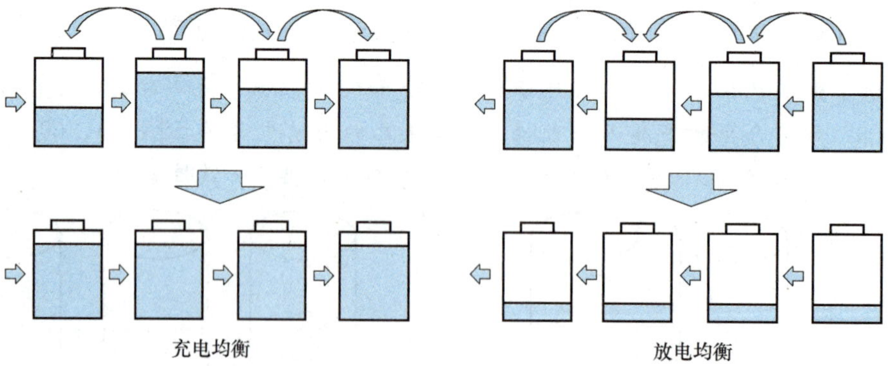

图 1-15　均衡类型

3. 热管理

电动汽车自燃事件频出，究其原因主要与 BMS 的热管理有关。由于过高或过低的温度都将直接影响动力蓄电池的使用寿命和性能，并有可能导致电池系统的安全问题，并且电池箱内温度场的长久不均匀分布将造成各电池模块、单体间性能的不均衡，因此电池热管理系统对于电动车辆动力蓄电池系统而言是必需的。可靠、高效的热管理系统对于电动车辆的可靠、安全应用意义重大。

热管理的功能包括：池温度的准确测量和监控、电池组温度过高时的有效散热和通风、低温条件下的快速加热、有害气体产生时的有效通风、电池组温度场的均匀分布。

电池内传热的基本方式有以下 3 种：

1）热传导：物质与物体直接接触产生的热传递。电池内部的电极、电解液、集流体等都是热传导介质。

2）热对流：电池表面的热量通过环境介质（一般为流体）的流动交换热量，和温差成正比。

3）热辐射：主要发生在电池表面，与电池表面材料的性质相关。

热管理系统按照传热介质分空冷、液冷和相变材料冷却，空冷系统又分串行通风方式和并行通风方式两种，如图 1-16a 所示；按照是否有内部加热或制冷装置可分为被动式和主动式两种，如图 1-16b 所示。

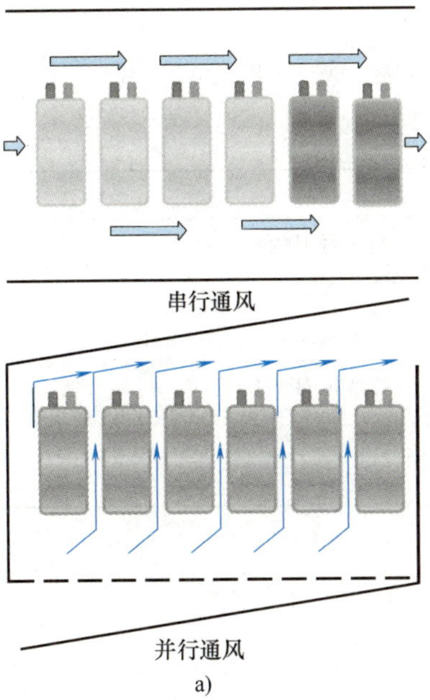

a)

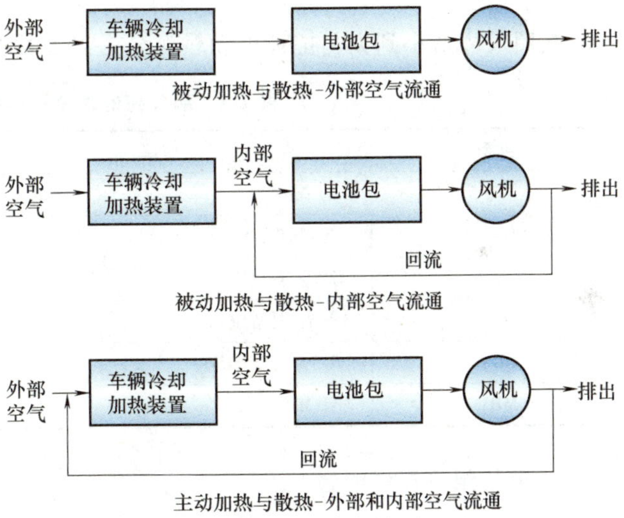

b)

图 1-16　热管理系统设计实现

4. 安全管理

电动车辆动力蓄电池系统电压常用的有 288V、336V、384V 和 544V 等，已经远超过了人体可以承受的安全电压。动力蓄电池电气绝缘性能是安全管理重要的内容，绝缘性能的好坏不仅关系到电气设备和系统能否正常工作，还关系到人的生命和财产安全。

安全管理的功能有烟雾报警、绝缘检测、自动灭火、过电压和过电流控制、过放电控制、防止温度过高、在发生碰撞的情况下关闭电池等。

动力蓄电池在电动车辆上安装应用，满足车辆部件的耐振动、耐冲击、耐跌落、耐盐雾等强度要求，保证可靠应用。为满足防水、防尘要求，电池包应满足一定的 IP 防护等级。极端工况下，通过电池安全管理系统应能实现电池包的高压断电保护、过电流断开保护、过放电保护、过充电保护等功能。

1.2.5 续驶里程和电池组能量的计算问题

新能源汽车的主要性能参数有续驶里程、最高车速、起步加速度和超越加速时间、最大爬坡度等。续驶里程主要与动力蓄电池额定能量、整车造型、车辆质量有关。后面几个参数与电机选配有关。

续驶里程 D 是电动汽车在动力蓄电池完全充电状态下，以一定的行驶工况，能连续行驶的最大距离，单位为 km。对于纯电动汽车，计算续驶里程应考虑 3 方面问题：一是实际可提供的能量，包括动力蓄电池组的设计能量或额定能量、动力蓄电池组放电深度（Depth of Discharge，DOD）、汽车的机械效率、电气效率、再生制动回收的能量；二是行驶工况；三是汽车驱动所需能量。续驶里程取决于汽车行驶阻力，包括滚动阻力、空气阻力（与车辆区隔、空气阻力系数有关）、上坡阻力和加速阻力。

1. 区隔

按照尺寸从小到大，把纯电动轿车分为以下类型和区隔，见表 1-3。

表 1-3 部分纯电动轿车类型和区隔

类型	区隔	示例
轿车	Ⅰ 微型	众泰云 100S
	Ⅱ 小型	北汽 EV200
	Ⅲ 紧凑型	长安逸动 EV、日产 LEAF
跑车	Ⅳ 中大型跑车	特斯拉 Model S
SUV	Ⅴ 中大型 SUV	特斯拉 Model X
MPV	Ⅵ MPV	比亚迪 E6

2. 电池组可提供能量

设电池组额定能量为 E，单位是 W · h。

$$E=\frac{mnn'\Lambda U_0}{1000} \tag{1-9}$$

分 4 步计算电池实际可提供的能量。

第 1 步：考虑放电深度（DOD）。由于电池放电到剩余电量 SOC 约 10%时就需要充电，所以 $\eta_{DOD}=0.90$，则电池组释放能量 E_1 为

$$E_1=\eta_{DOD}E=0.90E \tag{1-10}$$

第 2 步：考虑能量回收。目前国内的纯电动汽车主要采用并联式，属于半解耦式制动系统，即电制动与机械制动按某种比例分配，实际情况下出于安全性和驾驶舒适性考虑，电制动比例较小，能量回收利用率比较低。相关试验测得：比亚迪 E6 峰值回收率、新欧洲续航循环（New European Driving Cycle，NEDC）工况回收率、道路测试回收率分别为

51%、35.1%、37.6%。目前，纯电动汽车制动能量回收的续驶里程贡献度 δ_s 可达 10%~30%。引入系数 $\lambda=1+\delta_s$，并取 $\delta_s=20\%$，$\lambda=1.20$，则电池组释放能量 E_2 为

$$E_2=\lambda E_1=\lambda\eta_{DOD}E=1.20\times0.90E=1.08E \tag{1-11}$$

第 3 步：考虑纯电动汽车机械效率和电气效率，设总效率为 η，取 $\eta=0.82$，则可提供给汽车的能量 E_3 为

考虑能量回收，则

$$E_3=\eta E_2=\eta\lambda\eta_{DOD}E=0.82\times1.08E=0.886E \tag{1-12}$$

不考虑能量回收，则

$$E_3'=\eta E_1=\eta\eta_{DOD}E=0.82\times0.90E=0.738E \tag{1-13}$$

第 4 步：考虑设计裕量。因为固体电解质界面（Solid Electrolyte Interface，SEI）膜的不可逆容量损失和焦耳热损失，故应有一个裕量系数 $\Delta=1.1$。

考虑能量回收，则

$$E_4=\frac{E_3}{\Delta}=\frac{0.886}{1.1}E=0.805E \tag{1-14}$$

不考虑能量回收，则

$$E_4'=\frac{E_3'}{\Delta}=\frac{0.738}{1.1}E=0.671E \tag{1-15}$$

下面根据式（1-14）和式（1-15），计算续驶里程 D 和电池包所需的额定能量 E。计算之前，先要对汽车做受力分析，这也是车辆分析的基础。

【例 1-10】 已知特斯拉 Model S85 的电池组能量为 85072.68W·h，求：考虑制动能量回收时动力蓄电池组实际能提供的能量。

解： 在考虑制动能量回收时，动力蓄电池组实际能提供的能量为

$$\begin{aligned}E_4&=0.805E\\&=0.805\times85072.68\text{W}\cdot\text{h}\\&=68483.51\text{W}\cdot\text{h}\end{aligned}$$

3. 受力分析

行驶中的汽车受力分析如图 1-17 所示。

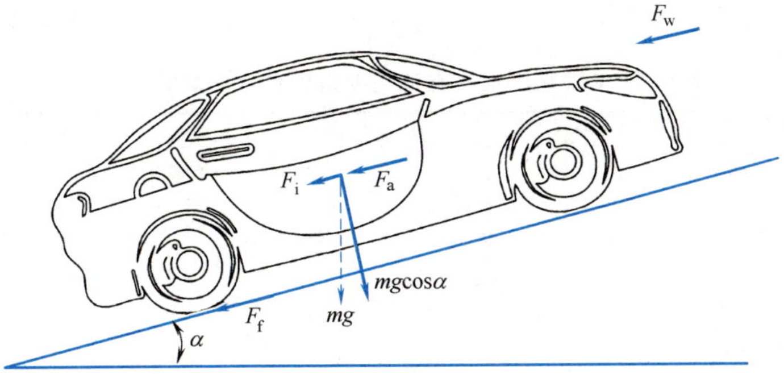

图 1-17 行驶中的汽车受力分析

（1）驱动力 电动汽车电机转矩通过传动系传至驱动轮，车轮对路面作用圆周切向力，使轮胎附着路面产生摩擦力，即为反作用力，称为驱动力 F_k。该力与圆周切向力大小相等，方向相反。

（2）行驶阻力 车辆行驶时，受到滚动阻力 F_f、空气阻力 F_w、上坡阻力 F_i 及加速行驶时产生的加速阻力 F_a 的作用。

1）滚动阻力 F_f。

$$F_f=fmg \tag{1-16}$$

上坡时式（1-16）的滚动阻力变成

$$F_f=fmg\cos\alpha \tag{1-17}$$

式中，m 为汽车总质量（kg）；g 为重力加速度，$g=9.8\text{m/s}^2$；f 为滚动阻力系数；α 为坡度角（°）。各种路面滚动阻力系数可查表 1-4，在良好的路面上行驶时，滚动阻力系数取 $f=0.015$，而在厂家做续驶里程试验时，常常会将胎压打足，故在计算续驶里程时，滚动阻力系数取 $f=0.010$。

表 1-4 各种路面滚动阻力系数

路面类型	滚动阻力系数	路面类型	滚动阻力系数
良好的沥青或混凝土路面	0.010~0.018	压紧土路雨后	0.050~0.150
一般沥青或混凝土路面	0.018~0.020	泥泞路面	0.100~0.250
碎石路面	0.020~0.025	干砂	0.100~0.300
良好的卵石路面	0.025~0.030	湿砂	0.060~0.150
坑洼路面	0.035~0.050	结冰的路面	0.015~0.030
压紧土路干燥	0.025~0.035	压紧的雪道	0.030~0.050

2）空气阻力 F_w。

$$F_w=\frac{1}{2}c_d\rho Av^2=kv^2 \tag{1-18}$$

式中，F_w 为空气阻力（N）；c_d 为汽车空气阻力系数，不同外部造型车辆，空气阻力系数不同，通过查表 1-5 获得各种车型的空气阻力系数；k 为综合阻力系数；ρ 为空气密度，$\rho=1.226\text{kg/m}^3$；A 为轿车迎风面积（m^2），$A\approx0.80HB$，H 为车高（m），B 为车宽（m）；v 为车速（m/s）。

对照之前的区隔表，对 c_d 和 A 设定 6 个组别计算取值，形成计算用表 1-5。

表 1-5 汽车续驶里程和电池包能量计算中所需的关键参数

序号	区隔	c_d	H/m	B/m	k	F_w
Ⅰ	微型两厢	0.33	1.53	1.57	0.389	$0.389v^2$
Ⅱ	小型三厢	0.28	1.49	1.71	0.350	$0.350v^2$
Ⅲ	紧凑型三厢	0.30	1.77	1.52	0.396	$0.396v^2$
Ⅳ	中大型跑车	0.24	1.45	1.96	0.334	$0.334v^2$
Ⅴ	中大型 SUV	0.36	1.73	1.85	0.580	$0.580v^2$
Ⅵ	MPV	0.34	1.63	1.82	0.495	$0.495v^2$

3）上坡阻力 F_i。

$$F_i = mg\sin\alpha \tag{1-19}$$

i 表示坡度，用百分数表示，当 α 很小时，$i=\tan\alpha\approx\sin\alpha$，有

$$F_i = mg\sin\alpha \approx mg\tan\alpha \approx mgi \tag{1-20}$$

4）加速阻力 F_a。

$$F_a = \delta m \frac{dv}{dt} \tag{1-21}$$

式中，δ 为旋转质量换算系数。对于纯电动汽车续驶里程取 $\delta=1.07$。

驱动力平衡方程为

$$F_k = F_f + F_w + F_i + F_a \tag{1-22}$$

4. 续驶里程 *D* 为定值时电池组设计能量的计算问题

续驶里程测试分为两种方法：方法一是利用底盘测功机和试验循环曲线进行的NEDC 工况法；方法二是在试验道路上进行的等速法。

按照方法一，即 NEDC 工况法估算续驶里程，也有两种方法：方法 A 是利用现成的 Cruise 软件进行仿真计算；方法 B 是手工计算，绘制图 1-19 *E-D* 曲线（即“电池组额定能量-续驶里程”曲线）。

（1）NEDC 工况　NEDC 工况是欧洲续航测试采用的标准，虽然现在国际上常用世界轻型汽车测试规程（World Light Vehicle Test Procedure，WLTP）循环工况，但在国内新能源汽车续驶里程测定常用 NEDC 工况。整个运转循环由市区运转循环（1 部）和郊区运转循环（2 部）组成，如图 1-18 所示。

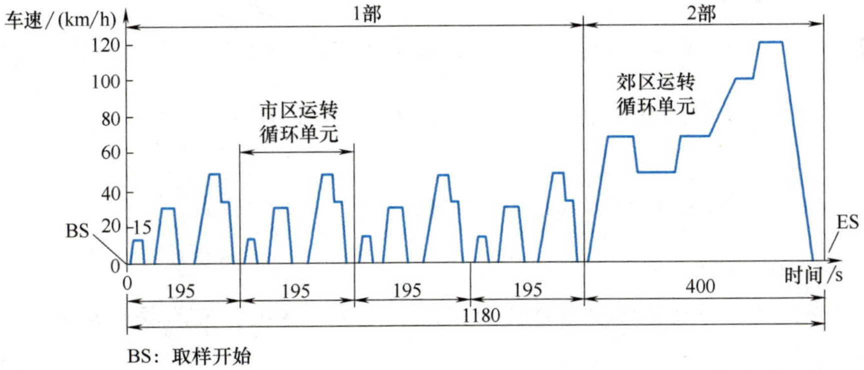

图 1-18　一个 NEDC 工况

一个 NEDC 当量距离为 11.023km。试验 1 部由 4 个城区循环单元组成，每个城区循环有 15 个工况，共 195s，平均车速为 18.7km/h，试验的当量距离为 1.017km。整个试验 1 部共 780s，试验的当量距离为 4.067km。试验 2 部由 1 个城郊循环组成，有 13 个工况，共 400s，平均车速为 62.6km/h，试验的当量距离为 6.956km。

（2）NEDC 工况的模拟计算　不考虑爬坡，式（1-19）中的 $\alpha=0$，$F_i=0$，故

$$F_k = F_f + F_w + F_a \tag{1-23}$$

1）加速段。设加速度为 a，初速度为 v_0，则瞬时速度 $v_t=v_0+at$，$ds=v_t dt=(v_0+at)dt$。

设加速时间为 $0\sim t_1$，行驶距离为 $0\sim s_1$，则驱动力做功为

$$
\begin{aligned}
W_a &= \int_0^{s_1}(F_f + F_w + F_a)\,ds \\
&= \int_0^{t_1}[mgf(v_0 + at) + k(v_0 + at)^3 + \delta ma(v_0 + at)]\,dt \\
&= (mgfv_0 + kv_0^3 + \delta mav_0)\Big|_0^{t_1} + \left(\frac{1}{2}mgfat^2 + \frac{3}{2}kv_0^2at^2 + \frac{1}{2}\delta ma^2t^2\right)\Bigg|_0^{t_1} + \\
&\quad (kv_0a^2t^3)\Big|_0^{t_1} + \left(\frac{1}{4}ka^3t^4\right)\Bigg|_0^{t_1}
\end{aligned}
\tag{1-24}
$$

式中，W_a 为加速段驱动力做功（J）。

2）匀速段。设匀速度为 v，则 $ds=vdt$。设行驶时间为 $0\sim t_2$，行驶距离为 $0\sim s_2$，则驱动力做功为

$$
W_c = \int_0^{s_2}(F_f + F_w)\,ds = \int_0^{t_2}(mgfv + kv^3)\,dt = (mgfv + kv^3)\Big|_0^{t_2} \tag{1-25}
$$

式中，W_c 为匀速段驱动力做功（J）。

3）减速段。汽车制动过程中，产生两种摩擦阻力：一种是车轮制动器产生的摩擦阻力，使车轮转速减慢，称为制动器制动力；另一种是车轮与地面产生的摩擦阻力使汽车减速，称为地面制动力。计算时假定制动过程中不消耗能源，而回收的能量已反映在式（1-11）~式（1-15）中。针对停车工况和减速工况，不需要计算。

【例 1-11】 已知：滚动阻力系数 $f=0.010$，综合阻力系数 k 按表 1-5 选取，市区和郊区运转循环单元加速阶段的加速度分别为 1.04m/s^2 和 0.69m/s^2，加速时间分别为 4s 和 6s。计算表 1-5 中的 6 组 NEDC 加速单元中的驱动力做功。

解： 对于表 1-6 的第 Ⅰ 组情况，$k=0.389$。市区运转加速单元中的驱动力做功为

$$
\begin{aligned}
W_{a1} &= 0+\left[\frac{1}{2}\times m\times 9.8\times 0.010\times 1.04\times t^2+0+\frac{1}{2}\times 1.07\times m\times 1.04^2\times t^2\right]\Bigg|_0^4+0+ \\
&\quad \left[\frac{1}{4}\times 0.389\times 1.04^3\times t^4\right]\Bigg|_0^4 \\
&= 10.07m+28.00
\end{aligned}
$$

类似地，可以得到其他组别市区和郊区运转循环单元加速阶段驱动力做功结果，见表 1-6。

表 1-6 1 个市区或郊区运转循环单元驱动力做功结果

序号	市区加速阶段驱动力做功	郊区加速阶段驱动力做功
Ⅰ	$W_{a1}=10.07m+28.00$	$W_{a1}=10.39m+41.40$
Ⅱ	$W_{a2}=10.07m+25.20$	$W_{a2}=10.39m+37.25$
Ⅲ	$W_{a3}=10.07m+28.51$	$W_{a3}=10.39m+42.15$
Ⅳ	$W_{a4}=10.07m+24.05$	$W_{a4}=10.39m+35.55$
Ⅴ	$W_{a5}=10.07m+41.75$	$W_{a5}=10.39m+61.73$
Ⅵ	$W_{a6}=10.07m+35.64$	$W_{a6}=10.39m+53.69$

【例 1-12】 在例 1-11 的基础上，可以得到 1 个市区循环单元、1 个郊区循环单元所做的功，结果见表 1-7，计算 1 个完整的 NEDC 驱动力做功及电池包额定能量。

表 1-7　市区、郊区循环单元的做功数据

序号	1 个市区(Urban)循环单元	1 个郊区(Suburban)循环单元
Ⅰ	$W_{u1}=234.665m+33101.69$	$W_{s1}=1294.99m+1220793.89$
Ⅱ	$W_{u2}=234.665m+29783.02$	$W_{s2}=1294.99m+1098400.67$
Ⅲ	$W_{u3}=234.665m+33697.35$	$W_{s3}=1294.99m+1242761.81$
Ⅳ	$W_{u4}=234.665m+28421.50$	$W_{s4}=1294.99m+1048187.99$
Ⅴ	$W_{u5}=234.665m+49354.70$	$W_{s5}=1294.99m+1820206.69$
Ⅵ	$W_{u6}=234.665m+42121.69$	$W_{s6}=1294.99m+1553452.26$

解： 1 个完整的 NEDC 驱动力做功为

$$W_i=4W_{ui}+W_{si}$$

1 个完整循环的当量里程 $d_0=11.023\text{km}$。

设续驶里程为 D，则驱动力做功所需能量 $E_5=W_iD/d_0$。根据式（1-14）考虑制动能量回收，电池包可提供能量 $E_4=0.805E$，E 为电池包额定能量。则有

$$E_5=3600E_4$$

$$\frac{W_iD}{d_0}=3600\times0.805E$$

将 $d_0=11.023\text{km}$ 代入，得到 $E=3.13\times10^{-5}W_iD$（W · h）$=3.13\times10^{-8}W_iD$（kW · h）。

以第Ⅰ组情况为例，1 个完整的 NEDC 驱动力做功为 $W_1=2233.65m+1353200$，则电池包额定能量为 $E_{\text{I}}=3.13\times10^{-5}D(2233.65m+1353200)$。

同理，可得出其他组情况的 1 个 NEDC 驱动力做功和电池包额定能量，结果见表 1-8。

表 1-8　NEDC 驱动力做功和电池包额定能量的计算

序号	4 个市区循环单元做功	1 个郊区循环单元做功	1 个 NEDC 驱动力做功/J	电池包额定能量/kW · h
Ⅰ	$4W_{u1}=938.66m+132406.76$	$W_{s1}=1294.99m+1220793.89$	$W_1=2233.65m+1353200$	$E_{\text{I}}=3.13\times10^{-8}D(2233.65m+1353200)$
Ⅱ	$4W_{u2}=938.66m+119132.08$	$W_{s2}=1294.99m+1098400.67$	$W_2=2233.65m+1217523$	$E_{\text{II}}=3.13\times10^{-8}D(2233.65m+1217523)$
Ⅲ	$4W_{u3}=938.66m+134789.40$	$W_{s3}=1294.99m+1242761.81$	$W_3=2233.65m+1377551$	$E_{\text{III}}=3.13\times10^{-8}D(2233.65m+1377551)$
Ⅳ	$4W_{u4}=938.66m+113686.00$	$W_{s4}=1294.99m+1048187.99$	$W_4=2233.65m+1161874$	$E_{\text{IV}}=3.13\times10^{-8}D(2233.65m+1161874)$
Ⅴ	$4W_{u5}=938.66m+197418.80$	$W_{s5}=1294.99m+1820206.69$	$W_5=2233.65m+2017625$	$E_{\text{V}}=3.13\times10^{-8}D(2233.65m+2017625)$
Ⅵ	$4W_{u6}=938.66m+168486.76$	$W_{s6}=1294.99m+1553452.26$	$W_6=2233.65m+1721939$	$E_{\text{VI}}=3.13\times10^{-8}D(2233.65m+1721939)$

其中，m 为 NEDC 试验质量，令其和 D 都赋予一定数值，就可以按照表 1-8 中的公式计算 E，并将 E 的单位换算成 kW · h，从而绘制 E-D 曲线，如图 1-19 所示。

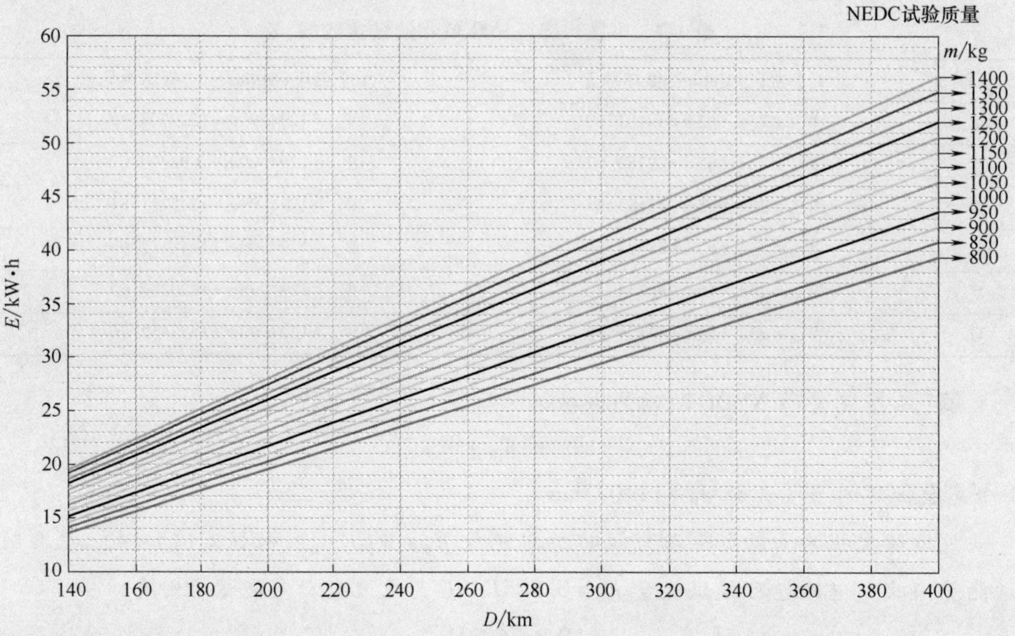

图 1-19　动力蓄电池组设计能量和续驶里程关系

【例 1-13】 已知某微型两厢车的 NEDC 试验质量为 1190kg，电池包能量为 20. 5kW · h，求其续驶里程。

解： 从表 1-8 中可以查到第Ⅰ组车型区隔的 NEDC 驱动力做功的计算公式为

$$D=\frac{E}{3.13\times10^{-8}(2233.65m+1353200)}$$

$$=\frac{20.5}{3.13\times10^{-8}(2233.65\times1190+1353200)}\text{km}$$

$$=163.3\text{km}$$

由此可知，续驶里程和整车质量、电池包能量有关。当一个参数保持不变，而另一个参数变化时第 3 个参数会怎么变化呢，下面用一道例题来说明。

【例 1-14】 假设一款微型两厢车型的试验质量为 1050kg，电池包能量为 25kW · h，问：电池每增加 1kW · h，续驶里程增加多少？质量每增加 50kg，同等续驶里程下电能需增加多少？

解：

$$D=\frac{E}{3.13\times10^{-8}(2233.65m+1353200)}$$

$$=\frac{25}{3.13\times10^{-8}(2233.65\times1050+1353200)}\text{km}$$

$$=216\text{km}$$

$$\Delta D=\frac{\Delta E}{3.13\times10^{-8}(2233.65m+1353200)}$$
$$=\frac{1}{3.13\times10^{-8}(2233.65\times1050+1353200)}\text{km}$$
$$\approx8.64\text{km}$$
$$\Delta E=3.13\times10^{-8}\times2233.65\times\Delta m\times D$$
$$=3.13\times10^{-8}\times2233.65\times50\times216\text{kW}\cdot\text{h}$$
$$=0.76\text{kW}\cdot\text{h}$$

通过上面例题，可以得到结论：假设一款车型的试验质量为 1050kg，电池包能量为 25kW・h，计算得到此时的续驶里程为 216km。电池电量每增加 1kW・h，续驶里程则增加 8.64km。质量每增加 50kg，同等续驶里程下电能需要增加 0.76kW・h。

由于续驶里程与质量之间的关系是反比例函数，不是正比例关系，所以当动力蓄电池组能量不变而质量在变化时，续驶里程不是均匀变化的，所以要单独讨论。在上面假设的前提下，可以计算出质量每增加 50kg 续驶里程的减少量，进而可以画出微型两厢车型质量 1050kg 以上每增加 50kg 续驶里程减少量分析，如图 1-20 所示。从图中可以清晰地看到，同等电能条件下，随着质量每增加 50kg，续驶里程减少量逐渐减少。对于任何车型都可以通过上面的方法来探讨 3 个参数的变化关系。

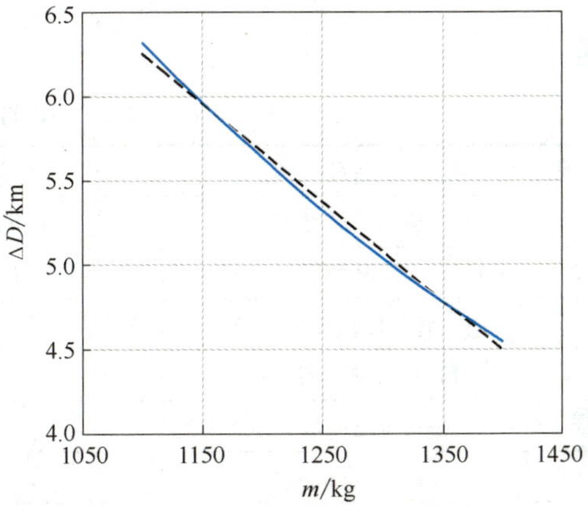

图 1-20　微型两厢车型质量 1050kg 以上每增加 50kg 续驶里程减少量分析

需要特别指出的是不少人对纯电动汽车续驶里程进行过实测确认，实测结果和官方数据进行对比，偏差率约为 20%，进而认为许多车型的实际续驶里程存在缩水现象；此外，NEDC 工况续驶里程与日常通勤和生活使用得出的续驶里程相差较大，进而认为 NEDC 工况不合理。产生以上偏差的原因有二：

1）NEDC 工况与中国道路的差异。NEDC 工况是欧洲开发出来的测试汽油车油耗的循环，本身它只是一个模拟循环。无论汽油车油耗测量还是续驶里程测试，都呈现出来较大差距，这是不可避免的。

2）温度对续驶里程的直接影响。低温对充电容量和充电平台电压、放电容量和放电平台电压都有明显影响，进一步导致对续驶里程的影响。根据一些公开的实训分析，-20℃时的续驶里程分别是 20℃环境下的 50%和 58%；-15℃低温续驶测试里程比常温续驶里程降低 9%~30%，平均降低率约为 18%。

5. 中国循环工况 CLTC

我国在 WLTP 的基础上建立了适合中国路况的中国轻型汽车行驶工况（China

Light-duty Vehicle Test Cycle，CLTC)，此标准也将在2025年升级为强制性国家标准。CLTC包括适用于M1类乘用车的CLTC-P（中国乘用车行驶工况）以及适用于N1类和最大整备质量不超过3500kg的M2类汽车的CLTC-C（中国轻型商务车行驶工况）。CLTC-P与NEDC的对比如图1-21所示。CLTC-P与NEDC技术指标对比见表1-9。

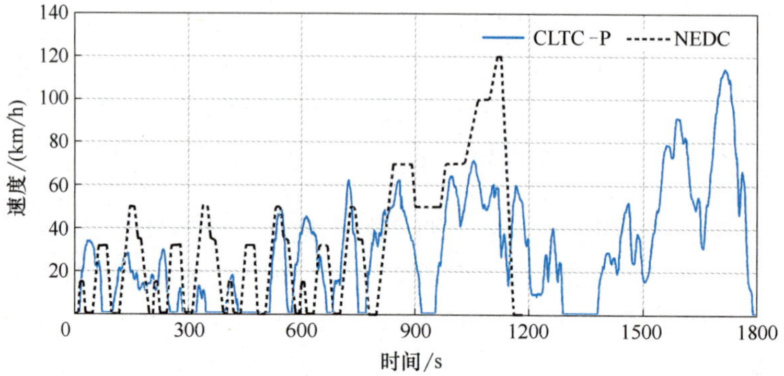

图 1-21　CLTC-P 与 NEDC 的对比

表 1-9　CLTC-P 与 NEDC 技术指标对比

序号	项目	NEDC	CLTC-P
1	循环工况组成	4个市区+1个郊区	1个高速+1个中速+1个低速
2	工况特征	稳态工况	瞬态工况
3	有效行驶时间/s	1180	1800
4	理论行驶距离/km	11.0	14.5
5	平均车速/(km/h)	33.6	29.0
6	最高车速/(km/h)	120	114
7	加速比例(%)	23.2	28.6
8	怠速比例(%)	22.6	22.1
9	减速比例(%)	16.6	26.4
10	匀速比例(%)	37.5	22.8

从图1-21和表1-9中可以明确看出CLTC-P的持续时间要比NEDC长，包含了更多的运行工况；CLTC-P行驶工况的变化更频繁，和实际行驶更加相符；CLTC-P各个工况的占比也更加接近国内汽车的实际行驶状况，加、减速多，匀速少。基于中国工况的纯电动乘用车续驶里程评价研究结果表明，在测试的22款车型中CLTC-P续驶里程相较于NEDC续驶里程平均增加了2.20%。

6. 续驶里程的选择

高的续驶里程固然是所有纯电动汽车厂商所追求的，但是以当前电池包技术的发展程度来看，纯电动汽车的续驶里程应设计适当。

根据1.2.3小节的电池组参数计算可知，对于一般的纯电动汽车来说，要使得动力蓄电池组在满电情况下有更多的能量，可以增加电池组的单体数量或者使用单体能量密度更高的电池。第一种方法会使得动力蓄电池组的尺寸和质量都增大，质量增大会增加能量的消耗，尺寸增大会压缩车辆内部空间或者使整车尺寸增大。而第二种方法在电池组发生故障如短路时，产热会增多，安全性能会变差。

关于纯电动汽车合适续驶里程的选取，这里对比传统汽车进行估算。对于用作日常通勤的车辆，每周进行一次加油，那就需要知道一周内每天的里程数。2023 年我国一些城市单程平均通勤距离见表 1-10。

表 1-10　2023 年我国一些城市单程平均通勤距离

城市	单程平均通勤距离/km	每周 6 天自驾上下班里程/km
北京	11.1	133.2
上海	8.9	106.8
天津	8.4	100.8
苏州	8.2	98.4
广州	8.7	104.4
佛山	8.2	98.4
南京	8.4	100.8
重庆	8.9	106.8
深圳	7.6	91.2
武汉	8.3	99.6

在表 1-10 的基础上再考虑其他里程，可以估算得到纯电动汽车每周行驶里程都在 200km 以内，再假设周末行驶 100km，那么实际续驶里程达到 300km 可以基本满足消费者对每周通勤的需求。考虑空调运行对续驶里程的影响，实际的续驶里程为 NEDC 续驶里程的 65%。经过计算，NEDC 续驶里程为 462km。按照每周一充电的标准，一般纯电动汽车的 NEDC 续驶里程取值为 462km 是能够满足消费者的需求的。

1.2.6　传统汽油车和新能源车能耗的计算问题

电能在传输的过程中或多或少会有能量的损耗，能量从动力蓄电池组传输到车轮有一个能量的传输效率，这里列举两个方法计算其效率。

第一种，利用从民用电网到驱动汽车过程中各个环节损耗的能量和最终驱动汽车的能量来计算效率。纯电动汽车各环节能量的消耗情况如图 1-22 所示。

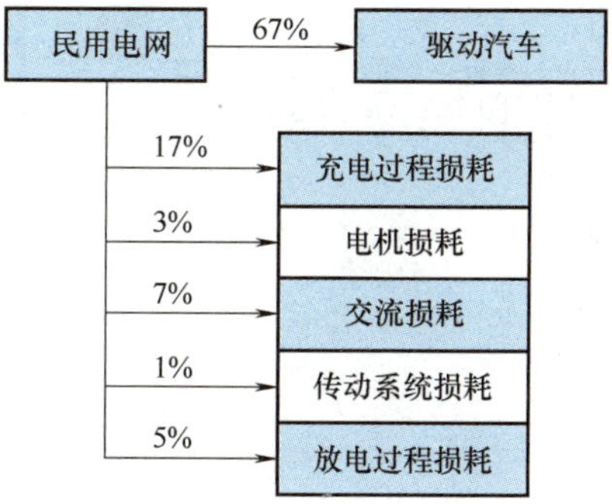

图 1-22　纯电动汽车各环节能量的消耗情况

充电过程中的能量损耗不属于从动力蓄电池组到车轮之间的能量损失，除去这部分能量，剩下的占总能量的 83%，而驱动汽车的能量占总能量的 67%，得到总效率为 67%/(83%) = 81%。

第二种，通过对电气系统效率 η_e 和机械效率 η_T 的计算来求得总效率 η。电气系统总效率由电机效率、电控效率和电池效率组成，其中电机效率为93%~95%，电控效率为96%，电池效率为95%~98%，三者之积就是电气系统总效率，η_e为85%~89%。机械效率由减速器传动效率和传动轴万向节传动效率组成，减速器传动效率为95%，传动轴万向节传动效率为98%，计算得机械效率η_T为93%。最终总效率η为79%~83%。

通过对比，用两种方法计算总效率的结果是一致的。在本书中计算，总效率的取值一般为81%。

【例1-15】 估算传统汽油车的能量转化效率。

原油到汽油箱产生15%的能量损失，汽油箱能量的18%用于驱动汽车，此过程中产生的损耗有：燃料损耗3%、热损耗65%、摩擦损耗7%、传动系统损耗5%、辅助机件损耗2%。

解： 能源转换效率是 $(1-15\%)\times18\%\approx15\%$。

【例1-16】 估算纯电动轿车的能量转化效率。

煤到民用电网产生58%的能量损失，民用电网能量的67%用于驱动汽车，此过程中产生的损耗有：充电过程损耗17%、电机损耗3%、交流损耗7%、传动系统损耗1%、辅助机件损耗5%。

解： 能源转换效率是 $(1-58\%)\times67\%\approx28\%$。

1.3 燃料电池系统

1.3.1 概述

一般而言，燃料电池系统由电池电堆、氢气供给系统、空气供给系统、水热管理系统和输出管理子系统（DC/DC变换器）5个子系统组成，如图1-23所示；通过与外部

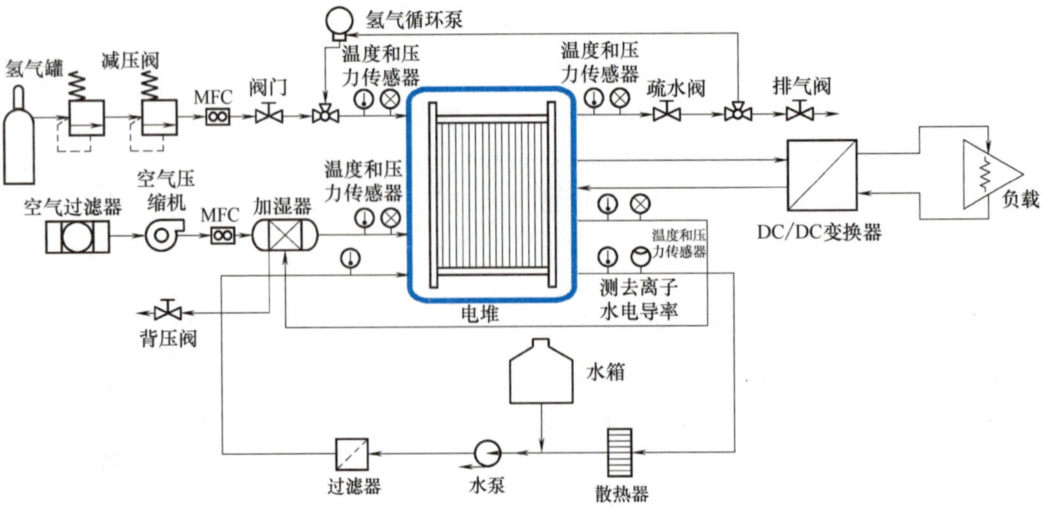

图1-23 燃料电池系统

储能电池、驱动电机结合构成燃料电池汽车动力系统。

1）电池电堆：将氢能直接转化为电能。它主要由端板、双极板、气体扩散层、催化层和质子交换膜（Proton Exchange Membrance，PEM）等部件组成。其中，质子交换膜、阴极催化层、阳极催化层、阴极扩散层、阳极扩散层5部分共同组成膜电极组（Membrane Electrode Assembly，MEA）。

2）氢气供给系统：给电堆提供反应所需的氢气。它主要由氢气罐、减压阀、背压阀、氢气循环泵、氢气流量计、温度和压力传感器及各种阀门、氢气管路组成。在氢燃料电池汽车中，需要对氢气压力进行控制，氢气一般是存储在35MPa或70MPa高压氢气瓶中，由于压力较高，供给燃料电池电堆的氢气必须通过减压阀，以避免给电堆带来损伤；对氢气流量进行控制，可以在保证电堆反应速度和提高氢气利用率的基础上，维持阳极和阴极之间气压差的动态平衡，降低对PEM的损伤。

3）空气供给系统：给电堆提供反应所需的空气（氧气）。它主要由空气过滤器、空气压缩机、背压阀、加湿器、流量计、温度和压力传感器及各种阀门、空气管路组成。燃料电池阴极的反应物是氧气，由于纯氧成本高且不安全，而空气中其他气体通常不会在燃料电池内部产生反应，直接给阴极通入空气节约成本，可保证系统运行的安全性。因此选用空气压缩机，以保证为电堆提供适量的空气。

4）水热管理系统：对电堆的温度进行控制，防止燃料电池反应温度过高。如果电堆温度得不到有效控制，可能会导致内部温度持续上升超过反应上限，导致单节电压不均衡，影响电堆的整体性能。温度管理子系统主要由水泵、水箱、散热器、温度传感器和电导率传感器及冷却液管路等组成。用于冷却的水必须是去离子水而不是纯水，目的是防止导电。此外，温度管理子系统设计需要考虑系统部件的体积和管道的铺设方式。

5）输出管理子系统：此系统可将燃料电池输出的不稳定直流电压和电流调节为稳定的直流电压和电流。DC/DC变换器型号规格是根据燃料电池的输出电压、输出功率以及负载需求决定的。

1.3.2　分类

燃料电池是一种类似于普通电池，可以把化学能转化成电能的电池，但是它又与普通电池有较大的差别。它通过催化剂促使燃料发生氧化还原反应，持续产生电流，进而起到发电的作用。

燃料电池的分类可以依据燃料电池的电堆工作温度、燃料种类、电解质性质等分类。按照电解质性质可以分为五大类，见表1-11，分别为：质子交换膜燃料电池（Proton Exchange Membrane Fuel Cell，PEMFC）、磷酸燃料电池（Phosphoric Acid Fuel Cell，PAFC）、碱性燃料电池（Alkaline Fuel Cell，AFC）、熔融碳酸盐燃料电池（Molten Carbonate Fuel Cell，MCFC）和固体氧化物燃料电池（Solid Oxide Fuel Cell，SOFC）等。其中质子交换膜燃料电池工作在中低温度，碱性和磷酸燃料电池工作在中高温度，固体氧化物和熔融碳酸盐燃料电池工作在高温范围。

表 1-11 燃料电池分类

类型	电解质	导电离子	工作温度/℃	技术状态
PEMFC	全氟磺酸膜	H^+	室温~100	高度发展、需降成本
PAFC	磷酸	H^+	100~200	成本高
AFC	氢氧化钾	OH^-	50~200	高度发展、高效
MCFC	碳酸钾或碳酸锂	CO_3^{2-}	650~700	试验阶段、寿命短
SOFC	氧化锆、氧化钇	O^{2-}	900~1100	需优化制备技术

PEMFC 是目前高速发展、具有广大市场前景的燃料电池之一，直接以氢气作为燃料，通过电化学反应将氢能转化为电能，具备清洁、高效、燃料来源广泛等优点。本小节所指的氢燃料电池是 PEMFC。

1.3.3 PEMFC 电堆结构组成

氢燃料电池电堆被称为氢燃料电池系统的心脏，是氢燃料电池汽车的动力来源，是整个燃料电池产业链中成本和技术的核心。燃料电池电堆由多个燃料单电池以串联方式层叠组合构成。双极板与膜电极（质子交换膜、MEA-催化剂、碳纸/碳布）交替叠合，各单体之间嵌入密封件，经前、后端板压紧后用螺杆紧固拴牢，即构成燃料电池电堆，如图 1-24 所示。电堆工作时，氢气和氧气分别经电堆气体主通道分配至各单电池的双极板，经双极板导流均匀分配至电极，通过电极支撑体与催化剂接触进行电化学反应。

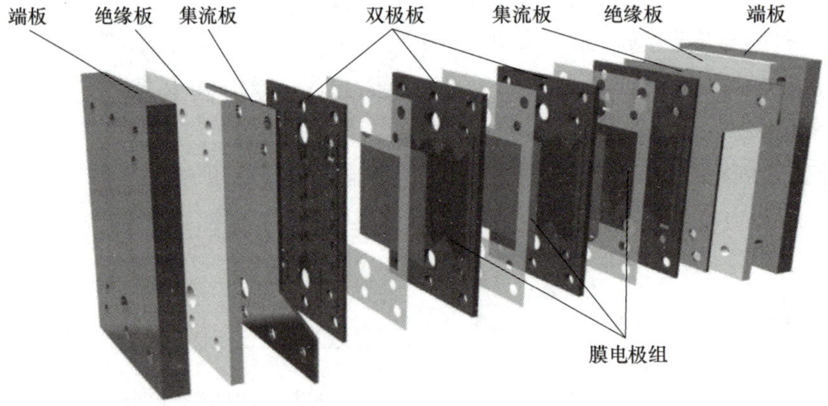

图 1-24 燃料电池电堆的结构

从内部结构上看，燃料电池电堆主要由端板、绝缘板、集流板、双极板、膜电极组、紧固件和密封圈等部分组成。

1. 端板、绝缘板和集流板

端板的主要作用是控制接触压力，提供足够的强度与刚度。足够的强度可以保证在封装力作用下端板不发生破坏，足够的刚度则可以使得端板变形更加合理，从而均匀地传递封装载荷到密封层和膜电极组（MEA）上。

绝缘板用于集流板和端板电隔离。为了提高功率密度，要求在保证绝缘距离（或绝缘电阻）前提下最大化减少绝缘板厚度及质量。

集流板是将燃料电池的电能输送到外部负载的关键部分。燃料电池的输出电流较大，需采用电导率较高的金属材料制成的金属板（如铜板、镍板或镀金的金属板）。

2. 双极板

双极板（Bipolar Plate，BPP）质量约占 PEMFC 电堆总质量的 80%，体积约占电堆总体积的 38%。其功能在于收集电流并将其从一个电池的阳极传导到下一个电池的阴极，同时在阳极表面均匀地分配燃料气体，在阴极表面均匀分配空气（氧气）。除此之外，它还必须有冷却液的通道并保证冷却液和反应物气液分离，彼此不互窜；此外，因电池内有反应气，所以电池边缘必须留有足够尺寸用于电池密封。

双极板两侧均设计有气体流道，合理的流道设计可以使参与反应的气体平稳地进入电堆，增加反应气体的停留时间，促进反应的进行，同时可以有效地排出流道内的水。

在燃料电池组中，双极板具有多个功能，其所需的特性根据其功能不同而不同，即：

1）串联单电池——必须导电。

2）隔离相邻电池中气体——必须使气体不渗透。

3）支撑电池组结构——必须有充足长度，但又必须质量轻。

4）从活跃区到冷却区传导热量——必须可导热。

除此之外，双极板在酸性环境中必须耐腐蚀，并且为降低成本，不但要考虑材料需便宜，而且制造工艺还应适用于批量生产。上述某些要求可能相互矛盾，但材料选择是一个优化过程，最终的材料并不一定在任何特性中都是最好的，却要满足优化准则，通常是选择产生每千瓦时能量成本最低的材料。

双极板在设计和选材上都非常严格，目前国内的双极板基本采用树脂石墨，国外已经开始采用不锈钢材料。几种典型的流场板流道样式如图 1-25 所示，图 1-25a ~ f 依次为蛇形流道、平行流道、平行蛇形流道、指形流道、格形流道、螺旋蛇形流道。

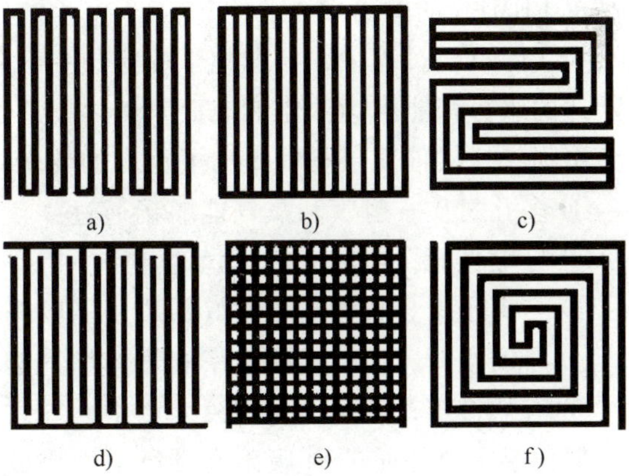

图 1-25　几种典型的流场板流道样式

3. 膜电极组

膜电极组（MEA）是质子交换膜燃料电池（PEMFC）最核心的部件，是能量转换、多相物质传输和电化学反应的场所，涉及三相界面反应和复杂的传质传热过程，直接决定着 PEMFC 的性能、寿命及成本。MEA 的结构主要包括质子交换膜、催化层、气体扩散层，其中气体扩散层通常包括碳纸/碳布和覆在其上的微孔层。燃料电池的性能由 MEA 决定，而 MEA 的性能主要由质子交换膜性能、扩散层结构、催化层的材料性能及 MEA 本身的制备工艺等因素所决定。

1）质子交换膜（Proton Exchange Membrane，PEM）不仅要传输阳极产生的质子H^+，而且还要将阳极燃料和阴极燃料隔离在 PEM 两侧，防止两极气体混合而降低反应效率甚至发生爆炸。PEM 厚度范围一般从几十微米到十几微米，为降低 PEM 对质子传输的欧姆电阻，需将 PEM 厚度做到尽可能薄。同时，为提高 PEMFC 输出特性，PEM 应具备如下特性：高质子传导性、高电子绝缘性、高化学稳定性、高耐久性、高热稳定性、高机械强度、低气体渗透性、强水合性、低成本以及环境友好等。

基于 PEMFC 的工作原理，其主要性能具体要求如下：

① 高质子传导性。电导率一般要求达到 0.1S/cm 的数量级。

② 高化学稳定性。PEM 在 PEMFC 运行条件下，结构稳定，不易发生降解和失效。

③ 高机械强度。PEM 在干/湿态条件下具有良好的机械强度和黏弹性，保证其长期稳定运行及与催化层的良好结合。

④ 低气体渗透性。为避免 H_2 和 O_2 在电极表面发生反应，造成局部过热，PEM 应具有低的气体渗透性。

⑤ 强水合性。PEM 应具有较强水合能力，避免局部缺水，影响质子传导。

基于 PEM 的特性，其主要材料有：全氟磺酸型膜、非氟聚合物膜以及新型 PEM 等，目前大部分燃料电池采用全氟磺酸的 Nafion 膜。通常，PEMFC 的膜是由全氟磺酸离子聚合物组成，其本质上是四氟乙烯和不同全氟磺酸单体的共聚物。

2）催化层（Catalyst Layer，CL）是氢燃料电池中氢气和氧气发生电化学反应的场所，它主要由高聚合物包覆的催化剂颗粒（如铂炭 Pt/C）组成。其中，催化剂颗粒不仅需要具有很强的质子传导能力和黏合能力，还需要具备很强的导电能力和催化能力，它的作用是提高电化学反应的效率和电荷传导速率，因此适当增大催化层的有效面积可提高单 PEMFC 的输出性能。

在实际反应过程中，参加化学反应包括气体（氢气和氧气）、电子和质子，因此要求上述的组分都能到达催化剂表面。气体要通过空隙，电子要通过导电载体，质子要通过离聚物，这对催化层材料提出了很高的要求：

① 多孔材质，氢气和氧气能顺畅通过。

② 导电性好，电流能持续稳定。

③ 与离子聚合物的接触性好，质子能顺畅通过。

④ 厚度很薄，质子迁移速率和气体渗透速率引起的电池电位损耗小。

⑤ 有效排水，避免催化剂浸入水中，导致气体无法通过。

催化层主要是通过 Pt 吸附在碳纸上而构成的，由于 Pt 资源的限制，需要提高 Pt 的利用率，并寻找新型的替代材料。另外，Pt 对于气体 CO 有很强的吸附性，导致不能有效地催化目标燃料，降低电池性能，故提高催化层的防中毒能力也是需要研究的问题。

3）气体扩散层（Gas Diffusion Layer，GDL）它处于催化层和双极板之间，扩散层在结构上通常由多孔结构的微孔层和硬度相对较高的支撑层组成，如图 1-26 所示。其中支撑层材料为碳布或者碳纸，孔径范围为 20~100μm，可以进行疏水处理，具备很强的排水能力；微孔层由石墨纤维材料制作而成，孔径要比支撑层小 1~2 个数量级，通常低于 0.1μm，这样不仅可以改善孔的结构，还可以增大催化层和气体扩散层之间的

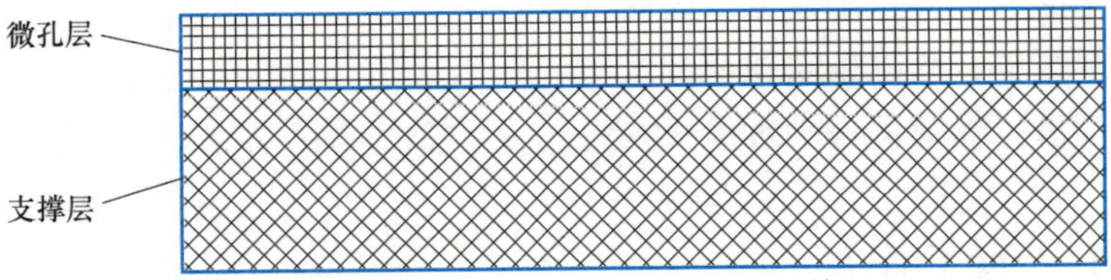

图 1-26　扩散层结构

接触面积。

气体扩散层的主要功能是支撑催化层、导电、导热、协助双极板流道内要参与反应的氧气和氢气到达催化层，同时协助排除反应生成的水。一般情况下，扩散层厚度越薄，参与反应的气体就越容易通过，整体欧姆电阻就越小，反之则参与反应的气体越难通过，整体欧姆电阻也就越大。燃料电池气体扩散层材料具有以下关键特点：

① 反应气体扩散性。气体扩散层要能传递反应物（氢气、氧气），确保足够的反应物可快速且均匀扩散至催化层，因此气体扩散层的孔径必须够大，并且孔径大小具有一定程度的变化，以满足气体能够顺利通过。

② 产物扩散与传输特性。气体扩散层需要有效地将液态水自催化层移至流道板，避免让液态水阻塞反应物扩散通道。然而，排水的特性需要被优化设计，如果排水能力太高，将导致质子传导膜太干而产生脱水，使得质子交换膜的质子传导率下降；如果排水能力太低则造成水淹，会阻碍反应进行并降低燃料电池的寿命。

③ 导电特性。气体扩散层材料良好的导电特性，有助于减少电子传导过程的欧姆损失，帮助电子在催化层和集电板之间传递。然而，调整气体扩散层的其他物理特性时，都会影响材料的导电特性。例如：增加气体扩散层的孔隙率时，会使得导电特性下降。一般碳材料的导电特性还可以借助碳材料的热处理温度进行改善。

④ 导热特性。膜电极组反应产生的热量，需由气体扩散层传导至双极板上，同时也须保持膜电极组均匀的温度分布。热量的局部累积将会对电池电极反应、质子交换膜的欧姆损失以及水的挥发与冷凝产生直接影响。

⑤ 机械支撑性。在膜电极组中，气体扩散层也扮演支撑膜电极的角色，用来保护催化剂和质子传导膜，避免因气流压力差过大损伤膜电极组，也避免质子传导膜在电池加压组装时陷入流道板而造成损坏。

4. 紧固件和密封圈

紧固件的作用主要是维持电堆组件之间的接触压力。为了维持接触压力的稳定以及补偿密封圈的压缩永久变形，端板与绝缘板之间还可以添加弹性元件。

燃料电池用密封圈的主要作用是保证电堆内部的气体和液体正常、安全地流动，需要满足以下的要求：

1）较高的气体阻隔性：保证对氢气和氧气的密封。

2）低透湿性：保证高分子薄膜在水蒸气饱和状态下工作。

3）耐湿性：保证高分子薄膜工作时形成饱和水蒸气。

4）环境耐热性：适应高分子薄膜工作的工作环境。

5）环境绝缘性：防止单体电池间电气短路。

6）橡胶弹性体：吸收振动和冲击。

7）耐冷却液：保证低离子析出率。

1.4 燃料电池工作原理

1.4.1 热力学

1. 基本反应

燃料电池的基本反应如下：

在阳极

$$H_2 \rightarrow 2H^+ + 2e^- \tag{1-26}$$

在阴极

$$\frac{1}{2}O_2 + 2H^+ + 2e^- \rightarrow H_2O \tag{1-27}$$

总反应

$$H_2 + \frac{1}{2}O_2 \rightarrow H_2O \tag{1-28}$$

2. 反应热

总反应式（1-28）与氢燃烧反应相同。燃烧是一个放热过程，所释放能量为

$$H_2 + \frac{1}{2}O_2 \rightarrow H_2O + \text{热} \tag{1-29}$$

标准摩尔反应焓为

$$\Delta_r H_m^\theta(298.15\text{K}) = \Delta_f H_m^\theta(\text{产物生成焓}) - \Delta_f H_m^\theta(\text{反应物生成焓}) \tag{1-30}$$

以形成液态水为例，形成液态水的热量为氢的高热值约为286kJ/mol（298.15K），因此

$$\Delta_r H_m^\theta = (\Delta_f H_m^\theta)_{H_2O} - (\Delta_f H_m^\theta)_{H_2} - \frac{1}{2}(\Delta_f H_m^\theta)_{O_2} = (-286-0-0)\text{kJ/mol} = -286\text{kJ/mol} \tag{1-31}$$

将式（1-29）改写为

$$H_2 + \frac{1}{2}O_2 \rightarrow H_2O(l) + 286\text{kJ/mol} \tag{1-32}$$

式中，$H_2O(l)$ 表示液态水。

3. 理论电功

对于氢燃料电池而言，化学能转换为电能的部分标准摩尔反应焓（或氢的高热值）对应于吉布斯自由能，可由式（1-33）确定，则

$$\Delta_f G_m^\theta = \Delta_f H_m^\theta - T\Delta_f S_m^\theta \tag{1-33}$$

式中，$\Delta_f G_m^\theta$ 为标准摩尔反应吉布斯自由能（kJ/mol）；$\Delta_f H_m^\theta$ 为标准摩尔反应焓（kJ/mol）；T 为温度（K）；$\Delta_f S_m^\theta$ 为标准摩尔反应熵［kJ/(mol·K)］。

由于 $\Delta_f S_m^\theta$ 的产生，在能量转换过程中会存在一些不可逆的损耗。标准摩尔反应熵 $\Delta_r S_m^\theta$ 为产物和反应物所产生的生成熵之差，即

$$\Delta_r S_m^\theta(298.15\text{K}) = \Delta_f S_m^\theta(\text{产物生成熵}) - \Delta_f S_m^\theta(\text{反应物生成熵}) \tag{1-34}$$

在 298.15K 和标准大气压 101.325kPa 下，反应中反应物和产物的 $\Delta_f H_m^\theta$ 和 $\Delta_f S_m^\theta$ 见表 1-12。

表 1-12　燃料电池反应物和产物形成的焓与熵（298.15K 和 101.325kPa）

物质	$\Delta_f H_m^\theta$(kJ/mol)	$\Delta_f S_m^\theta$/[kJ/(mol·K)]
H_2	0	0.13066
O_2	0	0.20517
H_2O(l)	-286.02	0.06996
H_2O(g)	-241.98	0.18884

经计算，在 298.15K 下，所产生的 286.02kJ/mol 能量中，237.34kJ/mol 的能量可转换为电能，而其余 48.68kJ/mol 的能量转换为热能。若温度不是 298.15K，则这些值不相同。

4. 燃料电池的理论电势

一般情况下，电能是电荷和电势的乘积，即

$$W_{el} = qE \tag{1-35}$$

式中，W_{el} 为电能（J/mol）；q 为电荷（C/mol）；E 为电势（V）。

每消耗 1mol 氢时，燃料电池反应中转移的总电荷量为

$$q = nN_{avg}q_{el} \tag{1-36}$$

式中，n 为每个氢分子的电子数，$n=2$；N_{avg} 为每摩尔的分子数（阿伏伽德罗常数），$N_{avg}=6.02214\times10^{23}\text{mol}^{-1}$；$q_{el}$ 为 1 个电子的电荷量，$q_{el}=1.602176\times10^{-19}$C。

阿伏伽德罗常数与一个电子电荷量的乘积称为法拉第常数，有

$$F = N_{avg}q_{el} \approx 96485\text{C/mol} \tag{1-37}$$

因此，电能为

$$W_{el} = nFE \tag{1-38}$$

如上所述，燃料电池中产生的最大电能对应于标准摩尔吉布斯自由能 ΔG_θ^m，即

$$W_{el} = -\Delta G_m^\theta \tag{1-39}$$

则燃料电池的理论电势为

$$E = \frac{-\Delta G_m^\theta}{nF} \tag{1-40}$$

由于 ΔG_m^θ、n 和 F 均已知，则可计算出氢燃料电池的理论电势为

$$E = \frac{-\Delta G_m^\theta}{nF} = \frac{237340\text{J/mol}}{2\times96485\text{C/mol}} \approx 1.23\text{V} \tag{1-41}$$

在 298.15K 下，氢燃料电池的理论电势为 1.23V。

5. 燃料电池的理论效率

对于燃料电池，有用输出能量是指所产生的电能，而输入能量为氢标准摩尔生成焓，即氢的高热值（见图 1-27）。假定所有的吉布斯自由能均能转换为电能，则燃料电池的最大可能效率（理论值）为

$$\eta=\frac{\Delta G}{\Delta H}\times 100\%=\frac{237.34\text{kJ/mol}}{286.02\text{kJ/mol}}\approx 83\% \tag{1-42}$$

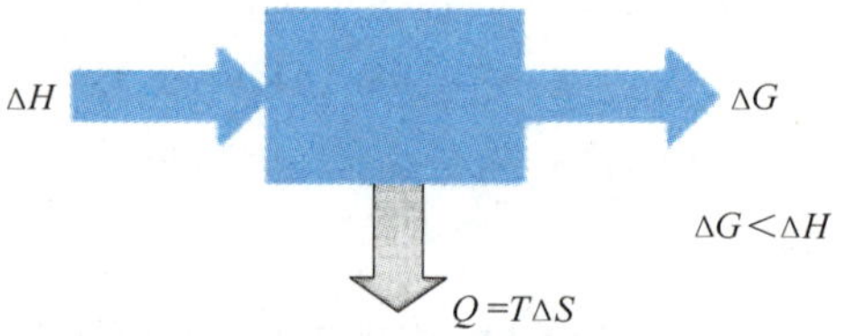

图 1-27　作为能量转换装置的燃料电池的输入能量和输出能量

根据燃料电池的效率可定义，ΔG 和 ΔH 同时除以 nF，则两个电势之比为

$$\frac{-\Delta G}{-\Delta H}=\frac{\dfrac{-\Delta G}{nF}}{\dfrac{-\Delta H}{nF}}=\frac{1.23\text{V}}{1.482\text{V}}\approx 0.83 \tag{1-43}$$

式中，$-\Delta G/(nF)=1.23\text{V}$ 为电池的理论电势；$-\Delta H/(nF)=1.482\text{V}$ 为对应于氢的高热值时的电势或热平衡电势。

根据燃料电池的特性，燃料电池的效率总是与电池的电势成正比，且可用电池电势与对应氢的高热值时的电势之比来计算。

6. 压力效应

燃料电池可工作于任意压力下，通常是从大气压直至 6~7bar（$1\text{bar}=10^5\text{Pa}$）。对于一个等温过程，由基本的热力学知识可知，吉布斯自由能变可表示为

$$\mathrm{d}G_m=V_m\mathrm{d}P \tag{1-44}$$

式中，V_m 为摩尔体积（m^3/mol）；P 为压力（Pa）。

对于理想气体有

$$PV_m=RT \tag{1-45}$$

式中，R 为气体常数，约为 8.314J/(mol·K)；T 为温度（K）。

得到

$$\mathrm{d}G_m=RT\frac{\mathrm{d}P}{P} \tag{1-46}$$

对其积分后得

$$G_m=G_{m0}+RT\ln\left(\frac{P}{P_0}\right) \tag{1-47}$$

式中，G_{m0} 为在标准温度（298.15K）和压力（101.325kPa）下的吉布斯自由能；P_0 为基准或标准气压（101.325kPa）。

根据化学反应

$$j\text{A}+k\text{B}\rightarrow m\text{C}+n\text{D} \tag{1-48}$$

吉布斯自由能变是产物和反应物之间的变化，即

$$\Delta G_m = mG_m(\mathrm{C}) + nG_m(\mathrm{D}) - jG_m(\mathrm{A}) - kG_m(\mathrm{B}) \tag{1-49}$$

将式（1-49）代入式（1-47），得

$$\Delta G_m = \Delta G_{m0} + RT\ln\left[\frac{\left(\frac{P_\mathrm{C}}{P_0}\right)^m \left(\frac{P_\mathrm{D}}{P_0}\right)^n}{\left(\frac{P_\mathrm{A}}{P_0}\right)^j \left(\frac{P_\mathrm{B}}{P_0}\right)^k}\right] \tag{1-50}$$

这就是著名的能斯特方程（Nernst Equation）。式中，P 为反应物或产物的部分分压力；P_0 为参考压力（1atm 或 101.325kPa）。

对于氢燃料电池反应，能斯特方程可写为

$$\Delta G_m = \Delta G_{m0} + RT\ln\left(\frac{P_{\mathrm{H_2O}}}{P_{\mathrm{H_2}} P_{\mathrm{O_2}}^{0.5}}\right) \tag{1-51}$$

将式（1-40）代入式（1-51）可得

$$E = E_0 + \frac{RT}{nF}\ln\left(\frac{P_{\mathrm{H_2O}}}{P_{\mathrm{H_2}} P_{\mathrm{O_2}}^{0.5}}\right) \tag{1-52}$$

值得注意的是，上述方程仅对气态产物和反应物有效。当在燃料电池中产生液态水时，$P_{\mathrm{H_2O}} = 1\mathrm{atm}$。根据式（1-52），遵循反应物压力越高，电池电势越高的规律。此外，如果反应物被稀释，例如：用空气而非纯氧，则局部压力与其浓度成正比，从而导致电池的电势较低。在空气与氧对比的情况下，理论的电压损耗/增益为

$$\Delta E = E_{\mathrm{O_2}} - E_{\mathrm{Air}} = \frac{RT}{nF}\ln\left(\frac{1}{0.21}\right)^{0.5} \tag{1-53}$$

1.4.2 反应动力学

燃料电池热力学指明了燃料电池反应的自发性和理论电势，但没有指明反应进行的速率。电化学反应进行的速率是由反应动力学决定的。

1. 电流密度与电化学反应速率

燃料电池输出电流为单位时间内通过电池截面积的电子电荷量，电子由氢气在阳极的氧化反应产生，并在阴极与氧气参与还原反应，故电流和电化学反应速率关系为

$$i = nF\frac{\mathrm{d}N}{\mathrm{d}t} \tag{1-54}$$

式中，i 为电流（A）；n 为单位摩尔反应物参与反应所产生或消耗电子的摩尔数，对于氢气的氧化反应 $n=2$，对于氧气的还原反应 $n=4$；$\mathrm{d}N/\mathrm{d}t$ 为电化学反应中的消耗反应物的速率（mol/s）。

输出电流为截面积上通过的电子电荷量，显然输出电流的大小与截面积的大小相关。为了便于衡量不同大小电池的输出性能，以单位面积为基准来比较燃料电池的输出电流，即电流密度为

$$I = \frac{i}{A_{\mathrm{cell}}} \tag{1-55}$$

式中，I 为电流密度（$\mathrm{A/m^2}$）；A_{cell} 为燃料电池的活化面积（$\mathrm{m^2}$）。

2. 催化剂与活化能

燃料电池的电化学反应在催化剂的作用下发生，以氢气的氧化反应为例，有

$$H_2 \rightarrow 2H^+ + 2e^- \tag{1-56}$$

氢气存在于多孔电机的气相孔隙中，质子仅在电解质中传输，而电子则仅在多孔电极的固体骨架中传输；氢气的氧化反应也是由一系列更基本反应叠加而成的总反应，需要催化剂参与才能保证整个反应进行的速率。因此，一般需要在反应气、电解质和催化剂这三者同时存在的位点，这一反应才能高效进行。

活化能是分子从常态转变为容易发生化学反应的活跃状态所需要的能量。活化能可以理解为化学反应的能量壁垒，分子需先越过活化能的壁垒，反应物才能转化为生成物。对于电化学反应，同样存在能垒，活化能越小，意味着电化学反应越容易发生，而活化能的大小与催化剂的属性密切相关。由于正、逆向反应同时发生，电化学反应速率是正向净反应速率，即正向反应与逆向反应速率之差。对于正向反应的发生，反应物分子需要越过正向反应的活化能垒 ΔE_1，同样，对于逆向反应的发生则需要越过逆向反应的活化能垒 ΔE_2。当 $\Delta E_1<\Delta E_2$ 时，正向反应速率大于逆向反应速率，并存在正向反应净速率。此时只存在正向反应净速率，ΔE_1 和 ΔE_2 存在以下关系，即

$$\Delta G=\Delta E_1-\Delta E_2 \tag{1-57}$$

式中，ΔG 为反应物到生成物的吉布斯自由能变（kJ/mol）；ΔE_1 为正向反应的活化能垒（kJ/mol）；ΔE_2 为逆向反应的活化能垒（kJ/mol）。

3. Butler-Volmer 方程

燃料电池的可逆电压是基于热力学平衡状态求得的，此时正向反应速率与逆向反应速率相等，即没有净反应速率，即燃料电池没有对外的电流输出。没有净反应速率并不意味着正向反应和逆向反应各自没有进行，而是此时正向反应和逆向反应均在发生，且进行的速率相同。

由之前的讨论可知，反应速率和电流密度具有相似的概念，均可描述电化学反应进行的速率。由此可以定义平衡态下的正向（或逆向）电流密度为交换电流密度，即

$$j_1=j_2=j_0 \tag{1-58}$$

式中，j_1 为正向电流密度（A/m^2）；j_2 为逆向电流密度（A/m^2）；j_0 为交换电流密度（A/m^2）。此时正向反应与逆向反应的活化能垒也相等。

对于燃料电池，人们需要的是燃料电池输出电流，对外做电功，即存在正向净电流密度，因此必须打破正向反应与逆向反应相等的活化能垒，使得反应进行的速率偏向于正向反应的进行。为了产生正向的净电流密度，需要牺牲部分热力学有用的电压，以打破正、逆向反应速率的平衡，以降低正向活化能垒并提高逆向活化能垒，式（1-59）为巴特勒-沃尔默（Butler-Volmer）方程。

$$I=j_0\left(e^{\frac{\alpha nF\eta}{RT}}-e^{\frac{-(1-\alpha)nF\eta}{RT}}\right) \tag{1-59}$$

式中，I 为正向净电流密度（A/m^2）；j_0 为交换电流密度（A/m^2）；α 为传输系数；η 为获得正向的净电流密度而牺牲的部分电压，称为活化过电势或活化损失（V）。

式（1-59）的 Butler-Volmer 方程也简称为 BV 方程。由 BV 方程可知，正向净电流密度与交换电流密度成正比关系，交换电流密度 j_0 越大，越容易获得更高的反应速率（或电流密度）。交换电流密度 j_0 则与反应物的浓度、活化能垒的大小、温度及反应位点面积等因素有关。增加催化层内反应物浓度和提高温度均有利于增大交换电流密度。传输系数 α 表征通过牺牲电势对改变正向和逆向活化能垒的大小，因此 α 的值总是介于 0 和 1 之间，越大的 α 代表着更快速的正向反应动力学。

4. 简化形式的 Tafel 公式

BV 方程给出了电化学反应速率（或电流密度）与活化损失 η 间的关系，但公式的形式较为复杂。塔菲尔（Tafel）从一系列的试验结果中归纳总结出了电极表面过电势与电流密度间的经验公式——Tafel 公式，即

$$\eta_{act}=b\ln\left(\frac{I}{j_0}\right) \tag{1-60}$$

$$b=\frac{RT}{\alpha nF} \tag{1-61}$$

式中，η_{act} 为活化损失（V）；b 为 Tafel 斜率；I 为电流密度（A/m^2）；j_0 为交换电流密度（A/m^2）。式（1-60）也可表示为

$$\eta_{act}=b\ln I-b\ln j_0 \tag{1-62}$$

可见活化损失 η_{act} 与 $\ln I$ 为线性关系，斜率为 b。Tafel 公式的形式较 BV 方程简化了许多，两者均描述反应动力学。当活化损失 η_{act} 很大时，BV 方程中的第二指数项可以忽略，此时正向反应方向起决定性作用，相当于一个完全不可逆反应过程，此时 BV 方程简化为

$$I=j_0 e^{\frac{\alpha nF\eta}{RT}} \tag{1-63}$$

式（1-59）与式（1-63）完全相同，可见当活化损失 η_{act} 很大时，BV 方程与 Tafel 公式在数学上等同，也可以认为 Tafel 公式是 BV 方程在高活化损失下的近似拟合式。燃料电池在对外输出电流时，也就对应着正向反应占主导地位及活化损失 η_{act} 很大的情况，这使 Tafel 公式具有广泛的应用。

5. 燃料电池的输出性能

一般情况下，燃料电池输出性能就是燃料电池在一定电流密度下的输出电压（或一定输出电压下的电流密度）。电势是电子能量的一种衡量方法，而电流密度对应着电化学反应的速率。燃料电池对外输出电流时，由于存在不可逆的动力学，燃料电池的实际输出电压无法达到可逆电压。事实上，除了由反应动力学造成的电压损失，燃料电池在工作状态下还存在其他原因造成的电压损失。一般而言，电压损失可概括为以下 3 种：

1）活化损失：为获得正向净反应速率，由反应动力学造成的电压损失，也称极化损失。

2）欧姆损失：质子和电子传导中存在阻力而造成的电压损失。

3）传质损失：反应物由流场输送至催化层，反应物浓度降低造成的部分电压损失，称为浓度损失或浓度差损失。

燃料电池的实际输出电压可以表示为热力学提供的电压上限（可逆电压）E_r 减去各项电压损失，即

$$U_{out}=E_r-\eta_{act}-\eta_{ohm}-\eta_{conc} \tag{1-64}$$

式中，U_{out} 为燃料电池的实际输出电压（V）；η_{ohm} 为欧姆损失（V）；η_{conc} 为传质损失（V）。

了解各项电压损失的产生机制，明确如何降低各项损失的技术途径，是实现电池设计优化、提升电池性能的基础。由 Tafel 公式可知，活化损失 η_{act} 随着反应速率的增加而增加，由欧姆定律可知，欧姆损失 η_{ohm} 也随着输出电流密度的增加而近似线性增长，而传质损失 η_{conc} 也在大电流密度下变得十分显著。可以判断，燃料电池的实际输出电压随输出电流密度的增大而减小。常用电流密度-电压特性图即 *I-U* 曲线，或称为极化曲线，来描述一个燃料电池的输出性能。

图 1-28 所示为一个质子交换膜燃料电池的典型极化曲线。活化极化损耗、电阻损耗和浓度极化损耗这 3 个损耗指相邻曲线间的区域。从曲线可以看出，输出电压随着电流密度的增大而下降。

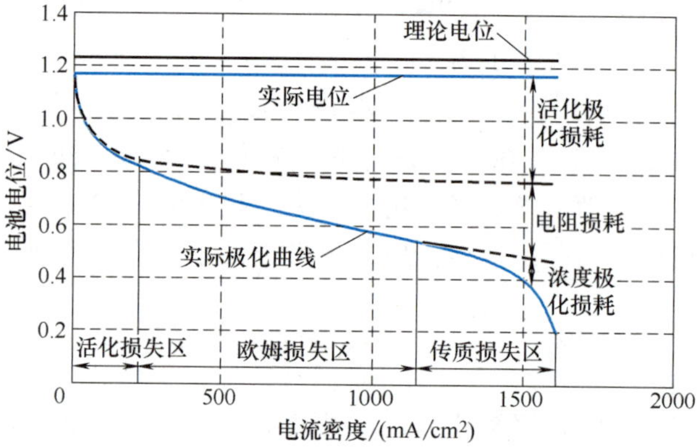

图 1-28　一个质子交换膜燃料电池的典型极化曲线

1）活化损失区。电流密度极小时，电压随电流快速下降。由 BV 方程可得，活化损失 η_{act} 与 ln*I* 成正比，在小电流密度区会随着电流密度的增大而快速增大；由欧姆定律可得，欧姆损失 η_{ohm} 与电流密度 *I* 成正比关系，小电流密度区时欧姆损失很小；传质损失在小电流密度区时更无从体现。这一区域内活化损失在各项电压损失中占主导，因此极化曲线的小电流密度区称为活化损失区。

2）欧姆损失区。随着电流密度的增大，电压呈一段近似线性的下降。由 BV 方程可得，电流密度较大后，活化损失的增大不再明显。而电压的近似线性下降正对应于欧姆定律的特点，这一区域内电压损失的增大主要源于欧姆损失的增大，因此这一区域称为欧姆损失区。

3）传质损失区。当电流密度继续增大，对应着催化层内电化学反应速率的增长，气体反应物消耗速率和阴极产生水速率增大。一方面气体反应物传输到催化层的速率有限，高电流密度下催化层内气体反应物浓度会有显著下降，不利于反应动力学；另一方面电化学反应生成物（水）在催化层内的积累也不利于反应的持续进行，液态水还会

堵塞多孔电极内气相输运通道，更加不利于气体反应物输运至催化层。当电流密度增大到一定程度时，输出电压可能会急速下降。这一区域中由气体反应物供给不足和生成水不能快速排出导致，即传质不良造成的电压损失，称这一区域为传质损失区。

当燃料电池的输出电压降为 0 时，即将极化曲线延长与横轴的交点，该点对应的电流密度为极限电流密度。由于阴极氧气的还原反应的动力学要比阳极氢气的氧化反应的动力学缓慢很多，而且氧气的扩散率较氢气更小，阴极内液态水积累的问题更为严重，更阻碍了阴极内氧气的传输，所以极限电流密度的大小与阴极催化层内氧气浓度不足密切相关。一般认为，当阴极催化层内氧气浓度降为 0 时，燃料电池达到极限电流密度，由此可以大致推算极限电流密度为

$$\frac{j_{\lim}}{4F}=\frac{c_{ch,O_2}-0}{\delta_c}D_{c,O_2} \tag{1-65}$$

式中，$j_{\lim}$ 为极限电流密度（A/m^2）；c_{ch,O_2} 为阴极流道内氧气浓度（mol/m^3）；0 表示阴极催化层内氧气浓度为 0；δ_c 为阴极电极厚度（m）；D_{c,O_2} 为阴极电极内氧气的扩散率（m^2/s）。式（1-65）仅是粗略的估算，阴极内液态水的存在也会阻碍氧气传输，也存在其他因素影响极限电流密度的大小。目前高性能的质子交换膜燃料电池的极限电流密度能达到 $3\sim5A/m^2$，未来极限电流密度还会进一步升高。

【例 1-17】 一个氢氧燃料电池，发生如下反应：

$$H_2+\frac{1}{2}O_2=H_2O$$

电池运行温度为 60℃，工作压力为 3atm，氢气流量为 5L/min，请问工作 120h 总共产生多少电量？消耗多少氢气？

解：假设氢气是理想气体，因此摩尔流速与体积流速之间可以根据理想气体定律来换算，即

$$\frac{dN}{dt}=\frac{P(dV/dt)}{RT}=\frac{(3\times101.325)\times(5\times10^{-3})}{8.314\times333.15}mol/min\approx5.49\times10^{-4}mol/min$$

在电化学反应中，每摩尔氢气参加反应，就会有 2mol 电子发生转移，因此 $n=2$，所以电流为

$$i=nF\frac{dN}{dt}=2\times96485\times5.49\times10^{-4}\times\frac{1}{60}A\approx1.77A$$

共产生的电量为

$$Q=it=1.77\times120\times3600C=764640C$$

燃料电池消耗的总氢气摩尔量为

$$N_{H_2}=\frac{Q}{nF}=\frac{764640}{2\times96485}mol\approx3.96mol$$

【例 1-18】 活化面积为 $25cm^2$ 的氢氧燃料电池电堆有 20 个单电池，工作温度为 60℃，氢气和氧气压力均为 3atm，试绘制此燃料电池堆的极化曲线和功率曲线。

可利用以下参数计算：$\alpha=0.5$，$i_0=10^{-6.912}$，$i_L=1.4A/cm^2$，放大倍数 $\alpha_1=0.085$，$G_{f,liq}=-228.170J/mol$，质量传输常数 $k=1.1$，单位面积的内阻为 $0.19\Omega/cm^2$。

解：建立极化曲线第一步要计算能斯特电压和电压损失。为了计算能斯特电压，需要利用水、氢气、氧气的一些压力值。首先计算水的饱和压力，则

$$\lg P_{H_2O}=-2.1764+0.02953T_c+9.1837\times10^{-5}T_c^2+1.4454\times10^{-7}T_c^3$$

氢气的局部压力为

$$P_{H_2}=0.5\frac{P_{H_2,in}}{\exp\left(\frac{1.653i}{T_K^{1.334}}\right)}-P_{H_2O}$$

氧气的局部压力为

$$P_{O_2}=\frac{P_{air}}{\exp\left(\frac{4.192i}{T_K^{1.334}}\right)}-P_{H_2O}$$

电压损失（活化损失利用 Tafel 公式计算）为

$$v_{act}=-b\lg\frac{i}{i_0};\ b=\frac{RT}{2\alpha F}$$

欧姆损失（使用欧姆定律计算）为

$$v_{ohm}=-ir$$

浓度极化损失（燃料电池的传质损失计算）为

$$v_{conc}=\alpha_1 i_K\ln\left(1-\frac{i}{i_L}\right)$$

为了保证 v_{conc} 不会出现负值，浓度极化损失只在 $1-i/i_L>0$ 时进行计算，否则 $v_{conc}=0$。

能斯特电压为

$$E_{Nernst}=-\frac{G_{f,liq}}{2F}+\frac{RT_K}{2F}\ln\left(\frac{P_{H_2O}}{P_{H_2}P_{O_2}^{0.5}}\right)$$

由于所有电压损失都是负值，所以实际电压是能斯特电压加上电压损失，即

$$V=E_{Nernst}+v_{act}+v_{ohm}+v_{conc}$$

由上述公式可得极化特性曲线和功率曲线如图 1-29 和图 1-30 所示。

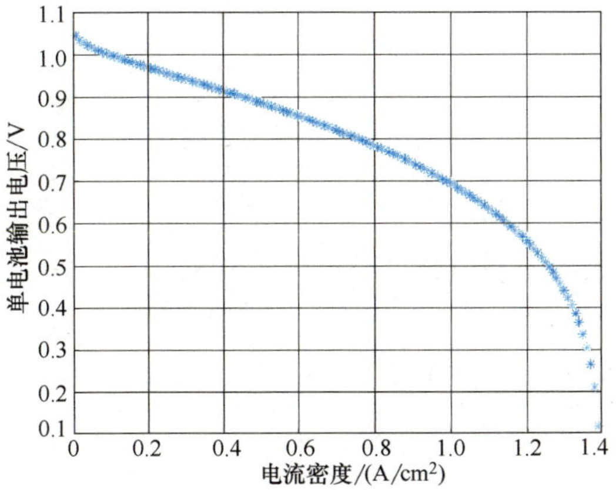

图 1-29 极化特性曲线

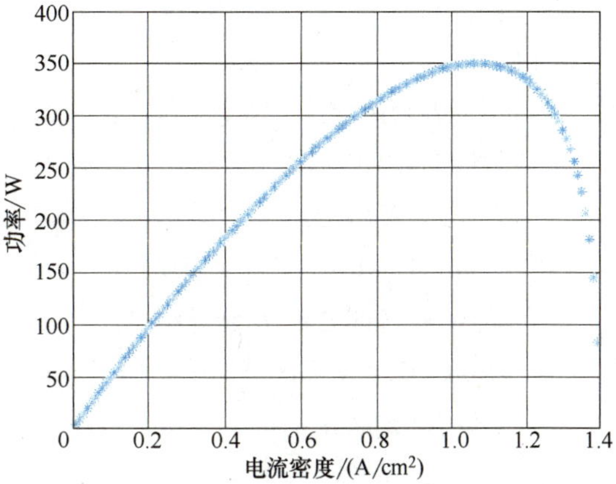

图 1-30 功率曲线

MATLAB 求解程序如下：

```
%%%%%%%%%%%%%%%%%%%%%%%%%%%%%%%%%%%%%%%%%%
% 为极化曲线计算电压损失
% 输入
R=8.314;              % 理想气体常数
F=96485;              % 法拉第常数
Tc=60;                % 工作温度
P_H2=3;               % 氢气压力
P_air=3;              % 空气压力
A_cell=25;            % 电池面积
N_cells=20;           % 单电池数
r=0.19;               % 内阻
Alpha=0.5;            % 转化因子
Alpha1=0.085;         % 放大常数
i0=10^-6.912;         % 交换电流密度
iL=1.4;               % 电流密度限值
Gf_liq=-228170;       % 液态吉布斯函数
k=1.1;                % 质量传输常数 k
%%%%%%%%%%%%%%%%%%%%%%%%%%%%%%%% 工作温度(热力学温度)
TK=Tc+273.15;
% 水饱和压力计算
x=-2.1764+0.02953.*Tc+9.1837.*(10.^-5).*(Tc.^2)+1.4454.*(10.^-7).
*(Tc.^3);
P_H2O=10.^x;
% 为电流建立 loop 循环
```

```
loop=1;
i=0;
for N=0:150
    i=i+0.01;
    % 氢气部分压力计算
    pp_H2=0.5.*((P_H2)./(exp(1.653.*i./(TK.^1.334)))-P_H2O);
    % 氧气部分压力计算
    pp_O2=(P_air./exp(4.192.*i./(TK.^1.334)))-P_H2O;
    % 计算活化损失
    b=R.*TK./(2.*Alpha.*F);
    V_act=-b.*log10(i./i0);% 塔菲公式
    % 计算欧姆损失
    V_ohmic=-(i.*r);
    % 计算浓度极化损失
    term=(1-(i./iL));
    if term > 0
        V_conc=Alpha1.*(i.^k).*log(1-(i./iL));
    else
        V_conc=0;
    end
    % 计算能斯特电压
    E_nernst=-Gf_liq./(2.*F)-((R.*TK).*log(P_H2O./(pp_H2.*(pp_O2.
^0.5))))./(2.*F);
    % 计算输出电压
    V_out=E_nernst + V_act + V_ohmic + V_conc;
    if term < 0
        V_conc=0;
        break
    end
    if V_out < 0
        V_out=0;
        break
    end
    figure(1);
    title('Fuel cell polarization curve');
    xlabel('电流密度(A/cm2)');
    ylabel('单电池输出电压(V)');
```

```
    plot(i,V_out,'*');
    grid on
    hold on
    % 计算电力
    P_out=N_cells.*V_out.*i.*A_cell;
    figure(2);
    title('Fuel cell power');
    xlabel('电流密度(A/cm2)');
    ylabel('功率(W)');
    plot(i,P_out,'*');
    grid on
    hold on
end
```

1.5 燃料电池汽车分类

1. 按有无蓄能装置分类

根据燃料电池汽车是否配备蓄能装置，可把燃料电池汽车分为纯燃料电池汽车和混合型燃料电池汽车两大类。

(1) 纯燃料电池汽车

1) 燃料电池是电动汽车上电能的唯一来源。

2) 要求燃料电池的功率大，并且无法回收汽车制动能量。

3) 纯燃料电池汽车目前应用较少。

纯燃料电池汽车动力系统如图 1-31 所示。

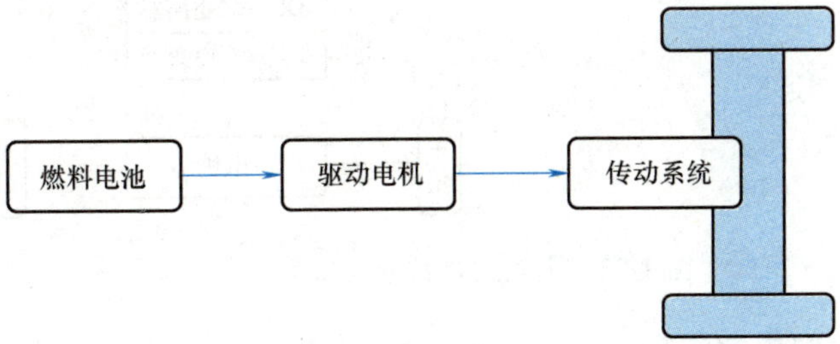

图 1-31 纯燃料电池汽车动力系统

(2) 混合型燃料电池汽车

1) 同时配备了燃料电池与蓄能装置（如蓄电池、超级电容器或飞轮电池等）。

2) 蓄能装置可协助供电，降低燃料电池的需求功率。

3) 蓄能装置可用于汽车制动时的能量回收，提高燃料电池汽车的能量利用率。

4) 燃料电池汽车多采用混合型结构。

混合型燃料电池汽车动力系统如图 1-32 所示。

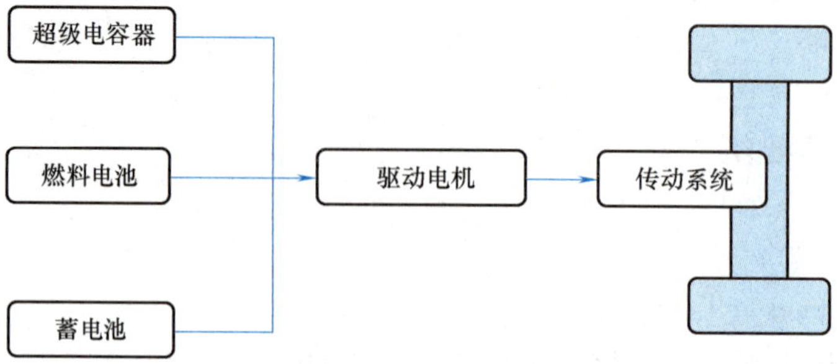

图 1-32 混合型燃料电池汽车动力系统

2. 按燃料电池与蓄电池的结构关系分类

根据混合型燃料电池汽车中燃料电池和蓄电池的电路结构，可将混合型燃料电池汽车分为串联式和并联式两种。

(1) 串联式燃料电池汽车

1) 其燃料电池相当于车载发电装置，通过 DC/DC 变换器进行电压变换后对蓄电池充电，再由蓄电池向电机提供驱动车辆的全部电力。

2) 串联式燃料电池汽车的特点与普通的串联混合动力电动汽车相似。

3) 可采用小功率的燃料电池，但要求蓄电池的容量和功率要足够大。

4) 其燃料电池发出的电能需要经过蓄电池的电化学转换过程，从中有能量的转换损失。

5) 目前，串联式燃料电池汽车较为少见。

串联式燃料电池汽车动力系统如图 1-33 所示。

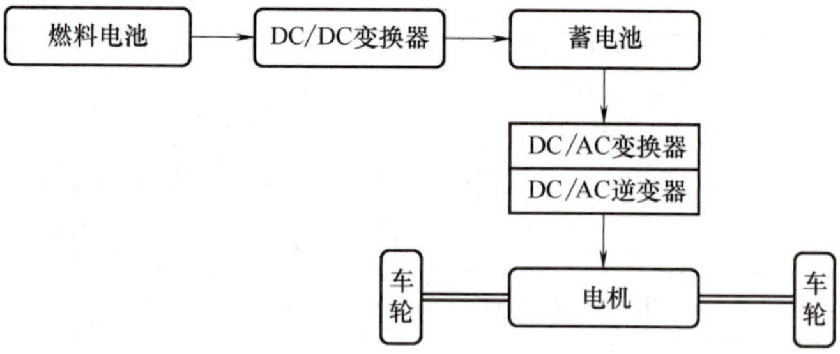

图 1-33 串联式燃料电池汽车动力系统

(2) 并联式燃料电池汽车

1) 由燃料电池和蓄电池共同向电机提供动力。

2) 根据燃料电池与蓄电池能量大小的配置不同，可分为大燃料电池型和小燃料电池型两种电动汽车。

3) 大燃料电池汽车主要由燃料电池提供电力，蓄电池的容量较小，只是在电动汽车起步、加速、爬坡等行驶工况时协助供电，并在车辆减速与制动时进行能量回收。

4) 小燃料电池汽车必须采用大容量的蓄电池，由蓄电池提供主要电力，而燃料电池只是协助供电。

5）并联式是目前燃料电池汽车采用较多的形式。

并联式燃料电池汽车动力系统如图 1-34 所示。

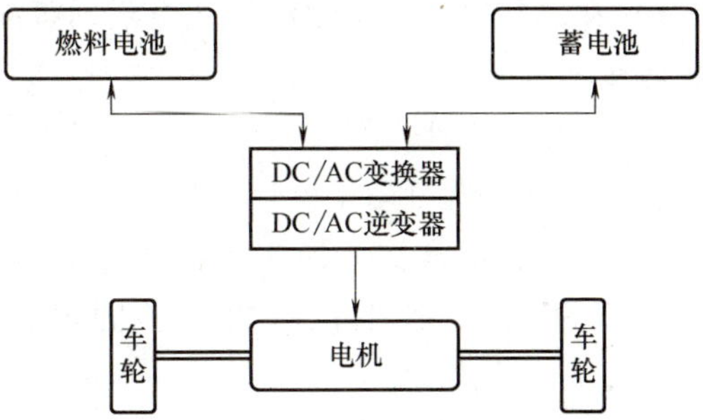

图 1-34 并联式燃料电池汽车动力系统

3. 按提供的燃料不同分类

根据燃料电池所提供的燃料不同，燃料电池汽车又可分为直接燃料电池汽车和重整燃料电池汽车两大类。

（1）直接燃料电池汽车

1）燃料主要是纯氢，也可以用甲醇等。

2）采用纯氢作为燃料时，对储氢装置的要求较高，氢燃料的储存方式有压缩氢气、液态氢和合金（碳纳米管）吸附氢等。

3）与重整燃料电池汽车相比，直接燃料电池汽车的结构简单、质量轻、能量效率高、成本低。

（2）重整燃料电池汽车

1）燃料主要有汽油、天然气、甲醇、甲烷、液化石油气等。

2）重整燃料电池汽车的结构比直接燃料电池汽车复杂。

3）需要设置重整装置，将其他燃料转化为燃料电池所需的氢。比如，甲醇重整燃料电池汽车需要对甲醇加热至 200℃左右以分解出氢，汽油重整燃料电池汽车也需要对汽油加热至 1000℃左右以分解出氢。

4）目前的燃料电池汽车采用重整技术的相对较少，大都以纯氢为车载氢源。

1.6 燃料电池汽车动力系统

1.6.1 组成

燃料电池汽车动力系统的基本组成部分有燃料电池系统、辅助蓄能装置、驱动电机以及电子控制系统。

1. 燃料电池系统

燃料电池系统以燃料电池堆为核心，并配备了氢气供给系统、空气供给系统、水热管理系统和输出管理子系统（DC/DC 变换器）等。

2. 辅助蓄能装置

混合式燃料电池汽车还配备辅助蓄能装置。辅助蓄能装置可采用蓄电池、超级电容器和飞轮蓄电池中的一种，组成双电源的混合动力系统；或采用蓄电池+超级电容器、蓄电池+飞轮电池的三电源系统。

燃料电池汽车配备辅助蓄能装置的作用有以下 5 点：

1）在燃料电池汽车起动时，由辅助蓄能装置提供电能，带动燃料电池启动或带动车辆起步。

2）在燃料电池汽车运行过程中，当燃料电池输出的电能大于车辆驱动所需的能量时，辅助蓄能装置可用于储存燃料电池剩余的电能。

3）在燃料电池汽车加速和爬坡时，辅助蓄能装置可协助供电，以弥补燃料电池输出功率的不足，使电机获得足够的电能，产生满足车辆加速和爬坡所需的电磁转矩。

4）向车辆的各种电子设备、电器提供工作所需的电能。

5）在车辆制动时，将驱动电机转换为发电机工作状态，将车辆的动能转换为电能，并向辅助蓄能装置充电，以实现车辆制动时的能量回收。

3. 驱动电机

驱动电机用于将电源所提供的电能转换为电磁转矩，并通过传动装置驱动车辆行驶。与纯电动汽车和混合动力汽车一样，燃料电池汽车采用驱动电机，也可采用直流有刷电机、交流异步电机、交流同步电机、永磁无刷直流电机和开关磁阻电机等。不同类型的电机具有不同的性能特点。燃料电池汽车通常结合整车的开发目标，综合考虑各种电机的结构与性能特点以及电机的驱动控制方式和控制器结构特点等，选择适宜的驱动电机。

受有限的车内空间、恶劣的工作环境及频繁的运行工况切换影响，燃料电池汽车用电机驱动系统必须具有以下特性：

1）高功率密度以满足布置要求。

2）瞬时过载能力强，以满足加速和爬坡要求。

3）调速范围宽（包括恒转矩区和恒功率区）。

4）转矩动态响应快。

5）在运行的整个转矩-转速范围内具有高效率，以提高能量利用率。

6）四象限运行，状态切换平滑。

7）高可靠性及容错控制。

8）成本合理。

4. 电子控制系统

燃料电池汽车的电子控制系统包括燃料电池系统控制器、DC/DC 变换器、辅助蓄能装置能量管理系统、电机驱动控制器及整车协调控制器等，如图 1-35 所示，各控制功能模块通过总线连接。

（1）燃料电池系统控制器 燃料电池系统控制器用来控制燃料电池的燃料供给与循环系统、氧化剂供给系统、水热管理系统并协调各系统工作，以使燃料电池系统能持续向外供电。

（2）DC/DC 变换器 DC/DC 变换器通过电子控制器控制改变燃料电池的直流电压。电子控制器的作用是通过调节 DC/DC 变换器的输出电压，将燃料电池堆较低的电压上升至电机所需的电压。

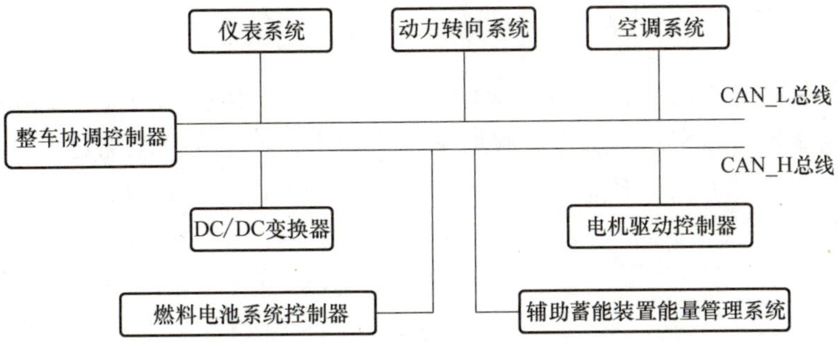

图 1-35 燃料电池汽车电子控制系统

DC/DC 变换器的作用不仅仅是升压和稳压，在工作时通过控制器的实时调节，还可使其输出电压与蓄电池的电压相匹配，协调燃料电池和蓄电池负荷，起到限制燃料电池最大输出电流和最大功率的作用，以避免燃料电池因过载而损坏。

（3）辅助蓄能装置能量管理系统 辅助蓄能装置能量管理系统对蓄电池的充电、放电、存电状态等进行监控，使辅助蓄能装置能正常地起作用，实现车辆在起动、加速、爬坡等工况下的协助供电，并在车辆运行时储存燃料电池的富余电能，实现汽车制动时的能量回馈。蓄电池能量管理系统通过对蓄电池电压、电流、温度等参数的监测，还可实现蓄电池的过充电、过放电控制，进行蓄电池荷电状态的估计与显示。

（4）电机驱动控制器 电机的类型不同，其控制器的电路结构和工作原理也有所不同。总体上，电机驱动控制器的主要控制功能有：电机的转速与转矩调节、电机工作模式控制（设有制动能量回馈的电动汽车）、电机过载保护控制等。

（5）整车协调控制器 整车协调控制器基于设定的控制策略对各控制功能模块进行协调控制。一方面，控制器根据加速踏板传感器、制动踏板传感器、档位开关送入的电信号判断驾驶人的驾车意图，并输出控制信号，通过相关的控制功能模块实现车辆的行驶工况控制；另一方面，控制器根据相关传感器和开关输入的电信号获取车速、电机转速、是否制动、蓄电池和燃料电池的电压和电流等信息，判断车辆的实际行驶工况和动力系统的状况，并按设定的多电源控制策略输出相应的控制信号，通过相应的功能模块实现能量分配调节控制。此外，整车协调控制还包括整车故障自诊断功能。

1.6.2 参数匹配计算

1. 燃料电池的参数匹配计算

燃料电池是燃料电池汽车的主能量源，提供车辆平均行驶需求功率，而在车辆加速、爬坡情况下，峰值功率由蓄电池辅助提供。燃料电池系统的功率选择过大，会导致整车成本过高；燃料电池系统的功率选择过小，会导致在需求功率大时燃料电池提供的功率不够。

驱动电机在车辆行驶过程中输出的功率与燃料电池发出功率和蓄电池发出功率之和呈功率平衡状态。其中在车辆最高速度行驶状态下，驱动电机的输出功率全部来自主能量源，即此时燃料电池全部承担驱动电机的输出功率。车辆的功率平衡关系为

$$P_{req}=\frac{1}{\eta_T}(P_{WD}+P_{RR}+P_{GR}+P_{AR}) \tag{1-66}$$

式中，P_{req} 为车辆需求功率；η_T 为传动系统机械效率，取 0.9；P_{WD} 为克服风阻功率；P_{RR} 为克服滚动阻力功率；P_{GR} 为克服坡道阻力功率；P_{AR} 为克服加速阻力功率。

式（1-66）中，P_{WD}、P_{RR}、P_{GR} 和 P_{AR} 可分别由式（1-67）~式（1-70）计算得出。

$$P_{WD}=\frac{c_dA}{76140}v^3 \tag{1-67}$$

式中，c_d 为风阻系数；A 为迎风面积（m^2）；v 为车辆行驶速度（km/h）。

$$P_{RR}=\frac{mgf}{3600}v \tag{1-68}$$

式中，m 为整车质量；g 为重力加速度，一般取 9.8m/s^2；f 为滚动阻力系数，一般取前、后轮滚动阻力系数平均值。

$$P_{GR}=\frac{mgi}{3600}v \tag{1-69}$$

式中，i 为车辆行驶道路坡度。

$$P_{AR}=\frac{\delta m}{3600}v\frac{dv}{dt} \tag{1-70}$$

式中，δ 为质量旋转换算系数；dv/dt 为车辆加速度。

在车辆最高速度行驶状态下，驱动电机的输出功率全部来自主能量源，即此时燃料电池全部承担驱动电机的输出功率。那么，忽略加速阻力和上坡阻力，由式（1-66）~式（1-68）可得燃料电池的输出功率为

$$P_{fc}=\frac{1}{\eta_T}\left(\frac{c_dA}{76140}v_{max}^3+\frac{mgf}{3600}v_{max}\right) \tag{1-71}$$

式中，v_{max} 为车辆最大行驶速度，$v_{max}=140$km/h。

【例 1-19】 燃料电池汽车整车模型基本参数见表 1-13，并参考 GB/T 18385—2005《电动汽车　动力性能　试验方法》所设计的燃料电池汽车相关性能设计指标见表 1-14。

表 1-13　燃料电池汽车整车模型基本参数

参数	数值	参数	数值
轴距/mm	2690	DC/DC 变换器效率	0.85
空气阻力系数	0.284	整车尺寸/(长/mm×宽/mm×高/mm)	4580×1798×1579
满载质量/kg	1880	蓄电池容量/A·h	20
迎风面积/m^2	1.97	蓄电池单体额定电压/V	3.2
前轮滚动阻力系数	0.02	电极最大功率/kW	120
后轮滚动阻力系数	0.01	电机额定电压/V	400
主减速器传动比	6.43	轮胎半径/m	0.317

表 1-14　燃料电池汽车相关性能设计指标

指标类型	指标描述	参数要求	单位
加速性能	0~50km/h	≤5	s
	50~80km/h	≤4	s
	0~100km/h	≤12	s
最高车速	最高车速	≥140	km/h
爬坡性能	最大爬坡度	≥40	%
	30km/h 最大爬坡度	≥35	%
	60km/h 最大爬坡度	≥20	%
纯电续驶里程	60km/h 巡航	≥55	km

解：由表中数据可知：空气阻力系数 c_d 在本次计算中取 0.284；迎风面积 A 在本次计算中取 $1.97m^2$；m 表示整车质量，在本次计算中取 1880kg；f 表示滚动阻力系数，在本次计算中前轮滚动阻力系数取 0.02，后轮滚动阻力系数取 0.01，所以平均后取 $f=0.015$；v_{max} 表示车辆最大行驶速度，本题计算中最高车速取 140km/h。

将车辆相关参数代入式（1-71），可以得出燃料电池输出功率为

$$P_{fc}=\frac{1}{0.9}\times\left(\frac{0.284\times1.97}{76140}\times140^3+\frac{1880\times9.8\times0.015}{3600}\times140\right)\text{kW}\approx34.34\text{kW}$$

考虑到燃料电池自身效率问题，为保证其工作稳定性，参数选择要保留一定余量，经上述分析考虑后，最终确定可选择最大输出功率为 40kW 的燃料电池系统。

2. 蓄电池参数匹配计算

（1）蓄电池容量的选择　蓄电池作为燃料电池汽车动力系统的辅助能量源，依据车辆峰值功率设计其容量，需要同时考虑车辆对于最大持续行进距离的要求。若电池重量随储能量变化，则电池容量增大的同时，车身重量也将增大。若电池容量过大，虽然车辆的储能能力强，但牺牲了车辆的动力性。若电池容量过小，电池功率则不够提供车辆的峰值功率，所以蓄电池的容量需要权衡选择。

（2）蓄电池数量的选择　驱动电机额定电压为 400V，蓄电池电压应与动力系统总线电压相近，所以蓄电池电压与之匹配。规定电池单体电压为电池电压，蓄电池电压应为多个电池电压之和，那么电池的数量选择尤为重要。蓄电池个数越多，蓄电池重量越重，占用空间越大，导致车辆动力性受损；蓄电池个数越少，蓄电池的电压越低，输出功率越小，同样会导致车辆动力性受损。燃料电池汽车的需求功率由燃料电池和蓄电池共同决定，针对动力性要求，蓄电池的最大功率应满足

$$P_{bat}\geqslant P_m-P_{fc} \tag{1-72}$$

式中，P_{bat} 为蓄电池最大功率；P_m 为驱动电机最大功率。

根据设计要求，当车速以 v_a(km/h) 匀速行驶时，车辆可纯电续驶里程大于或等于 s_a(km)。那么车辆以 v_a 匀速行驶 s_a 所需电能可以通过式（1-73）计算。

$$W_{s_a}=P_{v_a}\frac{d}{v_a}=\frac{1}{\eta_T}\left(\frac{c_dA}{76140}v_a^3+\frac{mgf}{3600}v_a\right)\frac{d}{v_a} \tag{1-73}$$

式中，W_{s_a} 为车辆以 v_a 匀速行驶 s_a 所需电能；P_{v_a} 为以 v_a 行驶时的功率；d 为纯电状态下行驶距离（km）。

【例 1-20】 基于例 1-19 的条件与结果，确定蓄电池最大功率，并计算当以 60km/h 的车速匀速行驶时，车辆可纯电续驶里程大于或等于 50km 时，车辆以 60km/h 匀速行驶 50km 所需电能。

解： 所选驱动电机的最大功率为 120kW，依据例 1-19 计算得出燃料电池的最大功率为 40kW。若同时兼顾车辆经济性要求，那么 P_{bat} 应选取 80kW。

车辆以 60km/h 匀速行驶 50km 所需电能为

$$\begin{aligned}W_{50}&=P_{60}\frac{d}{60}\\&=\frac{1}{\eta_T}\left(\frac{c_dA}{76140}60^3+\frac{mgf}{3600}60\right)\frac{d}{60}\\&=\frac{1}{0.9}\left(\frac{0.284\times1.97}{76140}\times60^3+\frac{1880\times9.8\times0.015}{3600}\times60\right)\times\frac{50}{60}\text{kW}\\&=5.73\text{kW}\end{aligned}$$

蓄电池的放电量可以通过式（1-74）计算为

$$W_{bat}=\frac{U_{bat}C_{bat}\eta_{DOD}}{1000} \tag{1-74}$$

式中，W_{bat} 为蓄电池释放的能量；U_{bat} 为蓄电池组电压；C_{bat} 为蓄电池组容量；η_{DOD} 为蓄电池放电深度，一般取 0.8。

蓄电池的可放电电量需至少等于车辆纯电模式下以 v_a 匀速行驶 s_a 所需电能，这样才能满足纯电续航的基本性能要求，即

$$W_{bat}\geqslant W_{s_a} \tag{1-75}$$

由式（1-74）和式（1-75）可得出所需蓄电池容量和蓄电池电压的乘积。目前市场上磷酸铁锂离子电池电芯一般为 3.2V 或 3.65V，单颗电芯容量也是有限的，基本为小于 30A·h。根据上述参数可以对单体电池进行选型，确定其额定电压 U_{mer} 与额定容量 C_{mer}，依据所需蓄电池容量和蓄电池电压的乘积，最终可以确定单体电池数量 n_{mer}。

【例 1-21】 基于例 1-19 和例 1-20 的条件与结果，对于串联连接的蓄电池组，在满足车辆纯电模式下能以 60km/h 匀速行驶 50km 前提下，对单体电池进行选型与数量确定，并计算出蓄电池电池组总能量。

解： 由式（1-74）和式（1-75）得，所需蓄电池容量和蓄电池电压的乘积至少为

$$U_{bat}C_{bat}\geqslant\frac{1000W_{s_a}}{\eta_{DOD}}=\frac{1000\times5.73}{0.8}=7162.5\text{A·h·V}$$

单体电池可选型为额定电压 3.2V，额定容量 20A·h，单体电池数量应满足

$$n_{mer}\geqslant\frac{7162.5}{3.2\times20}=111.9$$

为保证续航，可确定单体电池数量为125个。此时电池组额定电压为

$$U_{bat}=U_{mer}n_{mer}=3.2\times125\text{V}=400\text{V}$$

则电池组总能量为

$$W_{bat}=\frac{U_{bat}C_{bat}\eta_{DOD}}{1000}=\frac{400\times20\times0.8}{1000}\text{kW}\cdot\text{h}=6.4\text{kW}\cdot\text{h}$$

验证得，单体电池个数为125个，串联形式连接，满足设计要求。组成的电池组总能量为6.4kW·h。

3. 驱动电机参数匹配计算

燃料电池汽车的动力性能是车辆设计时不可忽略的重要部分，而能否满足动力需求，除了燃料电池和蓄电池的相关参数的匹配外，驱动电机作为整车唯一的动力装置，其开发关系到燃料电池汽车的动力性、经济性和可靠性。驱动电机的参数设计过大时，会导致整车成本提高，并且影响整车轻量化目标的实现；驱动电机的参数设计过小时，则在某些特定状况下不能满足车辆动力性要求。

目前我国乘用车设计性能指标要求主要从最高车速、最大爬坡度、加速时间这3个动力性能指标来考虑。依据上述指标对驱动电机最大转速、最大转矩和峰值功率进行参数匹配。

（1）最高车速与最大转速 可以往返行驶1km的最高速度平均值或以持续运行30min的最高平均车速定义为最高车速，这个设计指标规定了燃料电池汽车的高速行驶能力。最高车速与驱动电机的最大转速和额定功率相关，汽车在零坡度道路上驱动电机的额定功率为

$$P_{v_{max}}\geqslant\frac{v_{max}}{3600\eta_T}\left(mgf+\frac{c_dAv_{max}^2}{21.15}\right) \tag{1-76}$$

式中，v_{max}为最高速度（km/h）。

汽车在零坡度道路上驱动电机的最高转速为

$$n_{max}\geqslant\frac{v_{max}i_0}{0.377r} \tag{1-77}$$

式中，r为轮胎半径（m）；i_0为主减速器传动比。

通常电机的额定转速与最高转速之间关系遵从

$$n_e=\frac{n_{max}}{\beta} \tag{1-78}$$

式中，β为扩大电机恒功率区系数，通常取值范围为2~4。

【例1-22】 基于例1-19中的表1-13与表1-14给出的燃料电池汽车整车模型基本参数与性能设计指标，计算该设计下驱动电机最大转速与额定转速，其扩大电机恒功率区系数取3。

解： 由于表1-14中燃料电池汽车最高车速为≥140km/h，由式（1-77）得最大转速为

$$n_{max}\geqslant\frac{v_{max}i_0}{0.377r}=\frac{140\times6.43}{0.377\times0.317}\text{r/min}\approx7532.5\text{r/mim}$$

驱动电机额定转速为

$$n_e=\frac{n_{max}}{\beta}=2510.8r/min$$

(2) 最大爬坡度与最大转矩 规定最大爬坡度为车辆可在具有坡度的道路上起步后在1min内可行进10m以上的斜坡与水平面之间的最大角度的正切值。考虑到真实驾驶环境的多种因素以及车辆工作稳定性，设计最大爬坡度时应留有一定余量，车辆爬坡时的动力性能由最大爬坡度体现。而驱动电机的最大转矩直接决定了车辆爬坡性能，最大转矩可根据最大爬坡度等推导得出，如式（1-79）所示。

$$T_m=\frac{mgf\cos[\arctan(grade/100)]r+mg\sin[\arctan(grade/100)]r}{i_0\eta_T} \tag{1-79}$$

式中，T_m 为驱动电机的最大转矩（N·m）；$grade$ 为设计最大爬坡度。

【例1-23】 基于例1-19中的表1-13与表1-14给出的燃料电池汽车整车模型基本参数与性能设计指标，计算该设计下驱动电机的最大转矩。

解： 依据表1-14，该设计下汽车最大爬坡度为0.4，将相关参数代入式（1-79）计算得

$$T_m=\frac{1880\times9.8\times0.317[0.015\cos(\arctan0.4)+\sin(\arctan0.4)]}{6.43\times0.9}\text{N}\cdot\text{m}=388.87\text{N}\cdot\text{m}$$

(3) 加速性能与峰值功率 车辆加速性能的优劣取决于车辆从某一速度提高到一个更高的速度所需的时间长短。国标中规定的加速性能测试以0~50km/h、50~80km/h和0~100km/h的速度间隔为测试标准。而驱动电机的输出功率可以直接影响车辆加速、超车等相关动力性能。车辆在零坡度道路加速时需求功率为

$$P_{acc}\geqslant\frac{v}{3600\eta_T}\left(mgf+\delta m\frac{v}{3.6t}+\frac{c_dAv^2}{21.15}\right) \tag{1-80}$$

式中，P_{acc} 为加速时需求功率（kW）；δ 为旋转质量换算系数，取1.08；t 为加速性能（s）；v 为加速过程末尾速度（km/h）。

车辆工作时的峰值功率通过燃料电池汽车以最高车速行驶时的输出功率，以及燃料电池汽车在加速时的最大输出功率两个不同工况下的输出功率进行比较。二者较大值作为驱动电机最大输出功率的选择依据。

【例1-24】 基于例1-19中的表1-13与表1-14给出的燃料电池汽车整车模型基本参数与性能设计指标，计算该设计下驱动电机的最大输出功率。

解： 将车辆相关参数代入式（1-76）中，得燃料电池汽车以最高车速行驶时的输出功率为

$$\begin{aligned}P_{v_{max}}&=\frac{v_{max}}{3600\eta_T}\left(mgf+\frac{c_dAv_{max}^2}{21.15}\right)\\&=\frac{140}{3600\times0.9}\left(1880\times9.8\times0.015+\frac{0.284\times1.97\times140^2}{21.15}\right)\text{kW}\\&\approx34.34\text{kW}\end{aligned}$$

表 1-14 显示汽车设计要求中对加速性能最高加速度要求在 0~50km/h 阶段（加速时间 $t=5s$），将车辆相关参数代入式（1-80）中，得燃料电池汽车在加速时的最大输出功率为

$$P_{acc} \geqslant \frac{v}{3600\eta_T}\left(mgf+\delta m\frac{v}{3.6t}+\frac{c_d A v^2}{21.15}\right)$$

$$=\frac{50}{3600\times 0.9}\left(1880\times 9.8\times 0.015+1.08\times 1880\times\frac{50}{18}+\frac{0.284\times 1.97\times 50^2}{21.15}\right)\text{kW}$$

$$=92.3\text{kW}$$

由以上计算结果比较后，可以得出加速时的最大输出功率比最高车速行驶时的输出功率大，所以最终选取加速时的最大功率作为驱动电机额定输出功率的选择依据。为完全满足所设计动力指标要求，可以取驱动电机最大功率为 120kW。

1.7 燃料电池汽车效率

燃料电池汽车能量转换效率高。氢燃料电池的效率约为 60%，甲醇燃料电池的效率为 8%~45%，而内燃机的效率仅为 30%~40%。

燃料电池汽车动力系统主要效率参数包括：燃料电池系统发电效率、蓄电池充/放电效率、DC/DC 变换器效率、电机及其驱动系统效率、传动效率。图 1-36 所示为燃料电池汽车与传统内燃机车辆从油井到车轮的全效率比较。

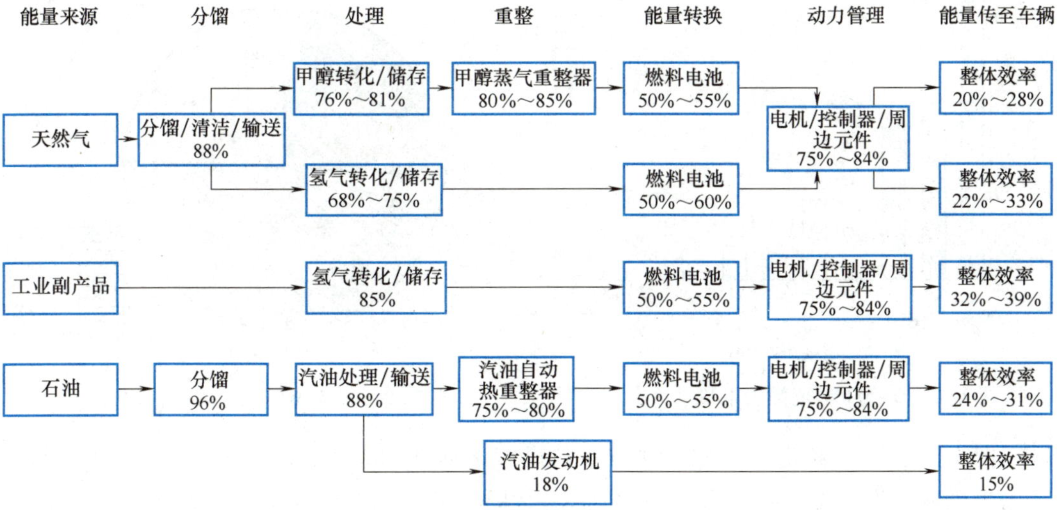

图 1-36 燃料电池汽车与传统内燃机车辆从油井到车轮的全效率比较

通过图 1-36 中信息可以清楚地看出，无论燃料来自石油、天然气还是其他工业副产品，在考虑燃料重整、电力逆变以及电机传动等损失的情况下，燃料电池汽车的全效率仍能达到 20%~40%，高出传统内燃机汽车许多。

现提供基于上汽开发的某款燃料电池汽车，针对其进行效率分析的案例。该款燃料电池汽车整车参数与关键零部件效率参数见表 1-15 与表 1-16。

表 1-15 整车参数

参数	数值	参数	数值
整车整备质量 m/kg	1800	风阻系数 c_d	0.32
迎风面积 A/m^2	2.05	滚动阻力系数 f	0.01

表 1-16 效率参数

效率参数	数值	效率参数	数值
燃料电池系统发电效率	0.5	电机及其驱动系统效率	0.85
蓄电池充/放电效率	0.95	传动效率	0.9
DC/DC 变换器效率	0.96		

该案例基于恒温器与功率跟随相结合的控制方法。动力蓄电池 SOC 平衡时控制在 0.5~0.6 之间，初始 SOC 设定为 0.8；燃料电池净输出功率范围为 5~28kW，其最佳工作功率区域为 5~15kW，效率最高点在 6kW 左右。

1）确定 NEDC 工况下的电机功率分布：

图 1-37、图 1-38 是在 NEDC 工况下，电机功率情况的分析结果。其中，图 1-37 所示为 0~55kW 范围内电机功率分布，电机功率在 0~5kW、5~10kW、10~15kW 区间范围的频率最高，比例分别为 32.88%、23.82%、18.40%；图 1-38 所示为 0~5kW 范围内电机功率分布，其工作区域集中在 3~4kW 之间，比例为 46.09%。

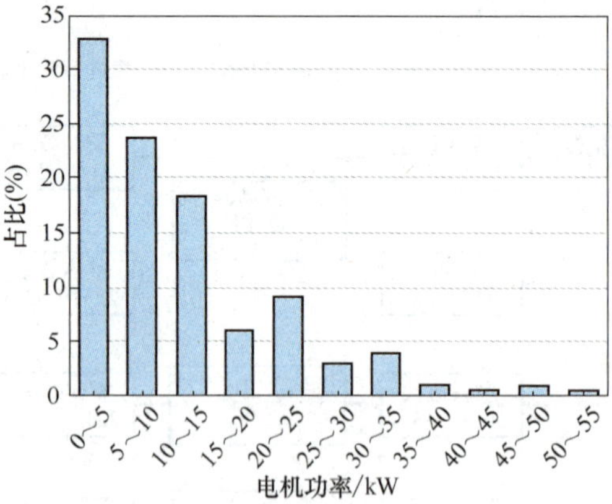

图 1-37 0~55kW 范围内电机功率分布

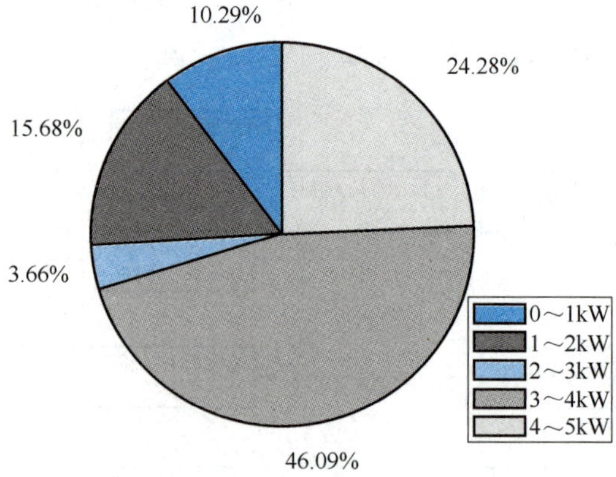

图 1-38 0~5kW 范围内电机功率分布

图 1-39、图 1-40 是在 NEDC 工况下的燃料电池功率情况。图 1-39 所示为 0~30kW 范围内燃料电池功率分布，电机功率在 5~10kW、10~15kW 区间范围的频率最高，比例分别为 66.41%、18.09%；图 1-40 所示为 5~10kW 范围内燃料电池功率分布，其工作区域集中在 5~6kW 之间，比例为 75.57%。

2）确定 NDEC 工况下动力蓄电池功率分布：

图 1-41、图 1-42 是在 NEDC 工况下，动力蓄电池放电功率情况的分析。蓄电池初

始 SOC 是 80%，最终降为 55%左右，电池处于放电状态。图 1-41 所示为 0～35kW 范围内动力蓄电池功率分布，电机功率在 0～5kW、5～10kW、10～15kW 区间范围的频率最高，比例分别为 65.06%、16.00%、11.45%；图 1-42 所示为 0～5kW 范围内动力蓄电池功率分布，其工作区域集中在 0～1kW 之间，比例为 47.70%。

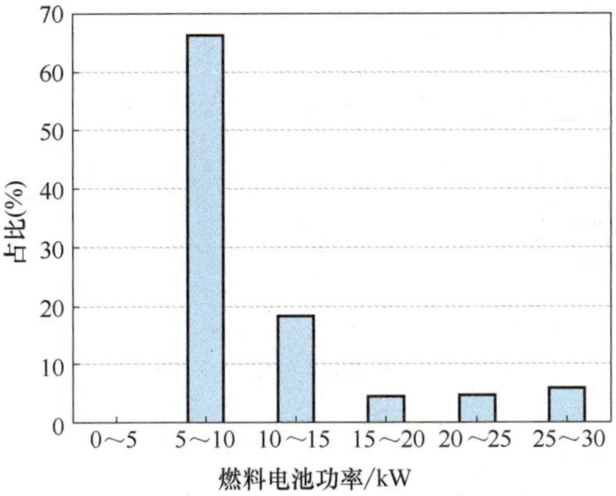

图 1-39　0～30kW 范围内燃料电池功率分布

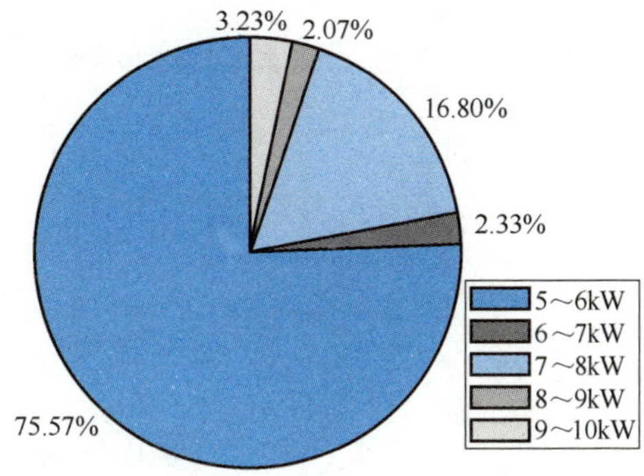

图 1-40　5～10kW 范围内燃料电池功率分布

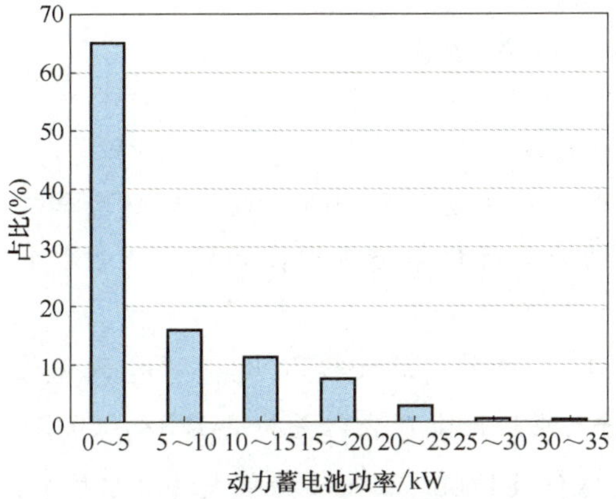

图 1-41　0～35kW 范围内动力蓄电池功率分布

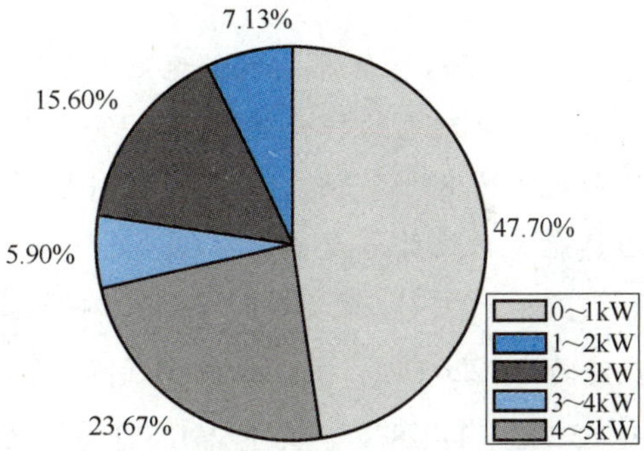

图 1-42　0～5kW 范围内动力蓄电池功率分布

通过以上分析，确定该燃料电池汽车动力系统运行效率，以动力系统能流（见图 1-43）表示，能流图以在 NEDC 工况下燃料电池氢耗量为起点（100%）进行考虑。在能流图中，燃料电池系统的损耗最高，达到 50%，电机其次，损耗为 7.65%，下面依次是附件（控制器）损耗（5.81%）、传动系统损耗（4.73%）、电池损耗（2.06%）、DC/DC 损耗（2%）。

【例 1-25】 估算氢燃料电池车的能量转化效率。

氢燃料电池车的能量转化过程：煤火力发电，电传输到制氢设备后，电解水制氢，氢用于氢燃料电池发电，驱动车辆行驶。假定煤到电的转化效率为 42%，电能传输效率为 90%，电解水制氢转换率为 83%，氢燃料电池发电效率为 50%，电能到驱动车辆的利用率为 81%。

解： 能源转换效率是 $42\%\times90\%\times83\%\times50\%\times81\%\approx12.7\%$。

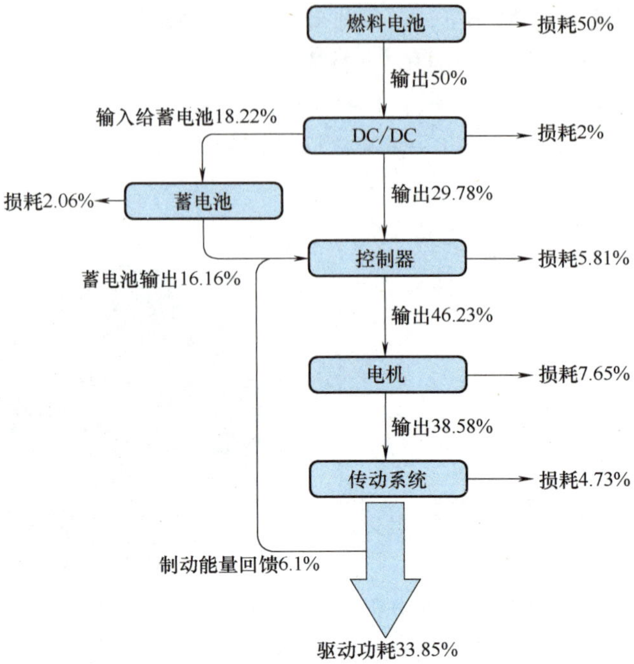

图 1-43　燃料电池汽车动力系统能流

【例 1-26】 估算氢燃料电池车的能量转化效率。

假定煤到电的转化效率为 42%；氢燃料电池发电效率为 50%；电能到驱动车辆的利用率为 81%。问：①天然气制氢到发电的能量转化率是多少？②氢燃料电池车的总能源转化效率是多少？

解： 产生 1kg 的 $H_2(g)$ 理论上耗能 20640kJ，且用掉天然气约 2.5kg。2.5kg 天然气热能约为 122000kJ，而 1kg 的 $H_2(g)$ 用作燃料电池理论上产生电量为 241.8×1000/2×94.53%kJ≈114287kJ，其中 241.8kJ/mol 为氢气低位放热值，2g/mol 为氢气的摩尔质量，94.53%为氢燃料电池理论上的最大能量转化效率（化学能转化为电能的效率）。

天然气制氢到发电的能量转化率为[114287/(20640+122000)]×100%≈80%；

能源转换效率为 42%×80%×50%×81%≈14%。

纯电动车在常规行驶中，电机效率为 93%~95%，电控效率为 96%，则电机电控效率 η'_e≈90%，电池效率为 95%~98%，则电气系统总效率为 η_e，η_e=90%×(95%~98%)≈86%~88%。

纯电动车的传动系统效率 η_T 由减速器传动效率（95%）和传动轴万向节传动效率（98%）两部分组成，η_T≈93%，故总效率 $\eta=\eta_T\eta_e$=93%×(86%~88%)≈80%~82%。

而在例 1-26 中，若除去充电过程损耗的 17%，从电池组算起，把 1-17%=83% 折算成 100%，得到利用率 η'≈81%，与“三电（电池、电机、电控）+传动”效率 η=80%~82%相一致。

此例取机械效率 η_T≈93%，电气系统效率 η_e=90%，总效率 η=82%。

第2章　电驱动技术

2.1 电机

2.1.1　电机基础

电机驱动系统是电动汽车的心脏，它由电机、功率转换器、控制器、各种检测传感器和电源（蓄电池）组成，如图 2-1 所示，其任务是在驾驶人的控制下，高效率地将电池的电量转化为车轮的动能，或者将车轮的动能反馈到蓄电池中。

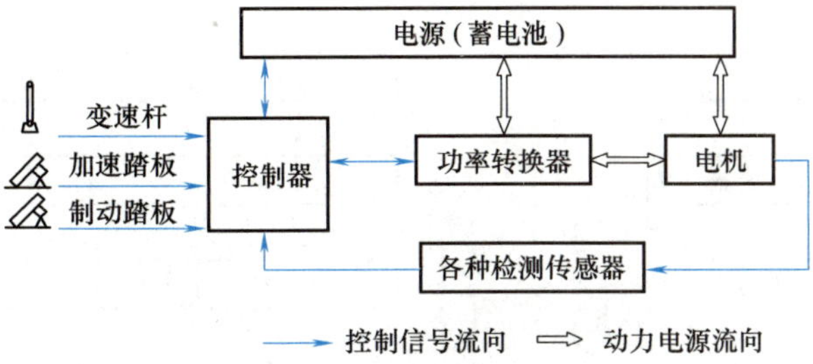

图 2-1　电机驱动系统

1. 电动汽车对电机的要求

电动汽车在行驶过程中，经常频繁地起动/停车、加速/减速等，所以电动汽车中的驱动电机对负载、性能指标、工作环境有更特殊的要求，应单独归为一类电机。

其运行特性应满足电动汽车的以下要求：

1）在恒转矩区低速运行时应具有大转矩，以满足电动汽车起动和爬坡的要求，此时需要 4~5 倍的短时过载，而工业电机一般需要 2 倍过载。

2）在恒功率区低转矩运行时应具有高速度、大变速范围，以满足电动汽车在平坦的路面能够高速行驶的要求，此时最高转速达到基本速度的 4~5 倍，而工业电机一般只需要达到恒功率基本速度的 2 倍。

3）可根据车型、驾驶人特点等做量身定制，结合人因工程等学科综合考虑，而工业电机一般根据典型工作模式进行设计。

4）应可控性高、可靠性好、使用寿命长、稳态精度高、动态性能好（瞬时功率大、带负载启动性能好、过载能力强、加速性能好），工业电机一般只有特定的性能要求。

5）在整个运行范围内，其功率密度大、效率高，应减轻车重、延长续驶里程。

6）应能够在电动汽车减速时实现再生制动，将能量回收并反馈给蓄电池，使得电动汽车具有最佳能量的利用率。

7）应体积小、重量轻，一般为工业电机的 1/3～1/2；安装空间小，可工作在高温、振动频繁等恶劣工况下，而工业电机一般安装在某个固定位置。

2. 电驱动系统的种类

根据电动汽车驱动轮的布置方式，驱动轮有全轮驱动、后轮驱动和全轮驱动等方式。根据电动汽车驱动系统的组成特点，其基本布置方式分为机械驱动系统、半机械驱动系统和纯电气驱动系统等。根据电动汽车驱动系统中是否采用轮毂电机，驱动系统分为轮毂电机驱动系统和非轮毂电机驱动系统；根据电动汽车驱动系统中电机的数量，驱动系统分为单电机和多电机驱动系统，如图 2-2 所示。

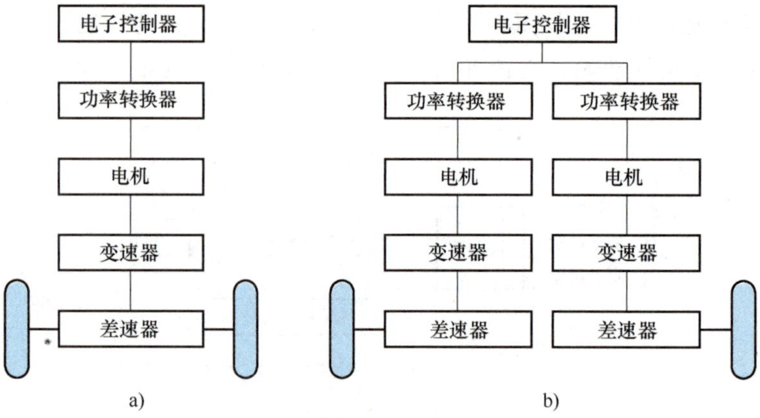

图 2-2　单电机和多电机驱动系统

a）单电机　b）多电机

单电机结构的优点是只用一个电机可以最大限度地减少体积、重量和成本。而多电机结构中，每个电机单独驱动每一个车轮，能减小单个电机的电流和功率的额定值，并能均衡电机的尺寸和重量。另外，在电子减速器起作用时，考虑过失容限的能力，多电机驱动需采取额外的预防措施。

3. 驱动电机的类型

驱动电机的类型如图 2-3 所示，类型包括直流电机、交流电机和轮毂电机。带阴影标示的电机已经被电动汽车使用，从当前应用和发展趋势来看，永磁同步电机占有新能源车电机约 80%的份额，永磁无刷直流电机的应用越来越少。

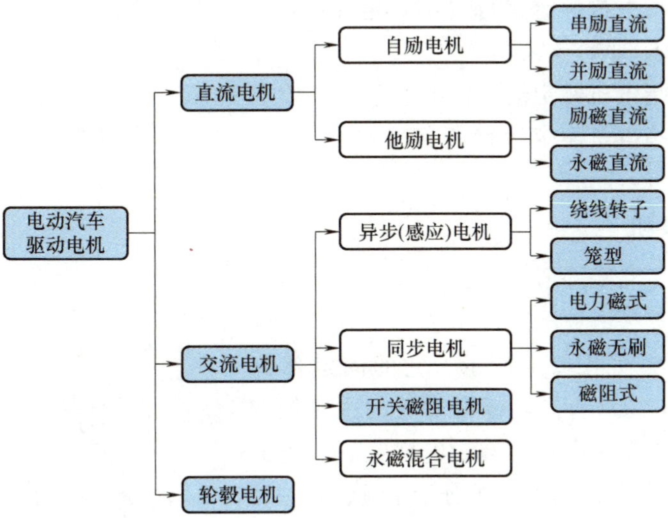

图 2-3 驱动电机的类型

几种典型的驱动电机性能比较见表 2-1。

表 2-1 几种典型的驱动电机性能比较

性能指标	永磁直流无刷电机	交流异步(感应)电机	交流永磁同步电机	开关磁阻电机
车企品牌	丰田普锐斯	特斯拉	日产、北汽、比亚迪、荣威	—
功率密度	高	中	中	较高
力矩转速性能	一般	好	好	好
转速范围/(r/min)	4000~10000	12000~15000	12000~15000	>15000
峰值功率(%)	95~97	90~95	90~95	<90
效率(%)(10%负荷)	85~87	90~92	90~92	78~86
易操作性	好	好	好	好
可靠性	优秀	好	好	好
结构的坚固性	一般	好	好	优秀
尺寸及重量	小	中	中	小
控制器成本系数	2.5	3.5	3.5	4.5
优点	控制器简单、效率高、体积小	起动电流小、起动转矩大	效率高、省电、功率因数高、可靠性高、体积小、功率密度大	简单可靠、可调范围宽、控制灵活、成本低
缺点	稀土永磁体价格较贵、高速性能差、存在驱动开路故障	制造成本较大、可靠性较低、损耗较大	结构复杂、价格较贵、温度敏感	转矩波动大、噪声大、具有非线性

4. 电机的额定指标

额定功率：指额定运行情况下轴端输出的机械功率（W 或 kW）。

额定电压：指外加于线端的电源线电压（V）。

额定电流：指电机额定运行（额定电压、额定输出功率）情况下电枢绕组（或定子绕组）的线电流（A）。

额定频率：指电机额定运行情况下电枢（或定子侧）的频率（Hz）。

额定转速：指电机额定运行（额定电压、额定频率、额定输出功率）的情况下，电机转子的转速（r/min）。

2.1.2 直流电机

1. 模型

直流电机模型如图 2-4 所示，它的固定部分（定子）上装设了一对直流励磁的静止的主磁极 N 和 S，在旋转部分（转子）上装设电枢铁心。定子与转子之间有一气隙。固定部分有磁铁（主磁极）、电刷。转动部分有电枢铁心和绕在铁心上的绕组。

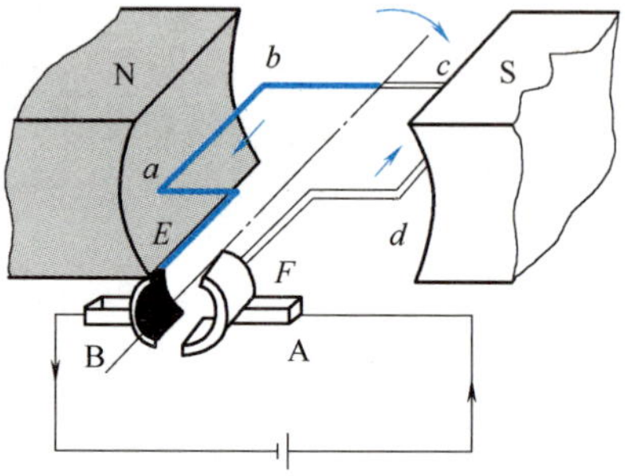

图 2-4 直流电机模型

在电枢铁心上放置了由两根导体连成的电枢线圈，线圈的首端和末端分别连到两个圆弧形的铜片上，此铜片称为换向片。换向片之间互相绝缘，由换向片构成的整体称为换向器。换向器固定在转轴上，换向片与转轴之间也互相绝缘。在换向片上放置着一对固定不动的电刷，当电枢旋转时，电枢线圈通过换向片和电刷与外电路接通。

2. 工作原理

如果直流电机的两个电刷加上直流电源，如图 2-5a 所示，则有直流电流从电刷 A 流入，经过线圈 $a \to b \to c \to d$，从电刷 B 流出，根据电磁力定律，载流导体 ab 和 cd 受到电磁力的作用，其方向可由左手定则判定，两段导体受到的力形成了一个转矩，使得转子逆时针转动。

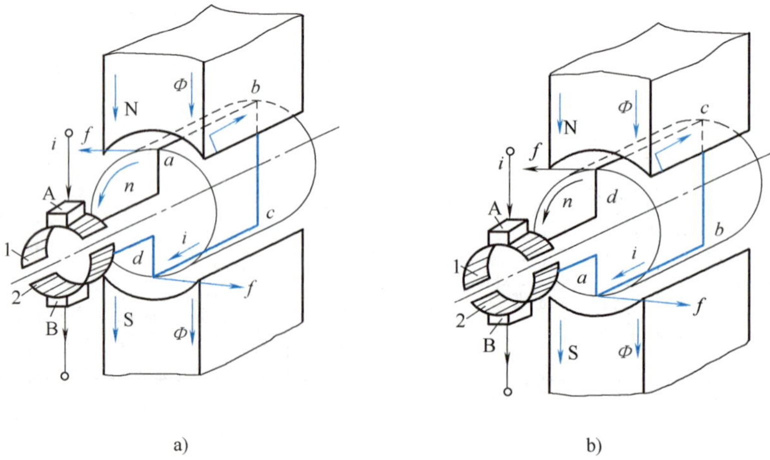

图 2-5 直流电机工作原理

a）导体 ab 处于 N 极下 b）导体 ab 处于 S 极下

如果转子转到如图 2-5b 所示的位置，电刷 A 和换向片 1 接触，电刷 B 和换向片 2 接触，直流电流从电刷 A 流入，在线圈中的流动方向是 $d \rightarrow c \rightarrow b \rightarrow a$，从电刷 B 流出。其受到电磁力的作用方向由左手定则判定，它们产生的转矩仍然使得转子逆时针转动。这就是直流电机的工作原理。外加的电源是直流的，但由于电刷和换向片的作用，在线圈中流过的电流是交流的，其产生的转矩的方向是不变的。

实用中的直流电机转子上的绕组也不是由一个线圈构成的，是由多个线圈连接而成的，以减少电机电磁转矩的波动。

左手定则：通电导体在磁场中受到力的作用，其受力方向可以用左手定则判定，如图 2-6a 所示，即伸开左手，让拇指与其余四指垂直并同在一个平面内，让磁力线穿过手心，四指指向电流方向，拇指所指的方向就是通电导体受到的电磁力的方向。

右手定则：导体在磁场中做切割磁力线的运动，则在导体的两端将产生感应电动势，其方向可用右手定则判定，如图 2-6b 所示，即伸开右手，让拇指与其余四指垂直并同在一个平面内，让磁力线穿过手心，拇指所指的方向为导体运动方向，四指所指的方向为电流方向。

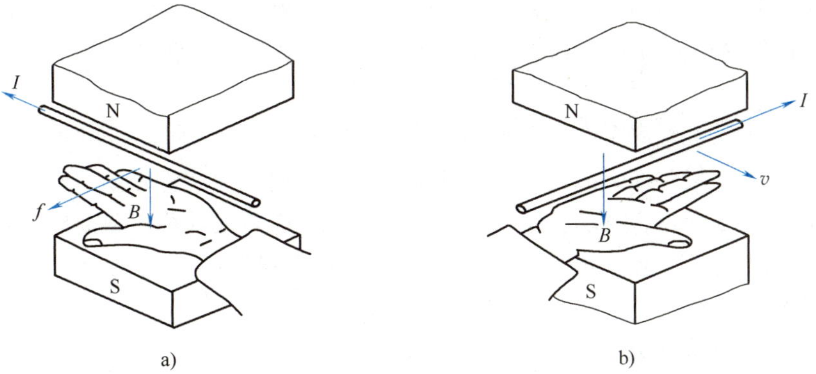

图 2-6　左手定则和右手定则

a）左手定则　b）右手定则

2.1.3　交流电机

交流电机是将交流电的电能转变为机械能的一种装置。交流电机主要由一个用以产生磁场的定子绕组和一个转子组成。定子一般由铁心、绕组与机座 3 部分组成，转子由铁心与绕组组成。转子绕组有笼型和绕线转子。笼型转子是在转子铁心槽里插入铜条，再将全部铜条两端焊在两个铜端环上；绕线转子绕组与定子绕组一样，由线圈组成绕组放入转子铁心槽里。笼型与绕线转子两种电机虽然结构不一样，但工作原理是一样的。根据定子绕组不同，交流电机分为单向交流电机和三相交流电机，如图 2-7 所示。

单相交流电机只有一个定子绕组，转子是笼型的。当单相正弦电流通过定子绕组时，定子绕组就会产生一个交变磁场，这个磁场的强弱和方向随时间做正弦规律变化，但在空间方位上是固定的，所以又称这个磁场是交变脉动磁场。这个交变脉动磁场可分解为两个转速相同、旋转方向相反的旋转磁场，当转子静止时，这两个旋转磁场在转子

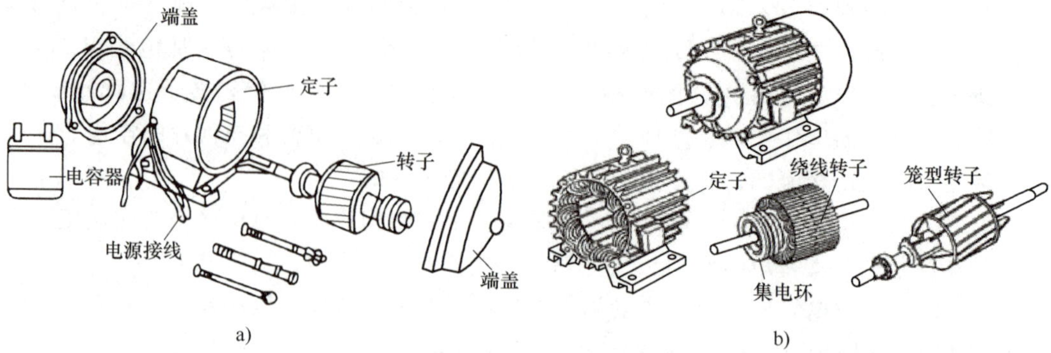

图 2-7 交流电机

a）单相交流电机 b）三相交流电机

中产生两个大小相等、方向相反的转矩，使得合成转矩为零，所以电机无法旋转。要使单相交流电机能自动旋转起来，需在定子中加上一个起动绕组或起动电容，起动绕组与主绕组在空间上相差 90°，起动绕组串接一个合适的电容，使得与主绕组的电流在相位上近似相差 90°，即分相原理。这样两个在时间上相差 90°的电流通入两个在空间上相差 90°的绕组将会在空间上产生（两相）旋转磁场，在这个旋转磁场作用下转子就能自动转起来。

三相电机定子上有 3 个在空间互隔 120°电角度、对称排列、结构完全相同的绕组连接而成，通入三相对称交流电流时，在电机气隙空间产生旋转磁场。转子导体处于旋转磁场中产生电磁转矩，驱动转子旋转。三相电机不需要起动绕组或起动电容。

三相交流电机又分异步电机和同步电机。异步电机和同步电机的定子绕组是相同的，主要区别在于转子的结构。

1. 三相交流异步电机

三相交流异步电机转子是个封闭的短路环。动力蓄电池的高压直流电经逆变器转换成高压交流电，送入三相定子绕组，产生旋转磁场，这个旋转磁场切割转子短路环，转子里面会产生感生电动势并产生感应电流，转子成为载流导体，处于定子产生的旋转磁场中，根据左手定则，转子会受到电磁力而旋转起来。由于定子的磁通比有短路环部分的磁通领先，转子比定子旋转磁场慢，有转差、不同步，所以此类电机称为异步电机。交流异步电机靠电磁感应产生电流，不需要直流励磁电源，此类电机也称感应电机。三相交流异步电机的定子绕组是电枢绕组，无励磁绕组。

2. 绕组励磁交流同步电机

绕组励磁交流同步电机转子是人为加入直流电形成不变磁场的，而不是靠感生电流，这样转子就跟着定子的旋转磁场旋转而同步，所以此类电机称为同步电机。该交流同步电机的转子上有直流励磁绕组，作为电机时需要外加直流励磁电源，通过集电环引入电流。绕组励磁同步电机的定子绕组是电枢绕组，转子是励磁绕组。

3. 永磁同步电机

若转子采用稀土永磁体，而不是像绕组励磁同步电机那样采用励磁绕组，定子送入三相交流电，则制成永磁同步电机（Permanent Magnet Synchronous Motor，PMSM）。永磁同步电机的定子绕组是电枢绕组，无励磁绕组。目前新能源汽车 80%以上的驱动电机就是这种电机。

可以看出，永磁无刷直流电机与永磁同步电机的结构类似，定子为电枢绕组，转子为永磁体。这种结构的电机根据磁路结构和永磁体的形状不同，气隙磁场波形可以是梯形波以及正弦波，电机运行时对应的反电动势波形也为梯形波以及正弦波。通常，反电动势波形为正弦波的电机称为永磁同步电机，而反电动势波形为梯形波的电机称为永磁无刷直流电机。

三相交流电机的额定功率 P 和电机电枢电流 I_a 之间关系为

$$I_a = \frac{P}{\sqrt{3}\,U\cos\varphi} \tag{2-1}$$

功率因数 $\cos\varphi$ 取 0.85，得到额定电压 380V 的三相交流电机电流经验公式：$I_a \approx 2P$，其中 P 单位为 kW。例如额定功率为 35kW 三相交流电机，电流约为 35×2A=70A。

例如日产 LEAF 的电机额定/峰值功率为 40kW/80kW，则以额定功率行驶时工作电流约为 80A，以峰值功率行驶时瞬时电流约为 160A。

2.1.4　轮毂电机

轮毂电机驱动系统作为一种新兴的电机驱动形式，其布置非常灵活，可以根据汽车驱动方式分别布置在电动汽车的两前轮、两后轮或四个车轮的轮毂中。

轮毂电机结构示意图如图 2-8 所示。其通常由电动机、减速机构、制动器与散热系统等组成。轮毂电机驱动系统根据电机的转子形式主要分成两种结构形式：内转子型和外转子型。

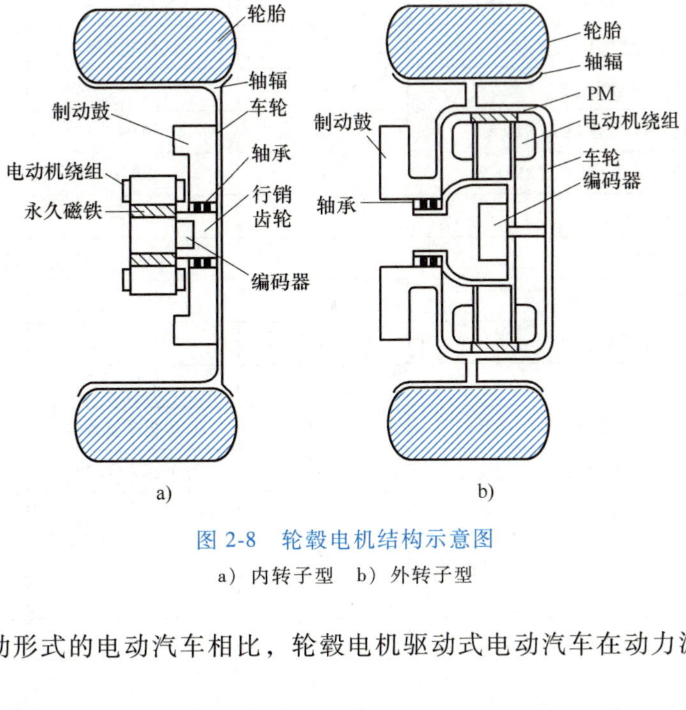

图 2-8　轮毂电机结构示意图

a）内转子型　b）外转子型

和其他驱动形式的电动汽车相比，轮毂电机驱动式电动汽车在动力源配置、底盘结构等方面有其独特的技术特征和优势，具体体现在以下几个方面：

1）动力控制由硬连接改为软连接形式。通过电子线控技术，实现各电动轮从零到最大速度的无级变速和各电动轮间的差速要求，从而省略了传统汽车所需的机械式操纵换档装置、离合器、变速器、传动轴和机械差速器等，使驱动系统和整车结构简洁，有效可利用空间大，传动效率提高。

2）各电动轮的驱动力直接独立可控，使其动力学控制更为灵活、方便；能合理控制各电动轮的驱动力，从而提高恶劣路面条件下的行驶性能。

3）容易实现各电动轮的电气制动、机电复合制动和制动能量回馈，还能对整车能源的高效利用，实施最优化控制和管理，节约能源。

4）底架结构大为简化，使整车总布置和车身造型设计的自由度增加，若能将底架承载功能与车身功能分离，则可实现相同底盘不同车身造型的产品多样化和系列化，从而缩短新车型的开发周期，降低开发成本。

5）若在采用轮毂电机驱动系统的四轮电动汽车上导入线控四轮转向技术，实现车辆转向行驶高性能化，可有效减小转向半径，甚至实现零转向半径，大大增加了转向灵便性。

2.1.5 驱动电机的计算问题

由于驱动电机计算涉及的符号较多，为便于理解，对驱动电机计算涉及的参数进行说明，见表 2-2。

表 2-2 驱动电机计算涉及的参数

名称	符号	取值	单位
电机转速	n	—	r/min
电机转矩	T_{tq}	—	N · m
变速器速度比	i_g	1(纯电车)	—
减速器速度比	i_0	—	—
传动系统效率(BEV 和串联式 PHEV)	η_T	93%	—
传动系统效率(并联式、混联式 PHEV)	η_T	88%	—
电机效率	—	94%	—
电控效率	—	96%	—
电机电控总效率	η_e	90%	—
车辆常规行驶速度	v_b	60	km/h
车轮滚动半径	r_d	—	m
轮胎型号	$H/B\ R_{in}$	H、B 非车宽车高	—
最大爬坡度/最大坡度角	i_m/α_m	20%[①]/11.3°	%/(°)
汽车总质量或 NEDC 试验质量	m	—	kg
车高	H	—	m
车宽	B	—	m
车速	v	—	m/s 或 km/h

（续）

名称	符号	取值	单位
轿车迎风面积	A	—	m^2
滚动阻力系数	f	0.015②	—
汽车风阻系数或空气阻力系数	c_d	—	—
坡度角	α	—	(°)
坡度	i	—	%
旋转质量换算系数	δ	1.10②	—
重力加速度	g	9.8	m/s^2
空气密度	ρ	1.226	kg/m^3
续驶里程	D	—	km
电池包额定能量	E	—	W·h

① 传动汽车最大爬坡度最小都可达到30%，有的能达到40%以上，而纯电动车达到30%是很困难的，在GB/T 28382—2012《纯电动乘用车　技术条件》中规定不小于20%。

② 在表1-4中，估算NEDC续驶里程时，考虑厂家都是尽可能充足轮胎气压，为此取乐观值$f=0.010$，$\delta=1.07$。此处，考虑电机功率、转矩直接影响加速性、爬坡性等用户感知和商品性质量，因此在电机参数计算时尽可能保守，取较大值$f=0.015$，$\delta=1.10$。

1. 基本参数

在1.2.5小节中得出了驱动力平衡方程，但其中驱动力的计算表达式并没有给出。驱动力F_k来自驱动电机的转矩。

$$F_k=\frac{T_{tq}i_g i_0\eta_T}{r_d} \tag{2-2}$$

式中，T_{tq}为电机转矩（N·m）；i_g为变速器速度比；i_0为减速器速度比；η_T为动力传动系统机械效率；r_d为车轮滚动半径（m）。因为纯电动车没有变速器，所以$i_g=1$。

传动系统机械效率η_T主要由单极减速器传动效率η_1、传动轴万向节传动效率η_2两部分组成，有

$$\eta_T=\eta_1\eta_2 \tag{2-3}$$

根据1.2.5小节，$\eta_1=95\%$，$\eta_2=98\%$，得到$\eta_T=\eta_1\eta_2\approx93\%$。

车轮滚动半径r_d与轮胎型号有关，对于轮胎型号$H/B\ R_{in}$（H为轮胎高度，B为轮胎宽度，R_{in}为轮圆直径，单位为in），有滚动半径

$$r_d=\frac{HB/100+R_{in}\times25.4/2}{1000} \tag{2-4}$$

例如有轮胎165/60 R14，$H=165$mm，$B=60$mm，$R_{in}=14$in（1in=0.0254m），则

$$r_d=\frac{165\times60/100+14\times25.4/2}{1000}\text{m}=0.277\text{m}$$

汽车总质量m和功率、转矩的计算关系很大。其取值有3种方式：取整备质量、取满载质量（即整备质量+人和行李质量）、取NEDC工况的试验质量（相当于半载质

量）。3种方式各有适用场景，具体确定可根据以下两个原则：①与最高车速、持续行驶（含爬坡行驶）相关的计算，使用满载质量；②与起步相关的计算，使用NEDC工况的试验质量。满载质量为整备质量与人座数乘以100kg之和。NEDC质量为整备质量加半载质量，2人座汽车的半载质量为150kg，4或5人座汽车的半载质量为180kg，大型SUV和中大型MPV半载质量为250kg。

2. 电机最高转速和额定转速的计算问题

电机转速由车速和传动比决定，有3种情形：①最高车速，决定电机最高转速；②常规行驶速度，决定电机额定转速或额定功率；③30min持续最高车速，决定电机30min持续最高转速（不是电机额定转速）。

考虑纯电动车没有变速器，变速器速度比 $i_g=1$，仅保留减速器速度比 i_0，所以总传动比为 i_0。故车速 v（单位为km/h）与电机转速 n（单位为r/min）的关系为

$$v=0.377\frac{r_d n}{i_0} \tag{2-5}$$

$$n=\frac{i_0 v}{0.377 r_d} \tag{2-6}$$

式（2-6）中左边是电机参数，右边是车辆参数，连接了电机和车辆的参数设计。

当电机处于最高转速和最高车速时，式（2-5）和式（2-6）可做进一步改写。

$$v_{max}=0.377\frac{r_d n_{max}}{i_0} \tag{2-7}$$

$$n_{max}=\frac{i_0 v_{max}}{0.377 r_d} \tag{2-8}$$

【例2-1】 根据表2-3中提供的部分车型的参数，①减速器速度比 i_0 取两组估计值，估算电机最高转速；②已知减速器速度比 i_0，计算实际的电机最高转速。

表2-3 部分车型的参数

序号	车型	v_{max}/(km/h)	轮胎型号	公告 n_{max}/(r/min)
Ⅰ	众泰云100S	105	165/60 *R*14	6600
Ⅱ	北汽EV200	125	185/65 *R*14	6000
Ⅲ	日产LEAF	144	205/55 *R*16	10390
Ⅳ	特斯拉Model S 75D	225	245/45 *R*19	16000
Ⅴ	特斯拉Model X	250	前255/45 *R*20 后275/45 *R*20	16000
Ⅵ	比亚迪E6 400	140	225/65 *R*17	—

解： 以众泰云100S分析计算过程为例。根据式（2-4）可得汽车车轮滚动半径为

$$r_d=\frac{165\times60/100+14\times25.4/2}{1000}\text{m}=0.277\text{m}$$

$i_0=7.5$ 时，$n_{max}=7.5\times105/(0.377\times0.277)$ r/min = 7541r/min，取估计值为7500r/min。

$i_0=6.5$ 时，$n_{max}=6.5\times105/(0.377\times0.277)$ r/min = 6536r/min，取估计值为6500r/min。

$i_0=6.3$ 时，$n_{max}=6.3\times105/(0.377\times0.277)$ r/min = 6334r/min，取估计值为6300r/min。

未知减速器速度比 i_0 时，取两组估计值，计算结果见表2-4。已知减速器速度比 i_0 时，按照实际减速器速度比 i_0，计算结果见表2-4，计算结果和厂家公告的电机最高转速基本符合。

表2-4 计算部分车型的电机最高转速

序号	车型	v_{max}/(km/h)	轮胎型号	公告 n_{max}/(r/min)	r_d/m	估算 n_{max}/(r/min)		实际 n_{max}/(r/min)
						$i_0=7.5$	$i_0=6.5$	
Ⅰ	众泰云100S	105	165/60 *R*14	6600	0.277	7500	6500	$i_0=6.300$, $n\approx6300$
Ⅱ	北汽EV200	125	185/65 *R*14	6000	0.298	7200	6200	$i_0=5.641$, $n\approx5400$
Ⅲ	日产LEAF	144	205/55 *R*16	10390	0.316	9100	7900	$i_0=7.937$, $n\approx9600$
Ⅳ	特斯拉 Model S 75D	225	245/45 *R*19	16000	0.352	12700	11000	$i_0=9.730$, $n\approx16500$
Ⅴ	特斯拉 Model X	250	前255/45 *R*20 后275/45 *R*20	16000	0.373	13300	11600	$i_0=9.73$, $n\approx17300$
Ⅵ	比亚迪 E6 400	140	225/65 *R*17	—	0.362	7700	6700	—

【例2-2】 根据表2-5提供的参数，已知 i_0，计算实际的电机30min持续最高转速。

表2-5 部分车型的参数

序号	车型	v_{30cmax}/(km/h)	轮胎型号	公告 n_{max}/(r/min)	i_0
Ⅰ	众泰云100S	100	165/60 *R*14	6600	6.300
Ⅲ	日产LEAF	140	205/55 *R*16	10390	7.937
Ⅳ	特斯拉 Model S 75D	180	245/45 *R*19	16000	9.730

解：电机30min持续最高转速与 v_{30cmax} 关系为

$$n_{30cmax}=\frac{i_0v_{30cmax}}{0.377r_d} \tag{2-9}$$

根据式(2-9)，按照实际减速器速度比计算，结果见表2-6。

表2-6 计算部分车型的30min持续最高转速

序号	车型	v_{30cmax}/(km/h)	轮胎型号	公告 n_{max}/(r/min)	r_d/m	实际 n_{30cmax}/(r/min)
Ⅰ	众泰云100S	100	165/60 *R*14	6600	0.277	$i_0=6.300$, $n\approx6030$
Ⅲ	日产LEAF	140	205/55 *R*16	10390	0.316	$i_0=7.937$, $n\approx9330$
Ⅳ	特斯拉 Model S 75D	180	245/45 *R*19	16000	0.352	$i_0=9.730$, $n\approx13200$

同步电机额定转速也称为基速，用 n_b 表示，其计算公式为

$$n_b = \frac{i_0 v_b}{0.377 r_d} \tag{2-10}$$

$\beta = n_{max}/n_b$ 是指扩大恒功率区系数，通常以车辆常规行驶速度 v_b 确定电机的额定转速。

【例 2-3】 根据表 2-7 提供的参数，计算纯电动车电机的额定转速。

表 2-7 部分车型的参数

序号	车型	v_b/(km/h)	轮胎	公告 n_b/(r/min)	公告 n_{max}/(r/min)	i_0
Ⅰ	众泰云 100S	60	165/60 R14	3000	6600	6.300
Ⅲ	日产 LEAF	60	205/55 R16	4000	10390	7.937
Ⅳ	特斯拉 Model S 75D	60	245/45 R19	—	16000	9.730

解： 常规行驶速度 $v_b = 60\text{km/h}$，有

$$n_b = \frac{i_0 v_b}{0.377 r_d} = \frac{6.300 \times 60}{0.377 \times 0.277}\text{r/min} = 3620\text{r/min} \tag{2-11}$$

已知减速器速度比 i_0 的情况下，按照实际 i_0，计算结果见表 2-8，其中 β 是指扩大恒功率区系数，通常要求 $\beta = 2 \sim 3$。

表 2-8 计算部分车型的额定转速

序号	车型	r_d/m	实际 n_b/(r/min)	$\beta = n_{max}/n_b$
Ⅰ	众泰云 100S	0.277	$i_0 = 6.300, n \approx 6030$	1.67
Ⅲ	日产 LEAF	0.316	$i_0 = 7.937, n \approx 9330$	2.60
Ⅳ	特斯拉 Model S 75D	0.352	$i_0 = 9.730, n \approx 13200$	3.65

电机最高转速和额定转速的选择和匹配，需要从以下方面考虑。

由电机外特性可知，当转速大于基速 n_b 时，运行在恒功率区。当转速小于基速 n_b 时，运行在恒转矩区。对于同步电机，其额定转速就是基速，而异步电机的额定转速低于基速。

因为电机功率 $P \propto Tn$，在恒转矩区，电机输出功率随着转速增大而线性增加，在恒功率区，转矩随转速增大呈双曲线下降。

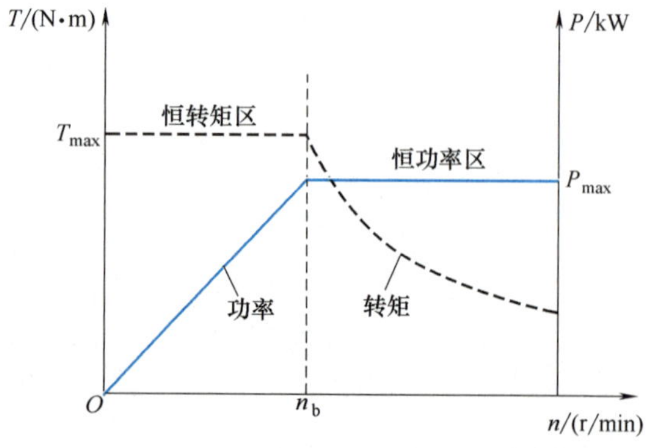

图 2-9 驱动电机外特性

驱动电机额定转速 n_b 和最高转速 n_{max} 的选配应该符合图 2-9 所示的转矩-

转速特性要求，即在起步阶段低转速时得到恒定的最大转矩 T_{max}，在高转速时得到恒定的较高功率 P_b。

当电机扩大恒功率区系数 β 过小时，车辆加速性和爬坡能力变差；β 增大时，电机在恒转矩区获得较大转矩，加速和爬坡性能得到提升；β 过大，将导致电机工作电流增大、逆变器的功率损耗和尺寸增大。所以，$\beta=2\sim3$。通过一些数据显示，微型纯电动汽车 β 较小，起步加速很慢，而且 20%以上的坡度很难爬升。

3. 电机最大转矩和额定转矩的计算问题

在平坦道路上，起步加速时转矩大于高速时的转矩，因此最大转矩一般考虑两种情形：一种是以 20km/h 速度爬 20%最大坡度时所需转矩，另一种是平坦道路上 0~50km/h 起步急加速达到 50km/h 时所需最大转矩 T_{50max}。经过实际校核，T_{50max} 是作为电机最大转矩（峰值转矩），而不是低速匀速爬坡时的转矩。

下面讨论 0~50km/h 起步急加速时的转矩 T_{50max} 计算问题。

平坦道路起步加速，此时 $F_i=0$，只有滚动阻力 F_f、空气阻力 F_w、加速阻力 F_a。这里，按照匀加速度处理，设加速后最终速度 $v_a=50$km/h，对应的加速时间为 t_a。

$$T=\frac{F_k r_d}{i_0\eta_T}=\frac{r_d}{i_0\eta_T}\left(mgf+\frac{c_d A v^2}{21.15}+\delta m\frac{dv}{dt}\right) \tag{2-12}$$

整个加速过程中在加速末了转矩最大，即为 T_{50max}。

$$T_{50max}=\frac{r_d}{i_0\eta_T t_a}\left(mgft_a+\frac{c_d A v_a^2}{21.15}t_a+\frac{\delta m v_a}{3.6}\right) \tag{2-13}$$

此时 v_a 的单位是 km/h。部分车型的加速时间 t_a 可以查表获取，也可以通过试车测试得到，考虑车辆载重量的不同，可能会有偏差。

【例 2-4】 根据表 2-9 提供的参数，①减速器速度比 i_0 取两组估计值，估算纯电动汽车电机最大转矩；②已知 i_0，计算实际的电机最大转矩。

表 2-9 部分车型的参数

序号	车型	m/kg		c_dA	公告 T_{max}/(N·m)	t_a/s
		满载	NEDC			
Ⅰ	众泰云 100S	1440	1220	0.631	140	7.7
Ⅱ	北汽 EV200	1795	1475	0.620	180	5.4
Ⅲ	日产 LEAF	2035	1715	0.636	280	4.4
Ⅳ	特斯拉 Model S 75D	2608	2358	0.545	525	2.6
Ⅴ	特斯拉 Model X	2891	2641	0.622	660	2.4
Ⅵ	比亚迪 E6 400	2880	2630	0.832	450	5.4

解： i_0 未知时，估值选为 7.5 和 6.5。以众泰云 100S 车型为例，$i_0=7.5$ 时，满载工况下的 T_{50max} 为

$$T_{50\max}=\frac{r_d}{i_0\eta_T t_a}\left(mgft_a+\frac{c_dAv_a^2}{21.15}t_a+\frac{\delta mv_a}{3.6}\right)$$

$$=\frac{0.277}{7.5\times0.93\times7.7}\times\left(1440\times9.8\times0.015\times7.7+\frac{0.631\times50^2}{21.15}\times7.7+\frac{1.10\times1440\times50}{3.6}\right)\text{N}\cdot\text{m}$$

$$=123.79\text{N}\cdot\text{m}\approx124\text{N}\cdot\text{m}$$

已知 i_0 的情况下，按照实际减速比，计算结果见表 2-10。计算结果和厂家公告的电机最大转矩基本符合。

表 2-10 计算部分车型的最大转矩

序号	车型	r_d/m	最大估算的 $T_{50\max}$/(N·m)				实际 $T_{50\max}$/(N·m)		
			$i_0=7.5$		$i_0=6.5$		i_0	满载	NEDC
			满载	NEDC	满载	NEDC			
Ⅰ	众泰云 100S	0.277	124	105	142	121	6.300	147	125
Ⅱ	北汽 EV200	0.298	230	189	265	218	—	—	180
Ⅲ	日产 LEAF	0.316	335	283	387	326	7.937	317	267
Ⅳ	特斯拉 Model S 75D	0.352	—	—	—	—	9.730	612	554
Ⅴ	特斯拉 Model X	0.373	—	—	—	—	9.730	778	711
Ⅵ	比亚迪 E6 400	0.362	447	409	516	472	—	—	—

从表中的结果可以看出：使用 NEDC 试验质量得到的转矩值比使用满载质量得到的值要小，而厂家公告的最大转矩接近按 NEDC 试验质量计算的 $T_{50\max}$，因此可以判断厂家公告值是使用 NEDC 试验质量或者半载质量得到的。这和前面提到的“与起步相关的计算，使用 NEDC 工况的试验质量（即半载质量）”的结论是相一致的。

4. 电机额定功率和峰值功率的计算问题

额定功率是长时间稳定运行的功率，驱动电机额定功率由 30min 持续最高车速决定。当车速 v 单位为 km/h 时，功率 P_v（单位为 kW）和驱动力 F_k（单位为 N）的关系式为

$$P_v=\frac{F_k v}{3600\eta_T} \tag{2-14}$$

在车辆行驶时，功率平衡方程为

$$P_v=\frac{1}{3600\eta_T}\left(mgfv_a\cos\alpha+mgv_a\sin\alpha+\frac{c_dAv_a^3}{21.15}+\delta mv_a\frac{\mathrm{d}v_a}{\mathrm{d}t}\right) \tag{2-15}$$

当车辆在较小坡度 i（<10%）行驶时，功率平衡方程为

$$P_v=\frac{1}{3600\eta_T}\left(mgfv_a+mgiv_a+\frac{c_dAv_a^3}{21.15}+\delta mv_a\frac{\mathrm{d}v_a}{\mathrm{d}t}\right) \tag{2-16}$$

电机额定功率 P_b 由 30min 持续最高车速决定，此时无上坡阻力和加速阻力，只有滚动阻力和空气阻力，有

$$P_b=\frac{1}{3600\eta_T}\left(mgfv_{30c\max}+\frac{c_dAv_{30c\max}^3}{21.15}\right) \tag{2-17}$$

从一些车型的最高车速和30min持续最高车速公告数据来看，前者比后者大5～15km/h，式（2-17）表明 P_b 也与车辆总质量 m 的选取方式有关，按照前面的设定条件，这里使用满载质量计算。

【例2-5】 根据表2-11提供的参数，估算纯电动汽车电机的额定功率。

表2-11　计算部分车型的电机额定功率所需参数

序号	车型	v_{max}/(km/h)	v_{30cmax}/(km/h)	满载 m/kg	c_dA	公告的额定/峰值功率/kW
Ⅰ	众泰云100S	105	100	1440	0.631	13.5/27
Ⅲ(1)	日产LEAF	144	140	2035	0.636	40/80
Ⅲ(2)	风神A60	140	132	1970	0.684	35/70
Ⅲ(3)	风神E70	145	140	2040	0.684	42/90
Ⅳ	特斯拉Model S 75D	225	180	2608	0.545	90/245

解： 以众泰云100S车型为例，根据式（2-17）可得其电机额定功率为

$$P_b=\frac{1}{3600\eta_T}\left(mgfv_{30cmax}+\frac{c_dAv_{30cmax}^3}{21.15}\right)$$

$$=\frac{1}{3600\times0.93}\times\left(1440\times9.8\times0.015\times100+\frac{0.631\times100^3}{21.15}\right)\text{kW}$$

$$\approx15.2\text{kW}$$

其他车型的计算结果见表2-12。

表2-12　计算部分车型的电机额定功率

序号	Ⅰ	Ⅲ(1)	Ⅲ(2)	Ⅲ(3)	Ⅳ
计算值 P_b/kW	15.2	37.2	33.6	39.0	65.5

从计算过程来看，滚动阻力和空气阻力对 P_b 的影响度约为3∶7，车速越高导致空气阻力影响越大，车速越低导致滚动阻力影响越大。

电机的额定转矩 T_b（单位为N·m）由额定功率 P_b（单位为kW）和额定转速 n_b（单位为r/min）确定，即

$$P_b=T\omega=\frac{T_bn_b}{9550}\tag{2-18}$$

$$T_b=\frac{9550P_b}{n_b}\tag{2-19}$$

【例2-6】 根据表2-13提供的参数，估算纯电动汽车电机的额定转矩。

表2-13　计算部分车型的额定转矩

序号	车型	P_b 公告值/kW	n_b/(r/min)	公告额定转矩 T_b/(N·m)
Ⅲ(2)	风神A60	35	4670	60
Ⅲ(3)	风神E70	42	3880	100

解： Ⅲ（2）车型电机的额定转矩为 $T_b=9550P_b/n_b=9550\times35\div4670\text{N}\cdot\text{m}=71.6\text{N}\cdot\text{m}$。

Ⅲ（3）车型电机的额定转矩为 $T_b=9550P_b/n_b=9550\times42\div3880\text{N}\cdot\text{m}=103.4\text{N}\cdot\text{m}$。

峰值功率 P_{max} 是瞬时的最大功率，维持时间很短，驱动电机峰值功率随整车动力性能指标的设定，对应的工况可能有所不同，应按照5种情形计算：①最高车速时的功率 P_{maxv}；②0～50km/h 起步加速工况 P_{50max}；③50～80km/h 超越加速工况 P_{80umax}；④0～100km/h 加速工况 P_{100max}；⑤20km/h 匀速爬20%陡坡时的功率 P_{imax}。

驱动电机的峰值功率 P_{max} 必须满足上述5种情况，则

$$P_{max}\geqslant\max[P_{maxv},P_{50max},P_{80umax},P_{100max},P_{imax}]$$

对于0～100km/h 起步加速电机功率 P_{100max} 的计算问题，应考虑电机特性曲线。0～100km/h 起步加速分为两段：

第1段时间为 $t_{0\sim60}$，车辆速度从0加速到60km/h，转矩恒定，功率线性增加。

第2段时间为 $t_{60\sim100}$，车辆速度从60km/h 加速到100km/h，功率恒定，转矩呈双曲线下降。

要计算 P_{100max}，需得到 $t_{0\sim60}$，而 $t_{0\sim100}=t_{0\sim60}-t_{60\sim100}$，设 $t_{a1}=t_{0\sim100}$，$t_m=t_{60\sim100}$，有

$$t_{0\sim60}=\frac{\delta M}{3.6}\int_0^{60}\left[F_{kmax}-mgf-\frac{c_dAv^2}{21.15}\right]^{-1}dv \tag{2-20}$$

$$F_{kmax}=\frac{T_{max}i_0\eta_T}{r_d}\geqslant\frac{T_{50}i_0\eta_T}{r_d} \tag{2-21}$$

$$P_{100max}=\frac{1}{3600\eta_Tt_m}\left(\delta m\frac{v_m^2-v_0^2}{2\times3.6}+mgf\frac{t_m}{1.5}\frac{v_m^3}{v_m^2-v_0^2}+\frac{c_dA}{21.15\times2.5}t_m\frac{v_m^5}{v_m^2-v_0^2}\right) \tag{2-22}$$

式中，v_m 取100km/h，v_0 取60km/h，m 取NEDC质量或半载质量，t_{a1} 参考部分车型开发试验数据取值。

【例2-7】 根据表2-14提供的参数，估算纯电动汽车电机的峰值功率。

表2-14 计算部分车型的电机峰值功率

序号	车型	0～60km/h 加速时间	0～100km/h 加速时间 t_{a1}	60～100km/h 加速时间 t_m	满载 m/kg	c_dA	公告的额定/峰值功率/kW
Ⅲ(1)	日产 LEAF	5.03	12.6	7.57	2035	0.636	40/80
Ⅲ(2)	风神 A60	5.35	13.8	8.45	1970	0.684	35/70
Ⅲ(3)	风神 E70	5.63	12.4	6.77	2040	0.684	42/90

解： 以Ⅲ（1）车型为例，分别计算有关功率。

① 最高车速时的功率 P_{maxv}。最高车速 v_{max} 取值144km/h，质量 m 选用满载质量2035kg，η_T 取值0.93。

$$\begin{aligned}P_{maxv}&=\frac{v_{max}}{3600\eta_T}\left(mgf+\frac{c_dA}{21.15}v_{max}^2\right)\\&=\frac{144}{3600\times0.93}\left(2035\times9.8\times0.015+\frac{0.636}{21.15}\times144^2\right)\text{kW}\\&=39.7\text{kW}\end{aligned}$$

② 0~50km/h 起步加速工况 P_{50max}。

不按匀加速处理，这里 m 按照 NEDC 质量取 1715kg。

$$P_{50max}=\frac{1}{3600\eta_T t_a}\left(mgf\frac{v_a}{1.5}t_a+\frac{c_d A v_a^3}{21.15\times2.5}t_a+\delta m\frac{v_a^2}{2\sqrt{t_a}}\right)$$

$$=\frac{1}{3600\times0.93\times4.4}\left(2035\times9.8\times0.015\times\frac{50}{1.5}\times4.4+\frac{0.636\times50^3}{21.15\times2.5}\times4.4+1.10\times2035\times\frac{50^2}{2\sqrt{4.4}}\right)\text{kW}$$

$$=79.2\text{kW}$$

③ 50~80km/h 超越加速工况 P_{80umax}。这里 m 按照 NEDC 质量取 1715kg，t_m 取 3.47s。50~60km/h 属于恒转速区，60~80km/h 加速区域为恒功率区域，进而这里 v_m 取 80km/h，v_0 取 60km/h。

$$P_{80umax}=\frac{1}{3600\eta_T t_m}\left(\delta m\frac{v_m^2-v_0^2}{2\times3.6}+mgf\frac{t_m}{1.5}\frac{v_m^3}{v_m^2-v_0^2}+\frac{c_d A}{21.15\times2.5}t_m\frac{v_m^5}{v_m^2-v_0^2}\right)$$

$$=\frac{1.10\times1715\times\frac{80^2-60^2}{2\times3.6}+1715\times9.8\times0.015\times\frac{3.47}{1.5}\times\frac{80^3}{80^2-60^2}+\frac{0.636}{21.15\times2.5}\times3.47\times\frac{80^5}{80^2-60^2}}{3600\times0.93\times3.47}\text{kW}$$

$$=76.5\text{kW}$$

④ 0~100km/h 加速工况 P_{100max}。t_m 取 7.57s。

$$P_{100max}=\frac{\delta m\frac{v_m^2-v_0^2}{2\times3.6}+mgf\frac{t_m}{1.5}\frac{v_m^3}{v_m^2-v_0^2}+\frac{c_d A}{21.15\times2.5}t_m\frac{v_m^5}{v_m^2-v_0^2}}{3600\eta_T t_m}$$

$$=\frac{1.10\times1715\times\frac{100^2-60^2}{2\times3.6}+1715\times9.8\times0.015\times\frac{7.57}{1.5}\times\frac{100^3}{100^2-60^2}+\frac{0.636}{21.15\times2.5}\times7.57\times\frac{100^5}{100^2-60^2}}{3600\times0.93\times7.57}\text{kW}$$

$$=79.6\text{kW}$$

⑤ 20km/h 匀速爬 20%陡坡时的功率 P_{imax}。

$$P_{100max}=\frac{v_i}{3600\eta_T}\left(mgf\cos\alpha+\frac{c_d A}{21.15}v_i^2+mg\sin\alpha\right)$$

$$=\frac{20}{3600\times0.93}\left(2035\times9.8\times0.015\cos\alpha+\frac{0.636}{21.15}\times20^2+2035\times9.8\sin\alpha\right)$$

$$=25.2\text{kW}$$

从计算过程来看，$P_{max}\geqslant\max[39.7, 79.2, 76.5, 79.6, 25.2]=79.6$，取 $P_{max}=80\text{kW}$。

综合上述，驱动电机主要参数选择和计算依据见表 2-15。

表 2-15 驱动电机主要参数选择和计算依据

电机参数	计算依据
额定功率	30min 持续最高车速所需功率
峰值功率	0~100km/h 起步急加速所限定的加速时间所需功率 或 0~50km/h 起步急加速时间所需功率 或 50~80km/h 超越加速时间所需功率 峰值功率约为额定功率的两倍及以上
额定转速	常规行驶速度(60km/h)时的电机转速
最高转速	最高车速时的电机转速
额定转矩	常规行驶速度(60km/h)时的电机转矩
峰值转矩	0~50km/h 起步急加速时间所需转矩

按照上述方法计算后，还需要根据供应商提供产品和型号进行选配，实际参数更多的则是接近计算值。随后，可以根据上面计算过程，反过来校核各种工况。

2.2 电控

2.2.1 电控系统

电控系统控制的对象为电机，目前电动汽车上常用的电机有交流异步电机和永磁同步电机两种。

1. 交流异步电机（感应电机）控制系统

该控制系统由电机控制器和逆变器构成。从电机转速公式 $n=60f(1-S)/p$ 来看，电机控制器采用脉冲宽度调制（Pulse Width Modulation，PWM）方式实现高压直流到三相交流的电源变换，其逆变器实际上是变频器，采用矢量控制或直接转矩控制策略实现电机转矩控制的快速响应。

2. 永磁同步电机控制系统

该控制系统采用正弦波永磁同步电机驱动系统，即定子电流为正弦波对称电流，控制技术与感应电机类似。控制策略主要集中在提高低速转矩特性和高速恒功率特性上。低速运行时常采用矢量控制，高速运行时常采用弱磁控制。由于正弦波永磁同步电机驱动系统低速转矩脉动小且高速恒功率区调速更稳定，因此它比梯形波无刷永磁直流电机驱动系统具有更好的应用前景。

2.2.2 制动效能和能量回收的计算问题

1. 电动汽车的制动效能分析

设地面制动力为 F_{xb}，轮边摩擦制动力为 F_{μ}，轮边的电机制动力为 F_{re}，有

$$F_{xb}=F_{\mu}+F_{re} \tag{2-23}$$

F_{μ}、F_{re} 与摩擦制动力矩 T_{μ}（汽车非抱死情况下）、再生制动力矩 T_{re} 关系为

$$F_{\mu}=\frac{T_{\mu}}{r_{d}},\ F_{re}=\frac{T_{re}i_{g}i_{0}K_{1}}{r_{d}} \tag{2-24}$$

式中，r_d 为车轮滚动半径（m）；i_g 为变速器速度比（纯电动汽车 $i_g=1$）；i_0 为减速器速度比；K_1 为传动系统机械效率。电动汽车和串联式混合动力汽车取 $K_1=93\%$（参见表 2-2），并联式和混联式混合动力汽车取 $K_1=88\%$。摩擦制动最大制动力 $F_{\mu max}$ 是可以计算的，而电机当前转速下的最大制动力为 F_{remax}，从而

$$F_{xb}=\alpha F_{\mu max}+\beta F_{remax},\ F_{\mu}=\alpha F_{\mu max},F_{re}=\beta F_{remax} \tag{2-25}$$

式中，α 为摩擦制动力的加权系数；β 为电机制动力的加权系数。$0\leqslant\alpha$，$\beta\leqslant1$。根据制动踏板开度，调节 α 和 β 的值。

电机再生制动力矩 T_{re} 为

$$T_{re}=\begin{cases}T_b & (n\leqslant n_b)\\ \dfrac{9550P_b}{n_b} & (n>n_b)\end{cases} \tag{2-26}$$

式中，T_b 为电机额定转矩（N·m）；P_b 为电机额定功率（kW）；n_b 为电机额定转速或基速（r/min）；n 为电机转速（r/min）。

【例 2-8】 已知：一辆电动汽车的 P_b = 40kW，n_b = 400r/min（对应 v_b = 60 km/h），T_b = 95.5N·m。求电机制动力。

解：电动汽车车速 v 与电机转速 n 关系为

$$v=0.377\frac{nr_d}{i_gi_0}$$

车速为 v_b = 60km/h 时的电机转速为电机额定转速 n_b，从而有

$$F_{re}=\begin{cases}\dfrac{3600P_bK_1}{v_b}=60P_bK_1 & (n\leqslant n_b,v\leqslant60\text{km/h})\\ \dfrac{3600P_bK_1}{v} & (n>n_b,v>60\text{km/h})\end{cases}$$

由上式可得 v<60km/h 时，电机制动力 F_{re} = 2232N。

2. 电动汽车制动过程的动力学分析

由式（1-22），当汽车在良好路面制动时，以地面制动力 F_{xb} 代替加速阻力 F_a，有

$$F_k=F_f+F_w+F_i+F_{xb} \tag{2-27}$$

车轮负载功率 P 为

$$P=F_kv=(F_f+F_w+F_i+F_{xb})v \tag{2-28}$$

式中，v 为瞬时车速。

制动时输入机械传动系统的瞬时功率 P_1 为电机制动力功率 P_{re} 和摩擦制动力功率 P_{μ} 之和，即

$$P_1=P_{\mu}+P_{re}=F_{xb}v=F_{\mu}v+F_{re}v \tag{2-29}$$

则制动过程衰减的惯性能量 ΔE 为

$$\Delta E = E_0 - E_1 = \frac{1}{2}m(v_0^2 - v_1^2) \tag{2-30}$$

式中，v_0 和 v_1 分别为制动起始车速和制动结束车速。

根据能量守恒，有

$$\Delta E = \int P\mathrm{d}t = \int F_f v\mathrm{d}t + \int F_w v\mathrm{d}t + \int F_i v\mathrm{d}t + \int F_{xb} v\mathrm{d}t \tag{2-31}$$

再生制动时输入发电机瞬时功率 P_2 为

$$P_2 = K_1 P_{re} \tag{2-32}$$

对于电动汽车和串联式混合动力汽车取 $K_1 = 93\%$，对于并联式和混联式混合动力汽车取 $K_1 = 88\%$。

输入动力蓄电池的瞬时功率 P_3 为

$$P_3 = K_2 P_2 = K_1 K_2 P_{re} \tag{2-33}$$

式中，K_2 为发电机发电效率。K_2 为电机效率和电控效率的乘积。电机效率最高值一般不小于 95%，电控效率一般为 96%，取 $K_2 \approx 90\%$。

电动汽车高速行驶时，其驱动电机一般是在恒功率状态下运行的，式（2-28）和式（2-29）表明，再生制动力和力矩与驱动电机的转速或车辆速度成反比，因此恒功率下电机的转速越高，能量回收能力越低；电动汽车中低速时，制动能量回收的力矩通常保持在最大负荷状态；电动汽车低速时，汽车驱动轮的动能不足以为电机提供能量来产生足够的制动转矩，再生制动能力就会随着车速降低而降低，同时如果电机转速过低，电枢反电动势过低将导致再生制动失效，电制动力迅速降为 0，所以过低转速下纯再生制动没有意义。为此，在常规车速 60km/h 以下，将电机转速 n 分为几段，引入电机转速影响因子 $\omega(n)$，有

$$\omega(n) = \begin{cases} 1 & n > 0.8n_b \\ m_1 + \dfrac{m_2(n-500)}{0.8n_b - 500} & 500\text{r/min} < n \leqslant 0.8n_b \\ 0 & n \leqslant 500\text{r/min} \end{cases} \tag{2-34}$$

当 $n > 0.8n_b$ 时，对应车速为 48km/h 以上，$\omega(n) = 1$；当 $500\text{r/min} < n \leqslant 0.8n_b$ 时，对应车速为 48～7.5km/h，$\omega(n) = m_1 + \dfrac{m_2(n-500)}{0.8n_b - 500}$；当 $n \leqslant 500\text{r/min}$ 时，对应车速为 7.5km/h 以下，$\omega(n) = 0$。

当车速或电机转速变化时，有

$$F'_{re} = F_{re}\omega(n),\ T'_{re} = T_{re}\omega(n) \tag{2-35}$$

当 $n \leqslant n_b$ 时，F_{re} 为定值。

回收能量功率 P_4 为

$$P_4 = K_3 P_3 = K_1 K_2 K_3 P_{re} \tag{2-36}$$

式中，K_3 为电池充电效率，取 $K_3 = 95\%$。

一次制动回收的总能量 E_4 为

$$E_4=\int P_4\mathrm{d}t=K_1K_2K_3\int P_{\mathrm{re}}\mathrm{d}t=K_1K_2K_3\int F_{\mathrm{re}}v\mathrm{d}t=K_1K_2K_3E_{\mathrm{re}} \tag{2-37}$$

充电电流 I 为

$$I=\frac{P_4}{U}=\frac{K_1K_2K_3P_{\mathrm{re}}}{U}=\frac{K_1K_2K_3F_{\mathrm{re}}v}{U}=\frac{K_1K_2K_3(F_{\mathrm{xb}}-F_{\mu})v}{U} \tag{2-38}$$

式中，U 为电池端电压。端电压 U 不等于电池电动势 E，所以不能简单地用回收能量功率 P_4 除以电池电动势 E。电池端电压 U 和电池电动势 E 之间的关系如下

$$充电时 \quad U=E+Ir \tag{2-39}$$

$$放电时 \quad E=U+Ir \tag{2-40}$$

式中，r 为电池内阻；I 为充、放电电流。充电时，$U>E$；放电时，$E>U$。电池放电效率和充电效率都由电池内阻和电流决定。电池放电效率 K_3'，有

$$K_3'=\left(1-\frac{Ir}{E}\right)\times100\% \tag{2-41}$$

而电池充电效率 K_3 为

$$K_3=\left(1-\frac{Ir}{U}\right)\times100\% \tag{2-42}$$

一般来说，充电时单体充电电压为 4.2V，而电动汽车电池通常含有 96 串单体，则充电电压或端电压 $U=96\times4.2\mathrm{V}=403.2\mathrm{V}$。能量回收时的充电电流达到 1~2C，以日产 LEAF 为例，单体容量为 33.1A·h，电池包能量为 34kW·h，电池包内阻约为 0.336Ω，2C 充电电流约为 70A，充电电压约为 400V，则电池充电效率为 $K_3=(1-Ir/U)\approx94\%$。

汽车瞬时车速 v 为

$$v=v_0-\int\frac{F_{\mathrm{k}}}{m}\mathrm{d}t=v_0-\int\frac{F_{\mathrm{f}}+F_{\mathrm{w}}+F_{\mathrm{i}}+F_{\mathrm{xb}}}{m}\mathrm{d}t \tag{2-43}$$

充电电流 I 为

$$I=K_1K_2K_3F_{\mathrm{re}}\left(v_0-\int\frac{F_{\mathrm{f}}+F_{\mathrm{w}}+F_{\mathrm{i}}+F_{\mathrm{xb}}}{m}\mathrm{d}t\right)\Big/U \tag{2-44}$$

3. 城市常规行驶工况制动效能和能量回收分析

在城区以常规车速 60km/h 以下行驶时，空气阻力 F_{w} 和上坡阻力 F_{i} 可以忽略，从而其所做功 E_{w} 和 E_{i} 可忽略，有

$$F_{\mathrm{k}}=F_{\mathrm{f}}+F_{\mathrm{xb}} \tag{2-45}$$

$$P=F_{\mathrm{k}}v=(F_{\mathrm{f}}+F_{\mathrm{xb}})v \tag{2-46}$$

$$\Delta E=E_{\mathrm{f}}+E_{\mathrm{re}}+E_{\mu} \tag{2-47}$$

一次制动回收的总能量 E_4 为

$$E_4=K_1K_2K_3(\Delta E-E_{\mathrm{f}}-E_{\mu}) \tag{2-48}$$

下面分几种情况讨论制动效能。

（1）纯再生制动模式 若在轻制动情况下，电机制动力满足车辆制动需求，制动力矩完全由再生制动力矩提供，在式（2-23）中使 $\alpha=0$，则 $F_{\mu}=0$，地面制动力为

$$F_{xb}=F_{re}=\frac{T_{re}i_gi_0K_1}{r_d}=\frac{T_bi_gi_0K_1}{r_d} \tag{2-49}$$

设制动时加速度为 a，有

$$F_k=F_f+F_{xb}=F_f+F_{re}=ma \tag{2-50}$$

不考虑滚动阻力对制动时加速度 a 的影响，则

汽车能达到的加速度为

$$F_{re}=ma \tag{2-51}$$

$$a_{remax}=\frac{F_{re}}{m}=\frac{T_{re}i_gi_0K_1}{mr_d}=\frac{T_bi_gi_0K_1}{mr_d} \tag{2-52}$$

城区常规行驶纯再生制动模式下汽车制动时加速度与时间的关系曲线如图 2-10 所示。图中 t_1 为再生制动力增长所需时间，t_2 为最大再生制动力持续作用时间。式（2-52）对应 t_2 段。可以进行制动能量回收的时间为 t_1、t_2 之和，其中第 2 阶段可以回收的制动能量较多。

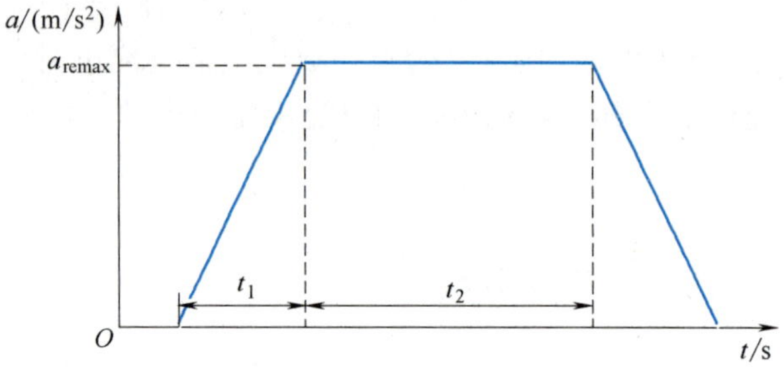

图 2-10　城区常规行驶纯再生制动模式下汽车制动时加速度与时间的关系曲线

在 t_1 时间段内，制动时加速度 a 线性增加，即 $a=kt$，可以求得 $k=a_{remax}/t_1$。当汽车初速度为 v_0 时瞬时车速 v 为

$$v=v_0-3.6\int_0^t a\mathrm{d}t=v_0-3.6\int_0^t kt\mathrm{d}t=v_0-1.8\frac{a_{remax}}{t_1}t^2 \tag{2-53}$$

$t=t_1$ 时的速度为 t_1 段末速度、t_2 段初速度，此时速度 $v=v_0-1.8a_{remax}t_1$（km/h）。

在 t_2 时间段，将时间重新归 0，即将 t_2 段起始点作为原点，制动时的加速度为 a_{remax}，瞬时车速为

$$v=v_0-1.8a_{remax}t_1-3.6a_{remax}t \tag{2-54}$$

$t=t_2$ 时的速度为 t_2 段末速度，等于零，有

$$v_0-1.8a_{remax}t_1-3.6a_{remax}t_2=0 \tag{2-55}$$

由图 2-10 可知，电动汽车在纯再生制动模式下的制动距离 s 为

$$s=\int_0^{t_1}\left(\frac{v_0}{3.6}-\frac{a_{remax}}{2t_1}t^2\right)\mathrm{d}t+\int_0^{t_2}\left(\frac{v_0}{3.6}-\frac{a_{remax}}{2}t_1-a_{remax}t\right)\mathrm{d}t \tag{2-56}$$

将式（2-55）代入式（2-56），得

$$s=\frac{v_0t_1}{7.2}+\frac{v_0^2}{25.92a_{remax}}-\frac{a_{remax}t_1^2}{24} \tag{2-57}$$

t_1 就是制动反应时间。真空助力系与气压制动系起作用时间一般为 0.3~0.9s，液压制动系起作用时间在 0.1s 左右，电制动反应时间很短，电机时间常数一般为 1ms。我们讨论的是电制动，取 $t_1=0.001$s（下同），则式（2-57）最后一项可以忽略不计，因而

$$s \approx \frac{v_0 t_1}{7.2} + \frac{v_0^2}{25.92 a_{remax}} \tag{2-58}$$

式中，v_0 为制动起始速度（km/h）；a_{remax} 为最大再生制动加速度（m/s^2）；s 为制动距离（m）；t_1 为再生制动力增长时间（s）。

从式（2-58）看出，纯再生制动模式下适当减小汽车最大加速度 a_{remax} 可以延长再生制动距离，从而可以尽可能多地回收制动能量。

忽略空气阻力和上坡阻力，纯再生制动时 $E_\mu=0$，故一次制动回收的总能量 E_4 为

$$E_4 = K_1 K_2 K_3 (\Delta E - E_f) = K_1 K_2 K_3 (\Delta E - F_f s) \tag{2-59}$$

式（2-51）忽略了滚动阻力的影响，因而式（2-59）做相同处理，有

$$E_4 \approx K_1 K_2 K_3 \Delta E \tag{2-60}$$

【例 2-9】 城市工况纯再生制动模式下的制动效能和能量回收计算。

已知：电池包能量为 30kW · h，$K_1=93\%$，$K_2=90\%$，$K_3=95\%$，$F_{re}=2232N$，初始速度 $v_0=60km/h$。满载时，$a_{remax}=1.10m/s^2$，$t_1=0.001s$，$s=126.27m$。试用两种方式求 E_4。

解：

解法一：

先按照式（2-37）分段计算 E_4，且每段都将起始点作为原点。t_2 段为 $t=0\sim t_2$，而不是 $t=t_1\sim(t_1+t_2)$。

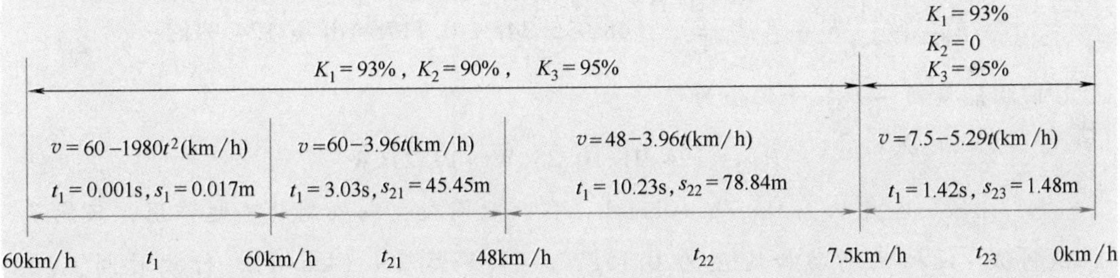

① t_1 时间段，取 $t_1=0.001s$，初速度 $v_0=60km/h$，制动加速度 a 从 0 线性增长到 $a_{remax}=1.10m/s^2$，设 $a=kt$，当 $t=0.001s$ 时，$a=1.10m/s^2$，则 $k=1100$，从而

$$v = v_0 - 3.6\int_0^{0.001} 1100t\,dt = 60 - 1980t^2 km/h$$

当 $t_1=0.001s$ 时，末速度 $v_1\approx 60km/h$，故行驶里程 $s_1=v_0 t_1=0.017m$。

此段回收能量为

$$E_{41} \approx \frac{1}{2\times 3.6} K_1 K_2 K_3 \int_0^{t_1} F_{re} v\,dt = \frac{1}{2} K_1 K_2 K_3 F_{re} s_1$$

$$= \frac{1}{2} \times 93\% \times 90\% \times 95\% \times 2232 \times 0.017J$$

$$\approx 0.015kJ$$

$E_{41}\approx 0$，可以忽略不计。

② t_{21} 段，车速从 60km/h→48km/h，制动加速度 $a=a_{remax}=1.10m/s^2$，车速为

$$v=v_1-3.6\int_0^t 1.10dt=60-3.96t(km/h)$$

当 v=48km/h 时，得行驶时间 t_{21}=3.03s，得行驶里程 s_1=45.45m。

此段回收能量为

$$E_{421}=\frac{1}{3.6}K_1K_2K_3\int_0^{t_{21}}F_{re}v\mathrm{d}t=K_1K_2K_3F_{re}s_{21}=93\%\times90\%\times95\%\times2232\times45.45\mathrm{J}\approx80.66\mathrm{kJ}$$

回收能量功率 P_{421} 平均值为

$$\overline{P}_{421}=E_{421}/t_{21}=80.66/3.03\mathrm{kW}\approx26.62\mathrm{kW}$$

③ t_{22} 段，车速从 48km/h→7.5km/h，匀减速，$a=1.10m/s^2$。$v=48-3.96t$ (km/h)。当 v=7.5km/h 时，行驶时间 t_{22}=10.23s，行驶里程 s_{22}=78.84m。

此段，式（2-35）取 $m_1=0.7$，$m_2=0.3$，代入得

$$F'_{re}=F_{re}\omega(n)=F_{re}(0.644+0.0074v)$$

式中，v 单位为 km/h。而

$$E_{422}=\frac{1}{3.6}K_1K_2K_3\int_0^{t_{22}}F'_{re}v\mathrm{d}t=\frac{1}{3.6}K_1K_2K_3F_{re}\int_0^{10.23}(0.644+0.0074v)v\mathrm{d}t$$

将 $v=48-3.96t$ 代入上式，此段回收能量为

$$E_{422}=\frac{1}{3.6}K_1K_2K_3F_{re}\int_0^{10.23}(48-5.34t+0.117t^2)\mathrm{d}t\approx124.91\mathrm{kJ}$$

回收能量功率 P_{422} 平均值为

$$\overline{P}_{422}=124.91/10.23\mathrm{kW}\approx12.21\mathrm{kW}$$

④ t_{23} 段，车速从 7.5km/h→0km/h，在此时间段，电机制动不起作用，只能是机械制动。设机械制动加速度为 0.15g，$v=7.5-5.29t$（km/h），行驶时间 t_{23}=1.42s，行驶里程 s_{23}=1.48m。此段 $E_{423}=0$。

一次制动回收的总能量为

$$E_4=E_{41}+E_{421}+E_{422}+E_{423}=(0.015+80.66+124.91+0)\mathrm{kJ}=205.59\mathrm{kJ}$$

总的惯性能量损失为

$$\Delta E=\frac{1}{2}\times2035\times(16.67^2-0^2)\mathrm{J}\approx282.75\mathrm{kJ}$$

E_4 占其中的比例为 72.7%。

总的回收能量时间为 t=13.26s，回收能量功率 P_4 的平均值为

$$\overline{P}_4=E_4/t=205.59/13.26\mathrm{kW}\approx15.50\mathrm{kW}$$

设充电时电机控制器控制端电压为 400V，则充电电流 I 的平均值为

$$\overline{I}=\overline{P}_4/U\approx38.8\mathrm{A}$$

下面估算一下纯再生制动模式下续驶里程延长多少。日产 LEAF 2016 款电池组能量 $E'=30\text{kW}\cdot\text{h}$，NEDC 续驶里程（包含了制动能量回收）为 170km。设续驶里程延长率为 x，若无再生制动能量回收，则续驶里程 $d'=170/(1+x)$。参照图 1-18，每个 NEDC 循环的制动时间为 178s，能量回收功率 $\overline{P}_4=15.50\text{kW}$，则回收能量为

$$15.50\times178\div3600\text{kW}\cdot\text{h}=0.766\text{kW}\cdot\text{h}$$

每个 NEDC 里程为 11.023km，则在 d' 里程内有 $d'/11.023$ 个 NEDC，回收能量为 $0.766d'/11.023$，而回收能量相当于电池组电能增加 $E'x$，故有

$$\frac{0.766\times170}{11.023(1+x)}=E'x$$

解得

$$x\approx30.2\%$$

也可以这样估算：设城区通勤单程为 26km，发生 20 次再生制动，共回收能量 $20\times205.59\text{kJ}\approx4112\text{kJ}$。1.2.5 小节讲到，实际续驶里程约为 NEDC 的 85%，行驶 26km 相当于 NEDC 里程 $26/0.85\text{km}\approx31\text{km}$，约消耗电池能量为 $30\times31/170\text{kW}\cdot\text{h}\approx5.47\text{kW}\cdot\text{h}=19058\text{kJ}$，则续驶里程延长 $[4112/(19058-4112)]\times100\%\approx27.5\%$。

解法二：

由式（2-60），一次制动回收的总能量 E_4 为

$$E_4\approx K_1K_2K_3\Delta E$$

① t_1 段，$v_0=60\text{km/h}$。取 $t_1=0.001\text{s}$，则末速度 $v_1\approx60\text{km/h}$。行驶距离 $s_1=0.017\text{m}$。回收能量 $E_{41}=0.015\text{kJ}$。

② t_{21} 段，车速从 60km/h→48km/h，以 1.10m/s^2 的减速度匀减速，$v=60-3.96t$（km/h），时间 $t_{21}=3.03\text{s}$，行驶距离为 $s_{21}=45.45\text{m}$。

惯性能量损失为

$$\Delta E=\frac{1}{2}\times2035\times(16.67^2-13.33^2)\text{J}\approx101.95\text{kJ}$$

滚动阻力做功（取 $f=0.012$）为

$$E_f=F_fs_{21}=mgfs_{21}=2035\times9.8\times0.012\times45.45\text{J}\approx10.88\text{kJ}$$

可见，E_f 约为 ΔE 的 11%，按照式（2-60），忽略滚动阻力的影响，有

$$E_{421}\approx K_1K_2K_3\Delta E\approx93\%\times90\%\times95\%\times101.95\text{kJ}\approx81.07\text{kJ}$$

③ t_{22} 段，车速从 48km/h→7.5km/h，以 1.10m/s^2 匀减速，$v=48-3.96t$（km/h），时间 $t_{22}=10.23\text{s}$，行驶距离为 $s_{22}=78.84\text{m}$。

惯性能量损失为

$$\Delta E=\frac{1}{2}\times2035\times(13.33^2-2.083^2)\text{J}\approx176.38\text{kJ}$$

此段，$K_1=0.93$，$K_3=0.95$，K_2 修正为 $K_2\omega(n)=0.9-0.0255t$，可求出

$$K_2\overline{\omega}(n)=\frac{1}{t_{22}}\int_0^{t_{22}}(0.9-0.0255t)\mathrm{d}t\approx 0.770$$

$$E_{422}\approx 0.93\times 0.770\times 0.95\times 176.38\text{kJ}\approx 119.99\text{kJ}$$

④ t_{23} 段，车速从 7.5km/h→0m/h，匀减速，设机械制动加速度为 0.15g，则 $v=7.5-5.29t$(km/h)，时间 $t_{23}=1.42$s，行驶距离为 $s_{23}=1.48$m。此段无制动能量回收。

一次制动回收的总能量为

$$E_4=E_{41}+E_{421}+E_{422}=0.015+81.07+119.99\text{kJ}\approx 201.08\text{kJ}$$

与解法一得到的 205.59kJ 非常相符。

（2）紧急制动模式 此时再生制动系统和机械制动系统共同作用，汽车的制动加速度为

$$a=\frac{F_{xb}}{m}=\frac{T_{re}i_g i_0 K_1+T_\mu}{mr_d} \tag{2-61}$$

由于地面制动力 F_{xb} 不能超过附着力 F_φ，即

$$F_{xb}\leqslant F_\varphi=mg\varphi \tag{2-62}$$

式中，φ 为地面附着系数。因此，最大制动加速度为

$$a_{max}=\varphi g \tag{2-63}$$

在此模式下制动加速度与时间关系曲线如图 2-11 所示。其中，t_1 为再生制动力增长所需时间，可取 $t_1=0.001$s；t_2 为踩下制动踏板补偿摩擦片与制动鼓/盘间隙所需时间，可取 $t_2=0.1$s；t_3 为机械制动力增长所需时间，可取 $t_3=0.5$s；t_4 为最大共同制动力持续作用时间，参照式（2-58）推导方法，得此模式下的制动距离 s 为

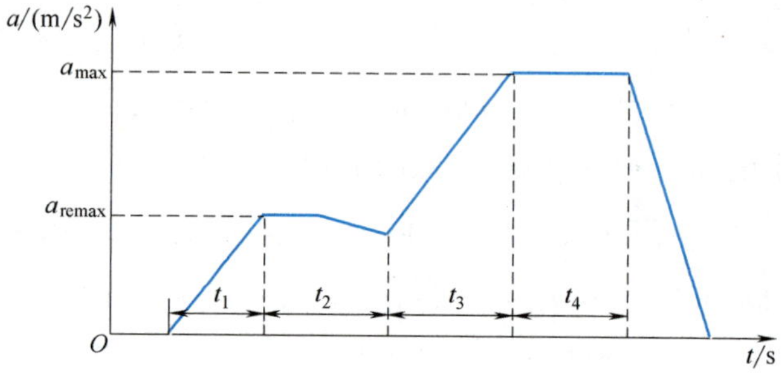

图 2-11 城区行驶紧急制动模式下加速度和时间的关系曲线

$$s=\frac{v_0}{3.6}\left(t_1+t_2+\frac{1}{2}t_3\right)+\frac{v_0^2}{25.92a_{max}}+\frac{v_0 a_{remax}}{3.6a_{max}}\left(\frac{1}{2}t_3-t_2\right) \tag{2-64}$$

式（2-64）计算的制动距离 s 应小于规定的安全制动距离。适当增大汽车制动加速度 a_{remax} 可以延长再生制动距离，从而可以尽可能多地回收制动能量。但是该制动模式下总制动时间很短，所以回收的能量非常有限。

紧急制动时，滚动阻力相对于地面制动力 F_{xb} 而言可以忽略，则一次制动回收的能量 E_4 为

$$E_4\approx K_1K_2K_3(\Delta E-E_\mu) \tag{2-65}$$

（3）一般制动模式 一般制动模式即靠近目标时先进行较长时间的再生制动，回收制动能量之后再利用机械制动使汽车停车。此时汽车的制动加速度与时间关系曲线如图 2-12 所示。

其中，t_1 为再生制动力增长所需时间，取 $t_1=0.001\text{s}$；t_{21} 表示电机再生制动单独作用的时间且车速在式（2-34）所示的 48km/h 以上；t_{22} 表示电机再生制动时间与踩下制动踏板补偿摩擦片与制动鼓/盘间隙所需时间，且车速在式（2-34）所示的 48km/h 以下，但在机械制动力起作用的点即 30km/h 以上；t_3 为机械制动力增长所需时间，取 $t_3=0.5\text{s}$；t_4 为最大共同制动力持续作用时间且车速在 7.5km/h 以上有能量回收；t_5 为共同制动力作用时间且车速在 7.5km/h 以下无制动能量回收。这一制动模式的目的不是出于安全制动而是为了回收较多的制动能量。此模式下制动距离比纯再生制动略小一些。

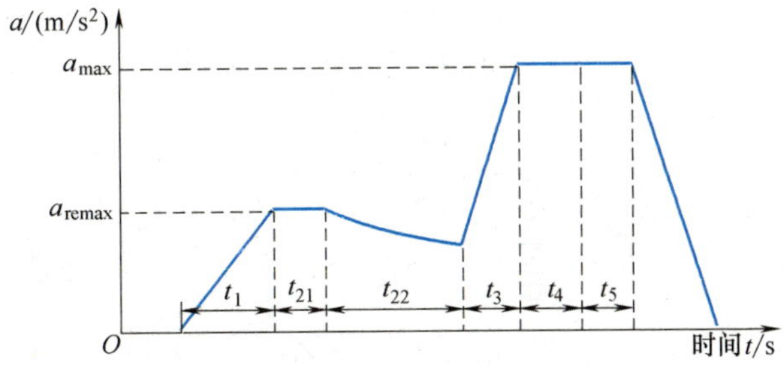

图 2-12　城区行驶一般制动模式下加速度和时间的关系曲线

4. 电动汽车制动能量再生控制策略

摩擦制动力 $F_\mu=\alpha F_{\mu\max}$，电机制动力 $F_{re}=\beta F_{remax}$，α、β 代表了机械液压制动和电气制动的分配情况。它取决于电动汽车制动能量再生控制策略。电动汽车制动时需要解决的两个主要问题：①如何在再生制动和摩擦制动之间分配所需的总制动力，以回收尽可能多的车辆动能；②如何在前、后轮轴上分配总制动力，以达到稳定的制动效果。

再生制动只对驱动轮有效，因而对只有前轮驱动的制动能量回收系统和前、后全轮驱动的制动能量回收系统策略是不同的。

目前主要有 3 种制动能量再生控制策略：①理想制动力分配控制策略；②最佳制动能量回收控制策略；③并联再生制动控制策略。

（1）理想制动力分配控制策略　考虑只有前轮驱动的纯电动汽车，控制策略为：

1）当制动加速度 $a<0.15g$ 时，制动力全部由前轮再生制动力提供，后轮上不施加制动力。

2）当制动加速度 $a>0.15g$ 时，施加在前后轮上的制动力将依据理想的制动力分布曲线进行分配。其中，作用在前轮上的制动力可以分为再生制动力和机械制动力两部分，当前轮所需制动力小于电机所能产生的最大制动力 F_{remax} 时，则前轮制动力全部由再生制动力提供；当前轮所需制动力大于电机所能产生的最大制动力 F_{remax} 时，电机将会产生最大再生制动力矩，同时剩余的制动力将由机械摩擦制动力补足，如图 2-13 所示，图中 z 为制动强度。

（2）最佳制动能量回收控制策略　此控制策略侧重于最大程度回收制动能量。其前、后轮制动力分配方法如图 2-14 所示。

1）当制动强度 z 小于路面附着系数 φ 时的黑实线 AB 段。如果电机所能提供的制动力在 AB 区间，则前轮制动力全部由电机再生制动的制动力提供，后轮的机械摩擦制动力则可根据线段 AB 计算出。如果电机所能提供的制动力的值小于 A 对应的前轮制动

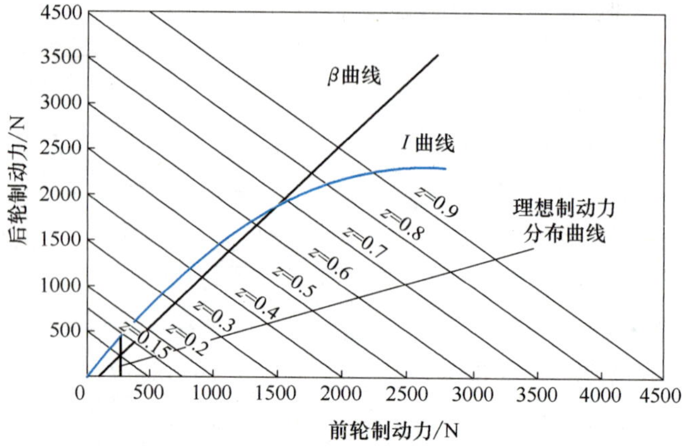

图 2-13　理想制动力分配控制策略

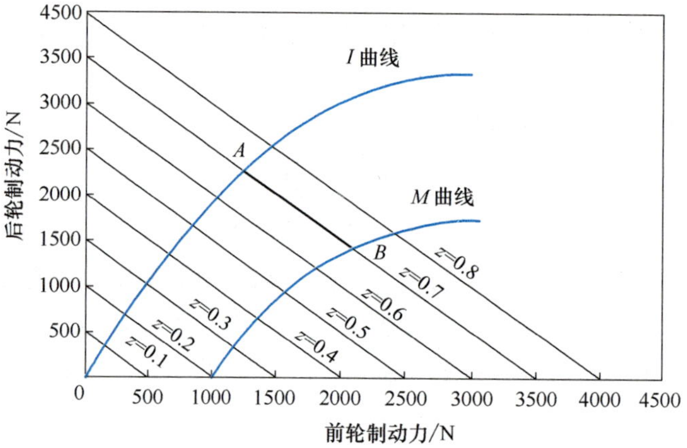

图 2-14　最佳制动能量回收控制策略

力的值，则前、后轮制动力分配值落在 A 点，电机提供最大制动力，不足部分由前轮液压制动力补足。

2）当 $z \ll \varphi$ 时，电机再生制动力提供整车制动所需的全部制动力，机械系统不起作用。

3）当 $z=\varphi$ 时，前、后轮制动力分配点落在 I 曲线上。附着系数很大时，再生制动力达到最大值，剩余部分由机械制动系统提供。附着系数较小时，只用再生制动力制动。

（3）并联再生制动控制策略　其制动力分配如图 2-15 所示。机械摩擦制动力与传统车制动力一样按一定比例分配，同时在驱动轮上施加再生制动力。当 $z<0.1$ 时，制动力全部由再生制动力提供，随着制动强度的增大，再生制动力也逐渐增大；当 $z>0.7$ 时，这时属于紧急制动，再生制动力逐渐减小为 0，此时前、后轮制动力分配按 β 曲线分配，以缩短制动距离。

与前两种控制策略相比，并联再生制动控制策略所回收的能量相对要小，但是该方法不需要控制机械制动力的大小，仅需要控制电机再生制动力的大小，结构简单可靠，

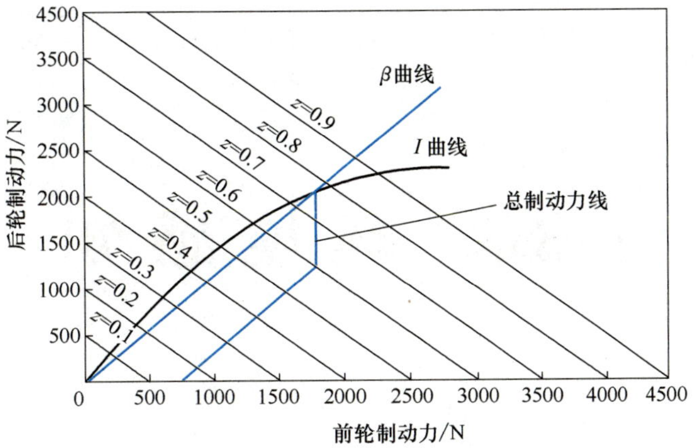

图 2-15 并联再生制动控制策略

制造成本低，当再生制动失效时，仍可以安全制动。因此，国内汽车厂目前基本上采用这种策略。

第3章 环境感知

3.1 智能汽车

据公安部统计，截至2021年年底，我国汽车保有量达3.02亿辆，超过美国稳居世界第一。全国汽车保有量超过百万辆的城市数量达79个，机动车驾驶人数量达4.81亿。同时我国近5年每年交通事故死亡人数均超过6万人，仍是全球交通事故死亡人数最多的国家之一。随着现代信息技术和汽车科技的蓬勃发展，智能汽车逐渐成为全球相关领域专家学者的关注焦点。智能汽车可以根据实时路况辅助甚至完全代替驾驶人完成主要的驾驶操纵，逐步成为解决交通安全问题的理想方案。智能汽车通过摄像头、激光雷达（Light Detection And Ranging，LiDAR）和毫米波雷达（Millimeter Wave Radar）等车载传感器获得车辆周围真实存在的环境信息，然后根据目的地的位置信息规划出一条最佳的行驶路径，通过控制车辆的行驶方向和速度，使车辆能够按照预定路线安全可靠地行驶至终点。智能汽车最鲜明的特点是以自动驾驶代替了传统的人工驾驶，从枯燥的驾驶环境中解放了人类的双手，有效弥补了驾驶人的能力不足。

1. 定义

《节能与新能源汽车技术路线图》一书中智能网联汽车（Intelligent and Connected Vehicle，ICV）是指搭载先进的车载传感器、控制器、执行器等装置，并融合现代通信与网络技术，实现车与X（车、路、人、云等）智能信息交换、共享，具备复杂环境感知、智能决策、协同控制等功能，可实现安全、高效、舒适、节能行驶，并最终实现替代人来操作的新一代汽车。

而在《智能汽车创新发展战略》一文中智能汽车是指通过搭载先进传感器等装置，运用人工智能等新技术，具有自动驾驶功能，逐步成为智能移动空间和应用终端的新一代汽车。智能汽车通常又称为智能网联汽车、自动驾驶汽车等。

2. 分级

根据汽车自动化程度的不同，智能汽车可以分成不同的等级。不同机构对智能汽车的等级划分也不尽相同，美国国家高速公路交通安全管理局（National Highway Traffic

Safety Administration，NHTSA）将智能汽车技术分成 4 个等级（见表 3-1）：

表 3-1　NHTSA 和 SAE 的自动驾驶分级标准

NHTSA 分级	SAE 分级	名称	定义	动态驾驶任务		动态驾驶任务接管	设计运行范围
				汽车侧向和纵向控制	监测		
L0	L0	人工驾驶	完全由人类驾驶人进行驾驶任务操作	驾驶人	驾驶人	驾驶人	无
L1	L1	辅助驾驶	自动驾驶系统进行侧向或纵向中的一种控制操作	驾驶人和系统	驾驶人	驾驶人	有条件
L2	L2	部分自动驾驶	在驾驶人的监测下，自动驾驶系统同时进行车辆侧向、纵向控制	系统	驾驶人	驾驶人	有条件
L3	L3	有条件自动驾驶	在规定的设计运行区域中由自动驾驶系统监测汽车的运行及控制，必要时由驾驶人进行接管	系统	系统	必要时由驾驶人接管	有条件
L4	L4	高度自动驾驶	在规定的设计运行区域中由自动驾驶系统完成整个驾驶任务，不需要驾驶人进行接管操作	系统	系统	系统	有条件
	L5	完全自动驾驶	在所有交通环境下完全由自动驾驶系统完成汽车的全部驾驶任务	系统	系统	系统	任何情况

L0 级别：人工驾驶，无自动控制，车辆完全由人类驾驶人控制。一些车辆虽然装配有某些安全警示系统，如碰撞预警系统、盲区监测系统等，但仍属于这一级别。

L1 级别：辅助驾驶，单一功能自动驾驶，车辆包含对转向或加速/制动的自动控制功能，但是不能协同控制转向和加速/制动，即辅助驾驶系统仅提供纵向和侧向中的一个方向上的辅助。

L2 级别：部分自动驾驶，车辆能够同时协同控制转向和加速/制动，实现在特定环境下的自动驾驶，同时解放驾驶人的手和脚。这一级别的智能驾驶在周边环境不满足条件时，自动驾驶系统会随时退出，需要驾驶人始终关注周边环境，并随时接管车辆。

L3 级别：有条件自动驾驶，车辆能够实现特定环境下的自动驾驶。例如，在高速公路等有限条件下，自动驾驶系统可以独立控制车辆，然而在紧急情况下仍然会需要驾驶人接管车辆，但车辆能够自主判断是否需要驾驶人介入，并预留出足够的驾驶人反应时间。

L4 级别：完全自动驾驶，这也是人们通常所说的无人驾驶，用户在设定目的地后不再参与驾驶操作，全程由车辆自主驾驶，在保证安全行驶的同时完成驾驶任务。

美国汽车工程师学会（Society of Automotive Engineers，SAE）发布的 J3016 是另一种比较有代表性的分级标准，对智能汽车分级进行了细化的规定，将 NHTSA L4 级别细分为 L4 高度自动驾驶和 L5 完全自动驾驶两个级别。其中，SAE L4 级别是指车辆具备在特定道路环境下实现完全自动驾驶的能力，无须驾驶人参与驾驶过程，在特殊情况下也能够自行解决问题，无须驾驶人接管车辆；而 SAE L5 级别是指车辆具备在所有交通环境下实现完全自动驾驶的能力。

我国对智能汽车的分级最早出现在《中国制造 2025》重点领域技术路线图中，其将智能网联汽车分为辅助驾驶（Driver Assistance，DA）、部分自动驾驶（Partial Automation，PA）、高度自动驾驶（High Automation，HA）和完全自动驾驶（Full Automation，FA）4 级。

DA 包括一项或多项局部自动功能，并能提供基于网联的智能提醒信息。

PA 是指在驾驶人短时间转移注意力时仍可保持控制，失去控制 10s 以上予以提醒，并能提供基于网联的智能引导信息。

HA 是指在高速公路和市内均可自动驾驶，偶尔需要驾驶人接管，但是有充分的移交时间，并能提供基于网联的智能控制信息。

FA 是指驾驶权完全移交给车辆。

2020 年 3 月，我国工业和信息化部颁布了国家标准 GB/T 40429—2021《汽车驾驶自动化分级》，这是我国智能汽车标准体系的基础类标准之一。该标准按照由低到高的自动化等级将智能汽车分为应急辅助、部分驾驶辅助、组合驾驶辅助、有条件自动驾驶、高度自动驾驶和完全自动驾驶 6 个级别，见表 3-2。

表 3-2　汽车驾驶自动化分级标准

分级	名称	车辆横向、纵向运动控制	目标和事件探测与响应	动态驾驶任务接管	设计运行条件
0 级	应急辅助	驾驶人	驾驶人及系统	驾驶人	有限制
1 级	部分驾驶辅助	驾驶人及系统	驾驶人及系统	驾驶人	有限制
2 级	组合驾驶辅助	系统	驾驶人及系统	驾驶人	有限制
3 级	有条件自动驾驶	系统	系统	动态驾驶任务接管用户（接管后为驾驶人）	有限制
4 级	高度自动驾驶	系统	系统	系统	有限制
5 级	完全自动驾驶	系统	系统	系统	无限制

3. 架构

智能汽车是一个高度智能化的复杂系统，其系统架构如图 3-1 所示，它通过智能环境传感设备实现环境感知，进而进行智能决策与智能集成控制。

（1）环境感知技术　利用视觉传感器、毫米波雷达、激光雷达、超声波雷达等各种传感器对周围环境进行数据采集与信息处理，以获取当前行驶环境及本车的有关信

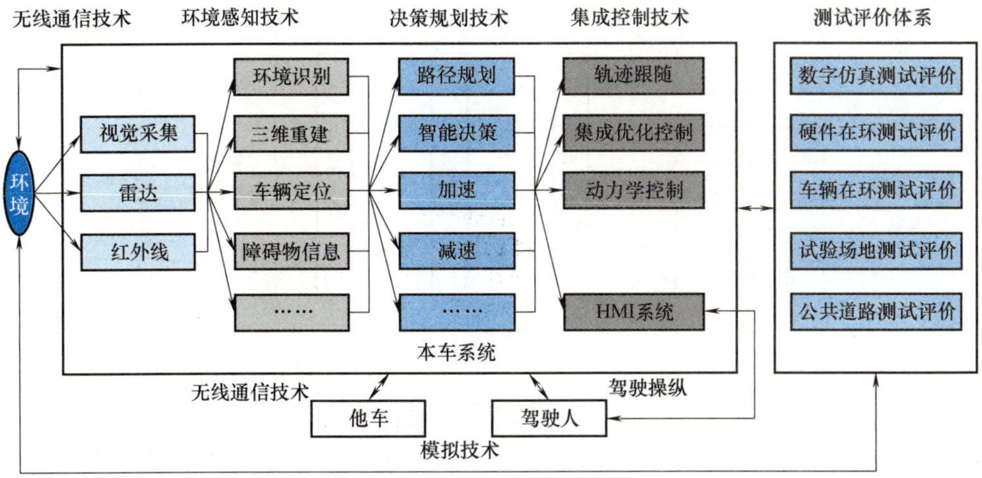

图 3-1　智能汽车系统架构

息。环境感知技术可以为智能汽车提供道路交通环境、障碍物位置、动态目标运动状态、交通信号标志、自身位置等一系列重要信息，是其他功能模块的基础，是实现辅助驾驶与自动驾驶的前提条件。各种传感器在最大探测距离、分辨率、误报率、响应时间、数据处理、环境适应性、价格等关键特性上的性能表现见表 3-3。

表 3-3　各种传感器性能比较

传感器	视觉传感器	毫米波雷达	激光雷达	超声波雷达
最大探测距离	一般	大	大	小
分辨率	一般	好	好	差
误报率	一般	小	较小	较大
响应时间	较慢	快	快	较慢
数据处理	复杂	一般	复杂	简单
环境适应性	差	好	差	一般
价格	低	一般	高	低

为实现对智能汽车功能性与安全性的全面覆盖，在感知层需要采用多传感器数据融合技术。如图 3-2 所示，多传感器数据融合的目标是利用各种传感器分离观测信息，对数据进行多级别、多方位和多层次的处理，产生新的、有意义的信息。这种信息是最佳协同作用的结果，利用多个传感器共同或联合操作的优势来提高整个环境感知系统的鲁棒性。

（2）决策规划技术　决策规划技术是智能汽车的控制中枢，相当于人类的大脑，其主要作用是依据感知层处理后的信息以及先验地图信息，在满足交通规则、车辆动力学等车辆行驶约束的前提下，生成一条全局最优的车辆运动轨迹。决策规划技术可以分为全局轨迹规划、行驶行为决策和局部轨迹规划 3 个部分，如图 3-3 所示。

全局轨迹规划在已知电子地图、周围路网以及宏观交通信息等先验信息的条件下，

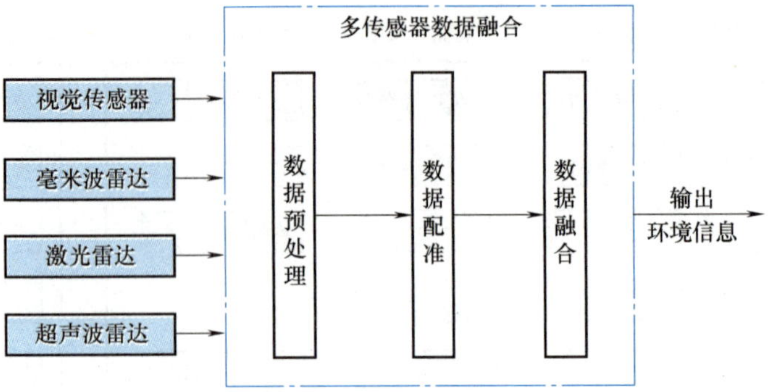

图 3-2　多传感器数据融合

得到满足起始点与目的地之间距离最短、时间最短或其他优化目标的最优路径。全局轨迹规划通常只考虑宏观静态障碍物，其规划的周期通常在几分钟到几个小时。全局轨迹规划一般不考虑车道、车道线及时间戳信息。一般使用车辆定位信息以及电子地图等进行全局轨迹规划。

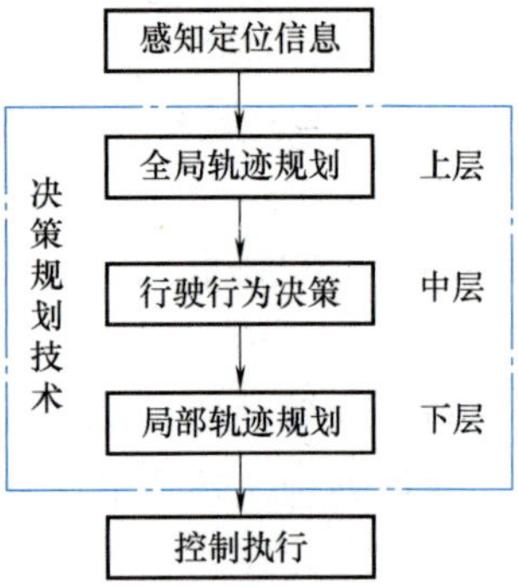

图 3-3　决策规划流程

行驶行为决策的作用是产生一系列的行驶行为来完成全局轨迹规划，一般根据本车周围道路、交通以及环境信息等动态地规划车辆行驶行为，例如起步、停车、跟驰、换道等。行驶行为决策的规划周期为几十秒到几分钟。

局部轨迹规划的作用是根据行驶行为决策结果，综合考虑影响车辆的各种性能指标（如安全性、舒适性和操控稳定性等），在秒级周期内策划出一条最优轨迹，包括局部路径规划和局部速度规划两个部分。

(3) 集成控制技术　集成控制技术主要通过控制车辆驱动、制动、转向、换档等操作，对决策规划层所得到的车辆最优轨迹进行路径和速度跟随，其本质是控制车辆的侧向运动和纵向运动来减少车辆实际轨迹和期望轨迹之间的时间误差和空间误差。如图 3-4

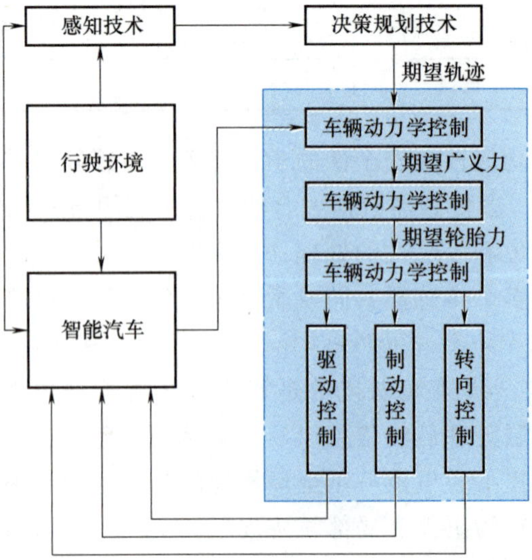

图 3-4　集成控制

所示常用的控制技术包括基于最优预瞄的轨迹跟随控制技术、基于模型预测控制理论的轨迹跟随控制技术等。

（4）测试评价体系 测试评价体系对提高智能汽车研发效率、健全技术标准和法律法规、推进产业创新发展至关重要。但智能汽车测试评价对象已从传统的人、车二元独立系统变为人-车-环境-任务强耦合系统，如图3-5所示。测试场景及测试任务难以穷尽，评价维度纷繁复杂，传统汽车的测试评价体系已经不能满足智能汽车测试需求。图3-5所示为典型的智能汽车测试评价体系，场景数据在其中至关重要。

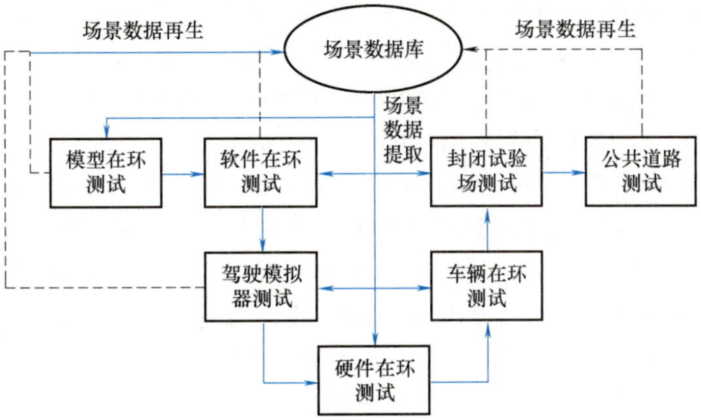

图3-5 典型的智能汽车测试评价体系

3.2 感知传感器

感知技术通常分为两大类：自主式环境感知技术和协同式环境感知技术。目前技术难点集中在自主式环境感知技术，利用视觉传感器（摄像头）、激光传感器（激光雷达）以及通信系统感知周围环境，识别周边物体、规划行驶路径、检测驾驶状态，通过识别的信息实现自主避让，协助驾驶人安全驾驶或完成自动驾驶，提高人们行驶的安全性和乘坐的舒适性，减少环境拥堵，降低燃油消耗率，降低环境污染。

智能汽车系统的环境感知通常需要获取大量信息。目前智能汽车主流的信息收集、处理的感知传感器包括视觉传感器、毫米波雷达、激光雷达、超声波雷达等。本章将简要介绍这几种感知传感器。

3.2.1 视觉传感器

视觉传感器——摄像头因其具有可识别整个视野范围内的像素和颜色、分辨率高、“帧速率”恒定，两台摄像头便能同时生成三维立体视图，且其技术成熟、费用低以及图像质量高等优点，广泛应用在智能驾驶车辆环境感知系统中。智能驾驶车辆对摄像头识别出的环境信息，进行技术处理区分障碍物的类别，实现人类的“眼睛”的功能，在汽车领域具有较高的应用前景，相对技术发展迅速且具有较高的研究价值。如特斯拉智能汽车的自主辅助驾驶技术，以摄像头为其主要感知传感器。

机器视觉感知系统是指智能汽车利用摄像头拍摄车外环境，根据搜集到的信息得到反映真实道路的图像数据，然后综合运用各种道路检测算法，提取出车道线、道路边界以及车辆方位信息，判断汽车是否有驶出车道的危险。

3.2.2 毫米波雷达

毫米波雷达具有全天候、全天时的工作特性，且探测距离远、精度高，被广泛应用于车载距离探测，如自适应巡航、碰撞预警、盲区探测、自动紧急制动等。毫米波雷达的工作原理是向道路周围辐射毫米波信号，通过对比发射信号与接收信号之间的差别来实现目标距离、速度、角度等信息的检测。毫米波是电磁波，雷达通过发射无线电信号并接收反射信号来测定车辆与物体间的距离，其频率通常介于 10~300GHz 之间。

汽车毫米波雷达的发展历程如图 3-6 所示，其向小型化、集成化发展。目前，车载毫米波雷达频率主要分为 24GHz 频段和 77GHz 频段。毫米波雷达因其硬件体积较小且不受恶劣天气影响，被广泛应用于高级驾驶辅助系统（Advanced Driving Assistance System，ADAS）。毫米波雷达目前大量应用于汽车的盲点监测、变道辅助、车道偏离预警、车道保持辅助、泊车辅助等。与 24GHz 毫米波雷达相比，77GHz 毫米波雷达的距离分辨率更高，体积缩小 1/3。77GHz 毫米波雷达在探测精度与距离上均优于 24GHz 毫米波雷达，主要装配在车辆的前保险杠上，用来探测与前车的距离以及前车的速度，主要实现紧急制动、自适应巡航、前向碰撞预警等主动安全领域的功能。

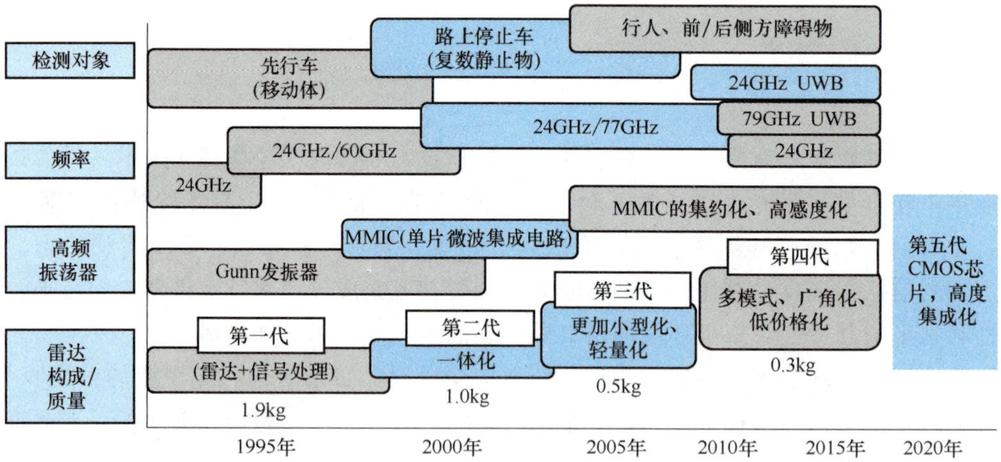

图 3-6 汽车毫米波雷达的发展历程

当今使用的毫米波频段有：24GHz、77GHz、79GHz。毫米波雷达的测距和测速原理都是基于多普勒效应。与红外、激光、电视等光学导引头相比，毫米波导引头穿透雾、烟、灰尘的能力强，其抗干扰性能也优于其他微波导引头。

3.2.3 激光雷达

激光雷达是一种光学遥感技术，可以精确、快速获取地面或大气三维空间信息的主动探测技术，用于测量物体距离和表面形状，其测量精度可达厘米级，其应用范围和发展前景十分广阔。

激光雷达由发射系统、接收系统、信息处理3部分组成。激光器将电脉冲变成光脉冲发射出去，光接收机再把从目标反射回来的光脉冲还原成电脉冲，最后经过一系列算法来得出目标位置（距离和角度）、运动状态（速度、振动和姿态）和形状，可以探测、识别、分辨和跟踪目标。

激光雷达具有解析度高、测距精度高、抗有源干扰能力强、探测性能好、获取的信息量丰富、不受光线影响以及测速范围大等优点。激光雷达在智能网联汽车中有多种应用，主要有面向高精地图的绘制、基于点云的定位以及障碍物检测等。

激光雷达还可以联合全球导航卫星系统（Global Navigation Satelite System, GNSS）/惯性测量单元（Inertial Measurement Unit, IMU）与高精度地图等手段进行加强定位，一方面通过GNSS得到初始位置信息，再通过IMU和车辆的编码器（Encoder）配合得到车辆的初始位置；另一方面，将激光雷达的3D点云数据包括几何信息和语义信息进行特征提取，并结合车辆初始位置进行空间变化，获取基于全局坐标系下的矢量特征。

在智能网联汽车的行驶过程中，激光雷达同时以一定的角速度匀速转动，并在转动过程中不断发出激光并收集反射点信息，以便得到全方位的环境信息。

3.2.4 超声波雷达

超声波雷达（Ultra Sonic Radar）的工作原理是通过超声波发射装置向外发出超声波，通过接收器接收到超声波的时间来测算距离。

超声波雷达常用探头的工作频率有40kHz、48kHz和58kHz。一般来说，频率越高，灵敏度越高，但水平与垂直方向的探测角度越小，故一般采用40kHz的探头。

超声波雷达防水、防尘，即使有少量的泥沙遮挡也不影响其工作。它的探测范围在0.1~3m，而且精度较高，因此非常适合应用于泊车。车载超声波雷达一般安装在汽车的保险杠上方，隐藏在保险杠的某个位置。

常见的超声波雷达有两种：第一种是安装在汽车前后保险杠上的倒车雷达，称为超声波驻车辅助传感器；第二种安装在汽车侧面，称为自动泊车辅助传感器。

超声波雷达的不足之处有：

1）超声波的传输速度很容易受天气情况的影响，尤其是超声波有较强的温度敏感性，在不同的温度下，传输速度不同。超声波传播速度与环境温度 T 近似成正相关关系。因此相对位置相同的障碍物，在不同温度的场景下，测量的距离数据不同。对传感器精度要求极高的智能网联系统来说，有必要将温度信息引入智能网联系统，从而提升超声波雷达的测量精度。

2）由于相比于光与电磁波，超声波的传播速度较慢，当汽车高速行驶时，使用超声波测距无法跟上汽车的车距实时变化。因此超声波雷达在速度很高的情况下测距离，误差较大。

3）超声波散射角大、方向性较差，在测量较远距离的目标时，其回波信号会比较弱，影响测量精度。但是在短距离测量中，超声波测距传感器具有非常大的优势。

3.2.5 感知传感器比较

自动驾驶感知器的优缺点与感知传感器的选择标准有较大的关系，为自动驾驶车辆选择合适的传感器组是一项细致的任务，因为需要平衡从可靠性到成本的一系列因素，以便确定最佳点并选择最佳传感器组。下面将从 10 个维度了解摄像头、激光雷达和毫米波雷达的差异。

（1）测量范围 激光雷达和毫米波雷达可以探测距离从几米到 200m 以上的物体。许多激光雷达很难在非常近的距离内探测到物体，而毫米波雷达可以在不到 1m 的距离内探测到物体，这取决于雷达类型（长距离、中距离或短距离）。单摄像头无法可靠地测量到物体的距离——这只能通过对世界的性质（如平面路面）做出一些假设来实现。立体摄像头可以测量距离，但只能测量到约 80m 的距离，大于这个距离，精度会显著下降。

（2）空间分辨率 由于发射的红外激光波长较短，激光雷达扫描的空间分辨率约为 0.1°。这允许进行高分辨率 3D 扫描，从而对场景中的对象进行表征。毫米波雷达不能很好地分辨小特征，尤其是随着距离的增加。摄像头的空间分辨率由光学元件、图像上的像素大小及其信噪比决定。当小物体发出的光线扩散到摄像头上的几个像素（模糊）时，小物体的细节就会丢失。此外，当几乎不存在环境光来照亮对象时，随着摄像头的噪声级增加，对象细节被叠加，空间分辨率会降低。

（3）黑暗中的鲁棒性 毫米波雷达和激光雷达在黑暗中都具有极好的鲁棒性，因为它们都是主动传感器。虽然激光雷达的白天性能非常好，但它们在夜间的性能更好，因为没有可能干扰红外激光反射探测的环境阳光。摄像头在夜间的探测能力非常低，因为它是依赖环境光的被动传感器。尽管摄像头的夜间性能有所提高，但在这几种传感器类型中，它的性能最差。

（4）在雨、雪、雾中的鲁棒性 毫米波雷达的最大优点之一是在恶劣天气条件下性能稳定，它不会受到雨、雪或空气中任何其他障碍物（如雾或沙粒）的显著影响。激光雷达系统和摄像头作为光学系统，容易受到恶劣天气的影响，其性能通常会随着逆境程度的增加而显著下降。

（5）物体分类 摄像头系统擅长对车辆、行人、速度标志等物体进行分类，这是其的主要优势之一，人工智能的最新进展更强调了这一点。使用高密度 3D 点云的激光雷达扫描也可以实现一定程度的分类，尽管其对象多样性不如摄像头系统。毫米波雷达不允许进行很多物体分类。

（6）感知二维结构 摄像头是唯一能够解释二维信息如速度标志、车道标记或交通灯的传感器，因为它能够测量颜色和光强度。这是摄像头相对于其他传感器的主要优势。

（7）测量速度 毫米波雷达可以利用多普勒频移直接测量物体的速度，这是毫米波雷达的主要优势之一。激光雷达只能通过连续的距离测量来近似得出速度，这使得它在这方面的精度较低。尽管摄像头无法测量距离，但可以通过观察图像平面上物体的位移来测量碰撞时间。

（8）系统成本 近年来，毫米波雷达系统已广泛应用于汽车行业，目前的系统高度紧凑且价格合理。单摄像头也是如此，在大多数情况下价格远低于100美元。由于硬件成本的增加和市场上数量的显著减少，立体摄像头的价格却更高。激光雷达在过去几年中越来越受欢迎，尤其是在汽车行业。由于技术进步，其成本已从最初的数万美元降至1000美元以下。

（9）包装尺寸 毫米波雷达和单摄像头都可以很好地集成到车辆中。立体摄像头在某些情况下体积庞大，这使得它们更难集成在挡风玻璃后面，因为它们有时可能会限制驾驶人的视野。激光雷达系统有各种尺寸。360°扫描激光雷达通常安装在顶部，因此非常清晰。行业中的激光雷达向更小的固态激光雷达发展，这将在不久的将来大幅缩小激光雷达传感器的系统尺寸。

（10）计算要求 激光雷达和毫米波雷达几乎不需要后端处理。虽然摄像头是一种成本高且易于使用的传感器，但它需要大量数据处理才能从图像中提取有用信息，这增加了系统的总体成本。

几种感知传感器优缺点对比见表3-4。

表3-4 几种感知传感器优缺点对比

感知传感器	测量范围	黑暗中的鲁棒性	在雨、雪、雾中的鲁棒性	物体分类	感知二维结构	测量速度	包装尺寸
毫米波雷达	★★	★★	★★	×	×	★★	★
激光雷达	★	★★	★	★	×	★	★★
摄像头	×	×	×	★★	★★	★	★

注：×表示无法实现，★越多表示性能越好。

3.3 车道线感知识别

车道线感知识别是智能汽车感知中的重要部分，下面以摄像头感知的图片中识别车道线为例论述车道线感知识别的过程。

3.3.1 霍夫变换

霍夫变换（Hough Transform）由保罗·霍夫（Paul Hough）于1962年提出，目的是找到带有噪声的图片中的直线。其基本原理是建立映射：直线参数方程 $x\cos\theta_0+y\sin\theta_0=\rho_0$，对应霍夫空间一个点（$\rho_0$，$\theta_0$），如图3-7所示。

对于任意 Oxy 坐标系下的点，将经过此点的所有直线都对应到霍夫空间，每条直线都将对应到一个点，因此可得到一条曲线。Oxy 坐标系下的一组点，将在霍夫空间内得到数条曲线，若这些点在 Oxy 坐标系下共线，那么这些霍夫空间内的曲线就交于一点，如图3-8所示。

具体操作步骤如下：

1）将特征提取中得到的像素点都通过此方法转移到霍夫空间中，得到大量曲线。

2）对这些曲线进行投票，多条曲线相交处的参数（ρ_0，θ_0）即为直线方程参数。

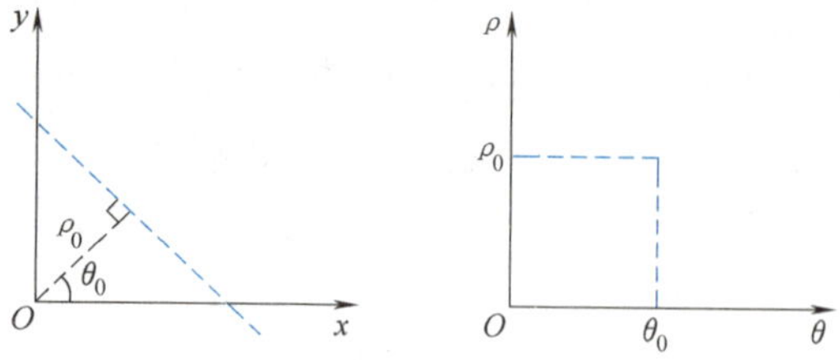

图 3-7　霍夫变换参数空间转化

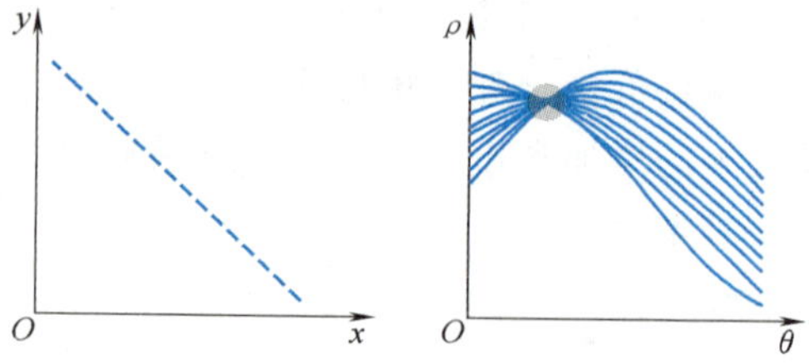

图 3-8　霍夫空间中的多个数据点

3.3.2　车道线感知

车道线检测算法模型有直线模型与曲线模型，一般近视场的车道线用直线模型检测的效果较好，而在弯道工况下采用直线模型的检测算法不如曲线模型的拟合效果好。因此采用直线和双曲线的混合模型的车道线检测方法是一种比较好的算法，其检测算法流程如图 3-9 所示，它结合了直线模型和双曲线模型的优点，使其无论在近视场还是在弯道工况下都能取得较好的拟合效果。

在采集图像这一模块本书采用了网络上的数据集以及自行在校园内拍摄的数据图像，如图 3-10 所示。

图像处理采用 Python 语言环境，主要利用 OpenCV 库强大的图像处理工具以及内置的霍夫变换工具实现。由霍夫变换原理可知，需要将收集的图像处理成只含有大量的车道线上的点的图像，才可以很好地识别出车道线。在图像处理方面，首先对收集的图像进行灰度化、模糊化，并采用了 OpenCV 内置的 Canny 算子进行边缘检测，提取出图像的边缘点集，如图 3-11 和图 3-12 所示。

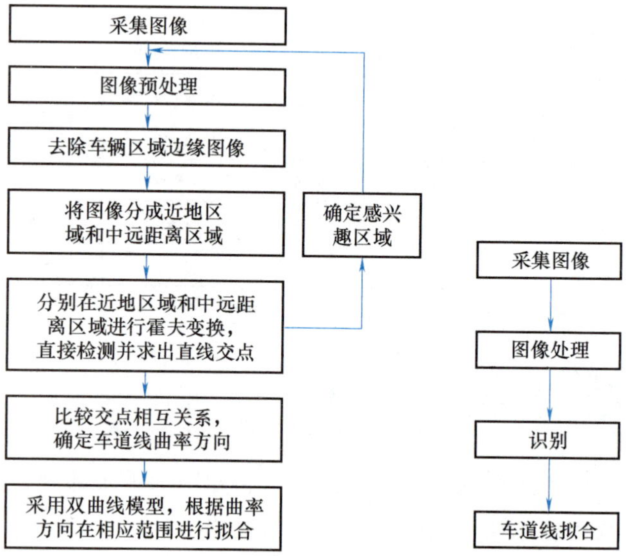

图 3-9　车道线检测算法流程

a）双曲线模型算法模型　b）直线模型算法模型

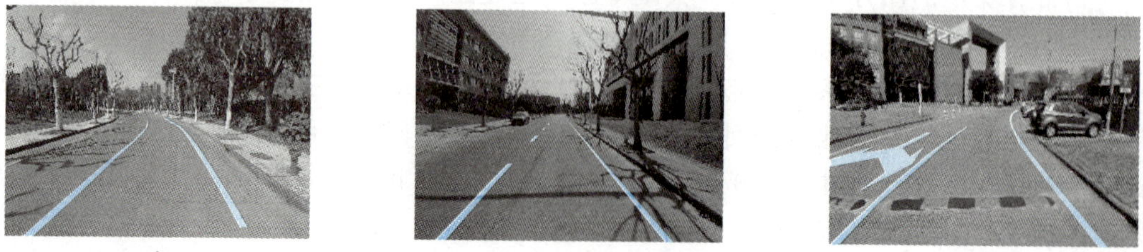

a)　　b)　　c)

图 3-10　校园道路的数据图像（同济大学嘉定校区）

a）嘉四路　b）同嘉大道　c）嘉园路

图 3-11　灰度化、模糊化后的图像

图 3-12　进行边缘检测后的图像

该算法模型仅适用于近视场车道线检测，因此在输入霍夫变换工具接口的图像还需要将近视场可能出现车道线的区域进行提取作为感兴趣区域（Region of Interest，ROI），如图 3-13 所示，以提高识别精度。这里采用蒙版处理，遮掩结果如图 3-14 所示。

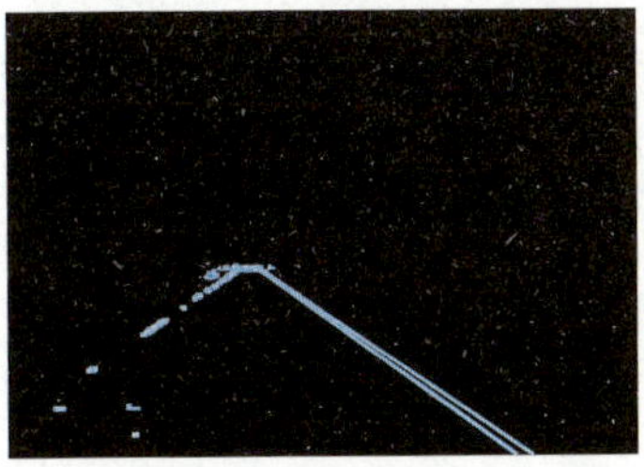

图 3-13　ROI

图 3-14　ROI 遮掩后的结果

最后将选定的 ROI 输入霍夫变换工具接口即可实现车道线的检测，图 3-15 所示为识别效果展示。

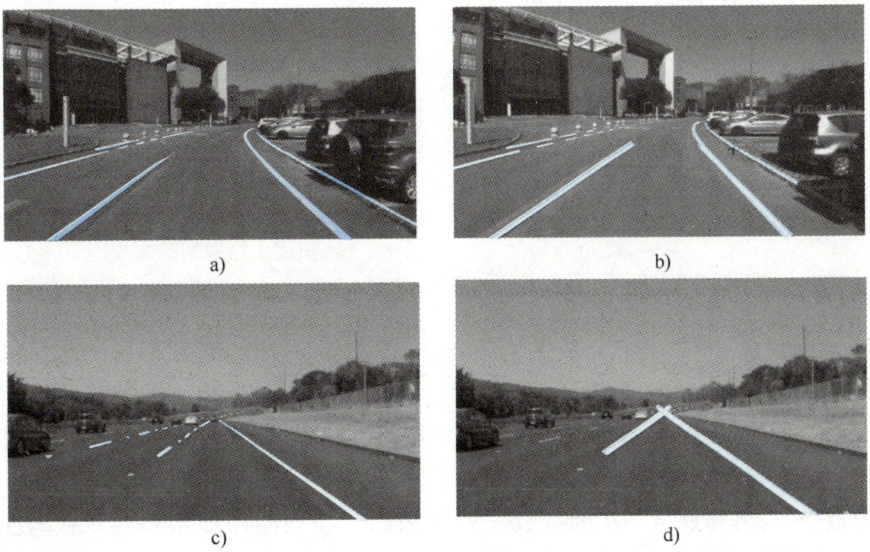

图 3-15　识别效果

a）原图像 1　b）识别效果 1　c）原图像 2　d）识别效果 2

3.4 YOLO 算法识别路况信息

YOLO（You Only Look Once）算法是一种利用卷积神经网络（Convolutional Neural Networks，CNN）的图像识别目标检测算法，目前具有较多个版本，本书主要讲解适用于车况信息识别的版本。

卷积神经网络是一类包含卷积计算且具有深度结构的前馈神经网络（Feedforward Neural Networks），是深度学习（Deep Learning）的代表算法之一。卷积神经网络具有表征学习能力，能够按其阶层结构对输入信息进行平移不变分类，因此也被称为平移不变人工神经网络（Shift-Invariant Artificial Neural Networks，SIANN）。

3.4.1 卷积神经网络原理

卷积神经网络是一种深度学习算法，它需要大量的训练集才能拟合出较好的权重结果。一般而言，卷积神经网络的模型分为输入层、卷积层、池化层以及全连接层等多个部分。下面介绍卷积神经网络的结构及其训练方法。

1）输入层即输入至卷积神经网络的数据层。通常输入计算机中的图像是一个长×宽×n 的矩阵，其中 n 代表图像每个像素点的 n 维信息，这里采用的是每个像素点的 H（色调）、S（饱和度）、V（明度）三维信息。

2）卷积层是卷积神经网络比较核心的地方，是拟合权重的结构。卷积神经网络拟合结果的权重称为卷积核，卷积核能起到识别输入层或激活图像中特征图像的作用。以图 3-16 为例介绍卷积神经网络识别。图 3-17 是一个识别右上拐弯的曲线的卷积核（权重矩阵），矩阵中的数字为每个位置的权重，因此卷积核是识别特征图像的权重矩阵。

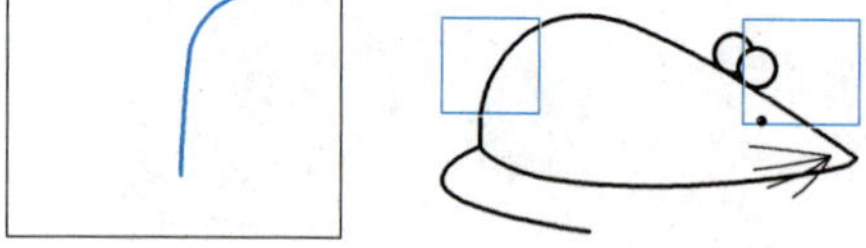

a)　　　　b)

图 3-16　卷积神经网络识别图例

0	0	0	0	0	30	0
0	0	0	0	30	0	0
0	0	0	30	0	0	0
0	0	0	30	0	0	0
0	0	0	30	0	0	0
0	0	0	30	0	0	0
0	0	0	0	0	0	0

图 3-17　曲线识别卷积核的矩阵

下例将展示卷积核对感知域的卷积操作。将图 3-18a 和图 3-18c 的卷积核去识别图 3-16b 中的两个方框区域（感知域），卷积核的矩阵 $\boldsymbol{W}$ 如图 3-17 所示，两块感知域的矩阵 $\boldsymbol{A}$、$\boldsymbol{B}$ 表示方式如图 3-18b 和图 3-18d，分别计算这两块区域通过卷积核 $\boldsymbol{W}$ 的卷积操作结果 s_a、s_b。

卷积核 $\boldsymbol{W}$ 与感知域 $\boldsymbol{A}$、$\boldsymbol{B}$ 的行数与列数相同，卷积操作即是将卷积核与感知域中同行同列的元素相乘，并将所有的积相加，所得的和便是激活图对应的一个元素，即对应激活图的元素为卷积核矩阵与感知域矩阵的转置相乘的结果。因此，上述卷积过程可表示为

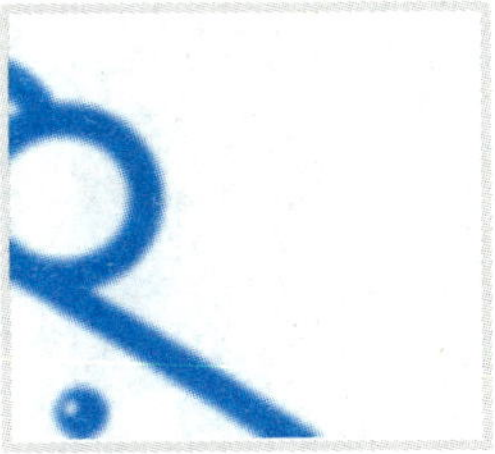

a)

0	0	0	0	0	0	0
0	40	0	0	0	0	0
40	0	40	0	0	0	0
40	20	0	0	0	0	0
0	50	0	0	0	0	0
0	0	50	0	0	0	0
25	25	0	50	0	0	0

b)

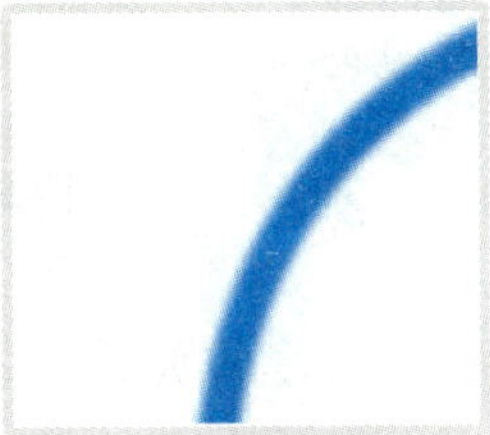

c)

0	0	0	0	0	0	30
0	0	0	0	50	50	50
0	0	0	20	50	0	0
0	0	0	50	50	50	50
0	0	0	50	50	0	0
0	0	0	50	50	0	0
0	0	0	50	50	0	0

d)

图 3-18　感知域矩阵构建

a）感知域 a　b）感知域矩阵 ***A***　c）感知域 b　d）感知域矩阵 ***B***

$$s=\boldsymbol{W}\boldsymbol{A}^{\mathrm{T}} \tag{3-1}$$

将式（3-1）展开可得

$$s=\sum_{i=1}^{m}\sum_{j=1}^{n}w_{ij}a_{ij} \tag{3-2}$$

式中，s 为对应激活图的元素；m、n 为卷积核或感知域矩阵的行数、列数；w_{ij} 为卷积核矩阵中第 i 行第 j 列的元素；a_{ij} 为感知域矩阵中第 i 行第 j 列的元素。

用上述公式分别计算曲线卷积核对感知域 ***A***、***B*** 的卷积结果为

$$s_{\mathrm{a}}=0,\quad s_{\mathrm{b}}=6600$$

通过上述例题可以观察到，对于无明显右上曲线特征的感知域 a，通过右上曲线卷积核卷积出的结果为 0，而对于含有右上曲线特征的感知域 b，卷积结果为 6600。因此卷积结果 s 越大，则感知域含有待测特征的概率就越大。卷积结果也将作为下一层激活图的一个元素。

通过卷积层获得的激活图的大小与卷积核大小、卷积步长等参数有关，但过程都是用卷积核按顺序卷积输入图像的每一处，因此激活图储存着卷积核相关特征的概率或信息，因此激活图也称为特征图。将上一层的卷积结果输入下一个卷积层中，获得的特征也将更抽象，随着卷积层的维度升高，卷积神经网络将能识别汽车、行人以及交通信号灯等高级特征。

3）池化层一般出现在卷积层之后，其目的是降维压缩，加快运算速度，除此之外，它能保留主要特征的同时减少参数和计算量，起到防止过拟合的作用。一般来说，池化层有最大池化和平均池化两种方法，如图 3-19 所示。

4）全连接层是每一个结点都与上一层的所有结点相连，用来把前边提取到的特征综合起来，根据不同的用途，输出为想要的结果。

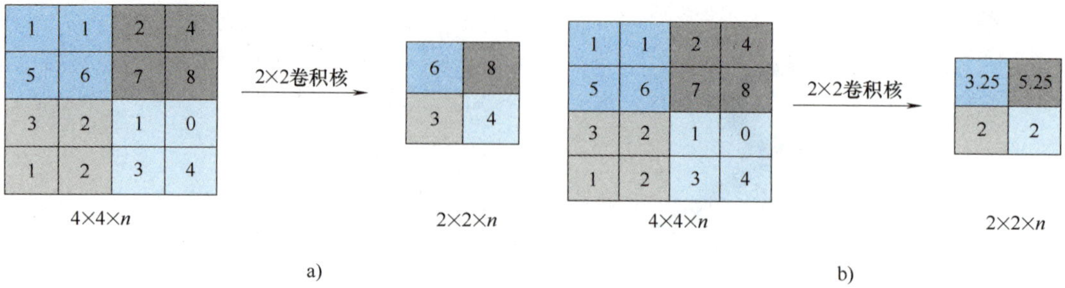

图 3-19 最大池化和平均池化

a）最大池化 b）平均池化

以上是关于卷积神经网络识别图像模型的结构，那么如何获得最关键的特征权重即卷积核呢？

首先，关于模型的结构如卷积层的个数及顺序等，是需要人为搭建的，而权重的信息则需要大量数据集进行训练，训练过程首先是给定权重的初始值，再将每次训练的结果与标签的差值进行对权重的梯度计算，获得最低差值的权重值，从而拟合出较好的权重模型。可参考以下公式：

$$Loss(W_1, W_2, \cdots) = \frac{1}{2}\Sigma(y-\hat{y})^2 \tag{3-3}$$

$$W_i' = W_i - \eta\frac{\delta Loss}{\delta W_i} \tag{3-4}$$

3.4.2 YOLO 算法识别

YOLO 用整个图片的特征来预测每一个边界框。它还同时预测一个图像在所有类中的所有边界框。YOLO 先把整个图片划分成 $S \times S$ 个方格，如果一个物体的中心正好落在一个方格中，那么这个方格就负责来预测物体。表 3-5 所示为 YOLOv2 结构。

表 3-5 YOLOv2 结构

序号	层	卷积核	尺寸	步长	输入	输出
0	conv	32	3×3	1	608×608×3	608×608×32
1	max		2×2	2	608×608×32	304×304×32
2	conv	64	3×3	1	304×304×32	304×304×64
3	max		2×2	2	304×304×64	152×152×64
4	conv	128	3×3	1	152×152×64	152×152×128
5	conv	64	1×1	1	152×152×128	152×152×64
6	conv	128	3×3	1	152×152×64	152×152×128
7	max		2×2	2	152×152×128	76×76×128
8	conv	256	3×3	1	76×76×128	76×76×256
9	conv	128	1×1	1	76×76×256	76×76×128
10	conv	256	3×3	1	76×76×128	76×76×256

（续）

序号	层	卷积核	尺寸	步长	输入	输出
11	max	—	2×2	2	76×76×256	38×38×256
12	conv	512	3×3	1	38×38×256	38×38×512
13	conv	256	1×1	1	38×38×512	38×38×256
14	conv	512	3×3	1	38×38×256	38×38×512
15	conv	256	1×1	1	38×38×512	38×38×256
16	conv	512	3×3	1	38×38×256	26×26×512
17	max	—	2×2	2	38×38×512	19×19×512
18	conv	1024	3×3	1	19×19×512	19×19×1024
19	conv	512	1×1	1	19×19×1024	19×19×512
20	conv	1024	3×3	1	19×19×512	19×19×1024
21	conv	512	1×1	1	19×19×1024	19×19×512
22	conv	1024	3×3	1	19×19×512	19×19×1024
23	conv	1024	3×3	1	19×19×1024	19×19×1024
24	conv	1024	3×3	1	19×19×1024	19×19×1024
25	route	16	—	—	—	—
26	conv	64	1×1	1	38×38×512	38×38×64
27	reorg	—	—	2	38×38×64	38×38×256
28	route	27 24	—	—	—	—
29	conv	1024	3×3	1	19×19×1280	19×19×1024
30	conv	425	1×1	1	19×19×1024	19×19×425
31	detection	—	—	—	—	—

注：27 24 为将 27 层和 24 层连接作为下一层的输入。

每一个方格预测出 B 个边界框（Anchor box）和这些框的置信分数。这些表示方格包含物体的准确度和产生的框的精确程度。输出是一个 $S×S×(n×B)$ 矩阵。

其中每个 Anchor box 含有 Pc、bx、by、bw、bh、c1、c2 等信息，Pc 代表该格子检测到物体的概率，c1，c2，…代表物体的种类，bx、by 代表检测方框的中心点，bw 和 bh 代表方框的宽度和高度。设置多个 Anchor box 的目的是应对一个格子内有多个可识别物体的情况。

对于相邻格子识别出同一个物体的情况，该算法采用了非极大抑制法应对。对于交并比（Intersection over Union，IoU）较大的相邻格子，只有 Pc 最大（即识别出物体的概率最大）的格子才能显示检测框。

本算法首先将图片格式转换成 608×608 像素的三通道图片，通过表 3-5 所示的卷积网络结构，若干卷积层与池化层，最后通过融合层处理可以获得 19×19×425 的输出矩阵。

该算法将输出图像分成了 19×19 个格子，每个格子含有 5 个 Anchor box，每个格子除了 Pc、bx、by、bw、bh 这 5 个参数外，还有 c1，c2，…，c80 共 80 个物体类型的参数（该算法能检测 80 种不同的物体），因此该算法的输出类型是 19×19×(5×85) 的矩阵。

图 3-20 所示为 YOLOv2 算法识别效果，从图中可以看出该算法识别出若干车辆，但对车辆的识别并不细致。

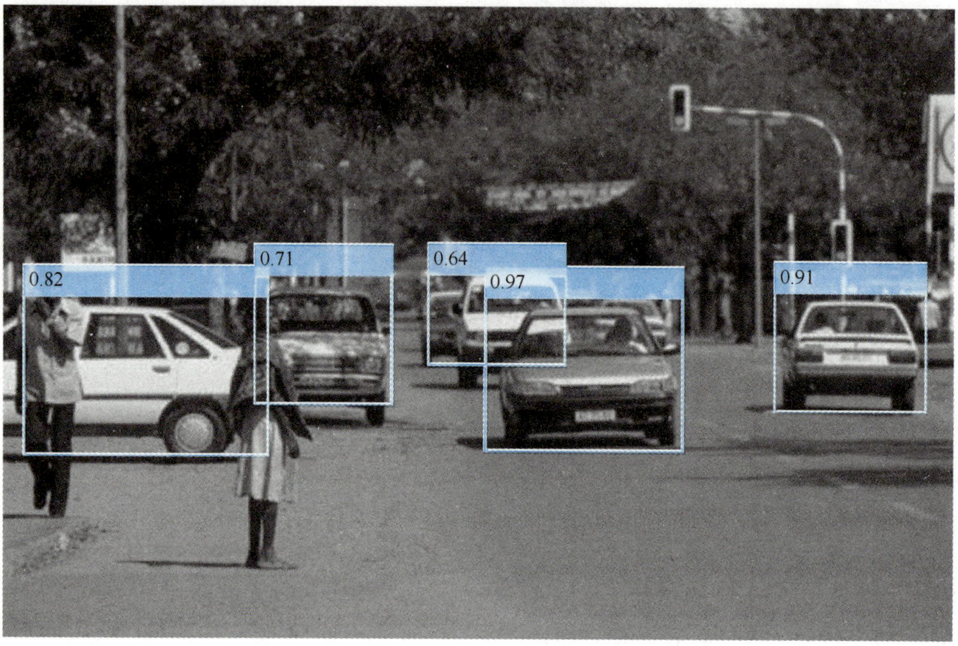

图 3-20　YOLOv2 算法识别效果

3.5 多传感器数据融合

多传感器数据融合是 20 世纪 80 年代出现的一门新兴学科，它是将不同传感器对某一目标或环境特征描述的信息，综合成统一的特征表达信息的过程。数据融合需要借助融合算法，融合算法可分为随机类和人工智能类两大类，随机类多传感器数据融合方法主要有：贝叶斯推理、D-S 证据理论、最大似然估计、综合平均法、最优估计、卡尔曼滤波、鲁棒估计等估计理论。本节从最小二乘法入手，主要阐释卡尔曼滤波方法及其应用。人工智能类多传感器数据融合算法主要有基于神经网络的多传感器数据融合、基于模糊聚类的数据融合以及专家系统等。其中，卡尔曼滤波算法作为一种经典算法，由于其具有实时性强、融合精度高等优点，在自动驾驶领域中被广泛使用。

3.5.1 最小二乘法

最小二乘法（Least Squares，LS）是勒让德（A. M. Legendre）于 1805 年在其著作《计算彗星轨道的新方法》中提出的。它的主要思想是求解未知参数，使得理论值与观测值之差（即误差或残差）的平方和达到最小。

1. 常规最小二乘法

【例 3-1】 测量 A 到 B 之间直线距离，已知 4 次测量结果分别为 1068m、988m、1002m、996m，估计距离值。

解： 令 x 表示距离值，为一个未知数，y 表示量测值。考虑量测时的噪声 v，建立量测模型 $y=x+v$，有

$$\begin{array}{ll} \text{量测模型} & \text{定义:平方误差} \\ y_1=x+v_1 & e_1^2=(y_1-x)^2 \\ y_2=x+v_2 & e_2^2=(y_2-x)^2 \\ y_3=x+v_3 & e_3^2=(y_3-x)^2 \\ y_4=x+v_4 & e_4^2=(y_4-x)^2 \end{array} \tag{3-5}$$

平方误差“规则”：距离值 x 的最佳估计是“平方误差之和”最小时所对应的 x，将其记作 $\hat{x}_{\mathrm{LS}}$。

$$\hat{x}_{\mathrm{LS}}=\arg\min_x(e_1^2+e_2^2+e_3^2+e_4^2) \tag{3-6}$$

最小化平方误差之和，按下式对“规则”进行变形可得

$$\begin{aligned} L_{\mathrm{LS}}(x) &= e_1^2+e_2^2+e_3^2+e_4^2=\boldsymbol{e}^{\mathrm{T}}\boldsymbol{e} \\ &=(\boldsymbol{y}-\boldsymbol{H}\boldsymbol{x})^{\mathrm{T}}(\boldsymbol{y}-\boldsymbol{H}\boldsymbol{x}) \\ &=\boldsymbol{y}^{\mathrm{T}}\boldsymbol{y}-\boldsymbol{x}^{\mathrm{T}}\boldsymbol{H}^{\mathrm{T}}\boldsymbol{y}-\boldsymbol{y}^{\mathrm{T}}\boldsymbol{H}\boldsymbol{x}+\boldsymbol{x}^{\mathrm{T}}\boldsymbol{H}^{\mathrm{T}}\boldsymbol{H}\boldsymbol{x} \end{aligned} \tag{3-7}$$

用矢量重新改写“规则”，有

$$\boldsymbol{e}=\begin{pmatrix} e_1 \\ e_2 \\ e_3 \\ e_4 \end{pmatrix}=\boldsymbol{y}-\boldsymbol{H}\boldsymbol{x}=\begin{pmatrix} y_1 \\ y_2 \\ y_3 \\ y_4 \end{pmatrix}-\begin{pmatrix} 1 \\ 1 \\ 1 \\ 1 \end{pmatrix}\boldsymbol{x} \tag{3-8}$$

式中，$\boldsymbol{H}$ 称为 Jacobian（雅可比）矩阵。注意：只有当 $(\boldsymbol{H}^{\mathrm{T}}\boldsymbol{H})^{-1}$ 存在时，才能找到解 $\hat{x}$（读作 x 帽）。

如果有 m 个量测，n 个未知参数，那么 $\boldsymbol{H}\in\mathbf{R}^{m\times n}$，$\boldsymbol{H}^{\mathrm{T}}\boldsymbol{H}\in\mathbf{R}^{n\times n}$，这意味着：若 $(\boldsymbol{H}^{\mathrm{T}}\boldsymbol{H})^{-1}$ 存在，至少量测值应该和未知参数一样多，即 $m\geqslant n$。

令 $L(x)=\boldsymbol{e}^{\mathrm{T}}\boldsymbol{e}=\boldsymbol{y}^{\mathrm{T}}\boldsymbol{y}-\boldsymbol{x}^{\mathrm{T}}\boldsymbol{H}^{\mathrm{T}}\boldsymbol{y}-\boldsymbol{y}^{\mathrm{T}}\boldsymbol{H}\boldsymbol{x}+\boldsymbol{x}^{\mathrm{T}}\boldsymbol{H}^{\mathrm{T}}\boldsymbol{H}\boldsymbol{x}$ 为最小，求关于 x 的偏微分，并令其为零，求取极值，则

$$\begin{aligned} \left.\frac{\partial L}{\partial x}\right|_{x=\hat{x}} &= -\boldsymbol{y}^{\mathrm{T}}\boldsymbol{H}-\boldsymbol{y}^{\mathrm{T}}\boldsymbol{H}+2\hat{\boldsymbol{x}}^{\mathrm{T}}\boldsymbol{H}^{\mathrm{T}}\boldsymbol{H} \\ &= -2\boldsymbol{y}^{\mathrm{T}}\boldsymbol{H}+2\hat{\boldsymbol{x}}^{\mathrm{T}}\boldsymbol{H}^{\mathrm{T}}\boldsymbol{H}=0 \end{aligned} \tag{3-9}$$

重新整理，得到

$$\hat{x}_{\mathrm{LS}}=(\boldsymbol{H}^{\mathrm{T}}\boldsymbol{H})^{-1}\boldsymbol{H}^{\mathrm{T}}\boldsymbol{y} \tag{3-10}$$

回归到例 3-1，可得

$$y=\begin{pmatrix}1068\\988\\1002\\996\end{pmatrix},\quad H=\begin{pmatrix}1\\1\\1\\1\end{pmatrix}$$

A、B 距离的最佳估计为

$$\begin{aligned}\hat{x}_{LS}&=(H^TH)^{-1}H^Ty\\&=\left([1\quad 1\quad 1\quad 1]\begin{pmatrix}1\\1\\1\\1\end{pmatrix}\right)^{-1}[1\quad 1\quad 1\quad 1]\begin{pmatrix}1068\\988\\1002\\996\end{pmatrix}=\frac{1}{4}(1068+988+1002+996)\,\mathrm{m}\\&=1013.5\,\mathrm{m}\end{aligned}$$

在使用常规最小二乘法时要满足：①测量模型是线性的；②量测值是同等权重的。

2. 加权最小二乘法

考虑有 m 个量测，n 个未知参数，有

$$\begin{pmatrix}y_1\\\vdots\\y_m\end{pmatrix}=H\begin{pmatrix}x_1\\\vdots\\x_n\end{pmatrix}+\begin{pmatrix}v_1\\\vdots\\v_m\end{pmatrix}\tag{3-11}$$

$$y=Hx+v$$

在常规最小二乘法中，隐含着一个前提：每一个噪声（Noise）有相同的方差（Variance）。

$$E[v_i^2]=\sigma^2\quad(i=1,\cdots,m),\quad R=E[vv^T]=\begin{pmatrix}\sigma^2&&0\\&\ddots&\\0&&\sigma^2\end{pmatrix}\tag{3-12}$$

假定每一个噪声项是独立的，且有不同方差，即

$$E[v_i^2]=\sigma_i^2\quad(i=1,\cdots,m),\quad R=E[vv^T]=\begin{pmatrix}\sigma_1^2&&0\\&\ddots&\\0&&\sigma_m^2\end{pmatrix}\tag{3-13}$$

定义：加权最小二乘法（Weighted Least Squares，WLS）的“规则”为

$$L_{WLS}(x)=e^TR^{-1}e=\frac{e_1^2}{\sigma_1^2}+\frac{e_2^2}{\sigma_2^2}+\cdots+\frac{e_m^2}{\sigma_m^2}\tag{3-14}$$

这里，$\begin{pmatrix}e_1\\\vdots\\e_m\end{pmatrix}=e=\begin{pmatrix}y_1\\\vdots\\y_m\end{pmatrix}-H\begin{pmatrix}x_1\\\vdots\\x_n\end{pmatrix}$，意味着噪声的期望越高，其所对应量测的权重值越低。

如果所有的噪声方差都是相同的，则有

$$L_{\mathrm{WLS}}(x)=\boldsymbol{e}^{\mathrm{T}}\boldsymbol{R}^{-1}\boldsymbol{e}=\frac{e_1^2}{\sigma^2}+\frac{e_2^2}{\sigma^2}+\cdots+\frac{e_m^2}{\sigma^2}$$

$$=\frac{1}{\sigma^2}(e_1^2+e_2^2+\cdots+e_m^2) \tag{3-15}$$

此时，得到的估计值和常规最小二乘法得到结果相同。

$$\sigma_1^2=\sigma_2^2=\cdots=\sigma_m^2=\sigma^2\rightarrow\hat{\boldsymbol{x}}_{\mathrm{WLS}}=\hat{\boldsymbol{x}}_{\mathrm{LS}}=\arg\min_x L_{\mathrm{LS}}(x)=\arg\min_x L_{\mathrm{WLS}}(x) \tag{3-16}$$

扩展新“规则”为

$$L_{\mathrm{WLS}}(x)=\boldsymbol{e}^{\mathrm{T}}\boldsymbol{R}^{-1}\boldsymbol{e}=(\boldsymbol{y}-\boldsymbol{Hx})^{\mathrm{T}}\boldsymbol{R}^{-1}(\boldsymbol{y}-\boldsymbol{Hx}) \tag{3-17}$$

按照之前的方法，考虑新的权重项，则

$$\hat{x}=\arg\min_x L(x)\rightarrow\left.\frac{\partial L}{\partial x}\right|_{x=\hat{x}}=0=-\boldsymbol{y}^{\mathrm{T}}\boldsymbol{R}^{-1}\boldsymbol{H}+\hat{\boldsymbol{x}}^{\mathrm{T}}\boldsymbol{H}^{\mathrm{T}}\boldsymbol{R}^{-1}\boldsymbol{H}=0 \tag{3-18}$$

得到加权（正定）方程 $\boldsymbol{H}^{\mathrm{T}}\boldsymbol{R}^{-1}\boldsymbol{H}\hat{\boldsymbol{x}}_{\mathrm{WLS}}=\boldsymbol{H}^{\mathrm{T}}\boldsymbol{R}^{-1}\boldsymbol{y}$，从而得出

$$\hat{x}_{\mathrm{WLS}}=(\boldsymbol{H}^{\mathrm{T}}\boldsymbol{R}^{-1}\boldsymbol{H})^{-1}\boldsymbol{H}^{\mathrm{T}}\boldsymbol{R}^{-1}\boldsymbol{y} \tag{3-19}$$

【例 3-2】 测量 A 到 B 之间直线距离。一号测距仪的测量结果为 1068m、988m，二号测距仪的测量结果为 1002m、996m。一号、二号测距仪的测量方差分别为 20m 和 2m，估计距离值。

解： 令 x 表示距离值，y 表示量测值，$\boldsymbol{R}$ 表示方差矩阵，可得

$$\boldsymbol{y}=\begin{pmatrix}1068\\988\\1002\\996\end{pmatrix},\quad \boldsymbol{H}=\begin{pmatrix}1\\1\\1\\1\end{pmatrix},\quad \boldsymbol{R}=\begin{pmatrix}\sigma_1^2&&&\\&\sigma_2^2&&\\&&\sigma_3^2&\\&&&\sigma_4^2\end{pmatrix}=\begin{pmatrix}400&&&\\&400&&\\&&4&\\&&&4\end{pmatrix}$$

故有

$$\hat{x}_{\mathrm{WLS}}=(\boldsymbol{H}^{\mathrm{T}}\boldsymbol{R}^{-1}\boldsymbol{H})^{-1}\boldsymbol{H}^{\mathrm{T}}\boldsymbol{R}^{-1}\boldsymbol{y}$$

$$=\left([1\ \ 1\ \ 1\ \ 1]\begin{pmatrix}400&&&\\&400&&\\&&4&\\&&&4\end{pmatrix}^{-1}\begin{pmatrix}1\\1\\1\\1\end{pmatrix}\right)^{-1}[1\ \ 1\ \ 1\ \ 1]\begin{pmatrix}400&&&\\&400&&\\&&4&\\&&&4\end{pmatrix}^{-1}\begin{pmatrix}1068\\988\\1002\\996\end{pmatrix}$$

$$=\frac{1}{1/400+1/400+1/4+1/4}\left(\frac{1068}{400}+\frac{988}{400}+\frac{1002}{4}+\frac{996}{4}\right)m\approx999.3m$$

常规最小二乘法和加权最小二乘法比较见表 3-6，可以得到一个重要的结论：有效利用各类传感器的关键在于噪声的精准建模！

表 3-6 常规最小二乘法和加权最小二乘法比较

算法	常规最小二乘法	加权最小二乘法
规则	$L_{\mathrm{LS}}(x)=\boldsymbol{e}^{\mathrm{T}}\boldsymbol{e}$	$L_{\mathrm{WLS}}(x)=\boldsymbol{e}^{\mathrm{T}}\boldsymbol{R}^{-1}\boldsymbol{e}$

（续）

解	$\hat{x}_{LS}=(\boldsymbol{H}^{T}\boldsymbol{H})^{-1}\boldsymbol{H}^{T}\boldsymbol{y}$	$\hat{x}_{WLS}=(\boldsymbol{H}^{T}\boldsymbol{R}^{-1}\boldsymbol{H})^{-1}\boldsymbol{H}^{T}\boldsymbol{R}^{-1}\boldsymbol{y}$
约束	$m\geqslant n$	$m\geqslant n,\sigma_i^{\ 2}>0$

3.5.2 经典卡尔曼滤波

卡尔曼滤波（Kalman Filtering，KF）本质上是通过对下一时刻状态的先验估计与测量反馈相结合，得到该时刻相对准确的后验估计的过程。对于线性离散系统，要求满足过程模型为叠加过程激励噪声的线性系统、测量模型为叠加测量噪声的线性系统，并且噪声都服从正态分布，即系统可以用如下两个方程表示，其中离散时间状态差分方程为

$$\boldsymbol{x}_k=\boldsymbol{A}_{k|k-1}\boldsymbol{x}_{k-1}+\boldsymbol{B}_{k|k-1}\boldsymbol{u}_{k-1}+\boldsymbol{w}_{k-1} \tag{3-20}$$

测量方程可以表述为

$$\boldsymbol{z}_k=\boldsymbol{H}_k\boldsymbol{x}_k+\boldsymbol{v}_k \tag{3-21}$$

式中，状态变量 $\boldsymbol{x}\in\mathbf{R}^n$，观测变量 $\boldsymbol{z}\in\mathbf{R}^n$，随机变量 $\boldsymbol{w}_{k-1}$ 和 $\boldsymbol{v}_k$ 分别表示过程激励噪声和观测噪声，并且噪声满足 $\boldsymbol{P}(\boldsymbol{w})\sim N(\boldsymbol{0},\ \boldsymbol{Q})$、$\boldsymbol{P}(\boldsymbol{v})\sim N(\boldsymbol{0},\ \boldsymbol{R})$ 的正态分布。

这意味着对于任意一个状态变量 $\boldsymbol{x}_k$，可以通过线性状态差分方程进行估算。$\boldsymbol{x}_k$ 等于其前一时刻状态变量 $\boldsymbol{x}_{k-1}$ 与控制信号 $\boldsymbol{u}_{k-1}$ 以及过程激励噪声 $\boldsymbol{w}_{k-1}$ 的线性叠加，通常情况下 $\boldsymbol{u}_{k-1}=\boldsymbol{0}$。另外从方程中可以知道任意时刻观测量为状态量与观测噪声 $\boldsymbol{v}_k$ 的线性组合，并且 $\boldsymbol{A}$、$\boldsymbol{B}$、$\boldsymbol{H}$ 通常为时不变常值矩阵形式，则剩余的问题就是随机变量 $\boldsymbol{w}_{k-1}$ 和 $\boldsymbol{v}_k$ 的估算问题，对于噪声参数的估计越准确，状态估计的结果也就越精准。

建立模型后确定系统的初始状态，通过如下步骤进行时间更新（预测）以及测量更新（校正），具体如图 3-21 所示。

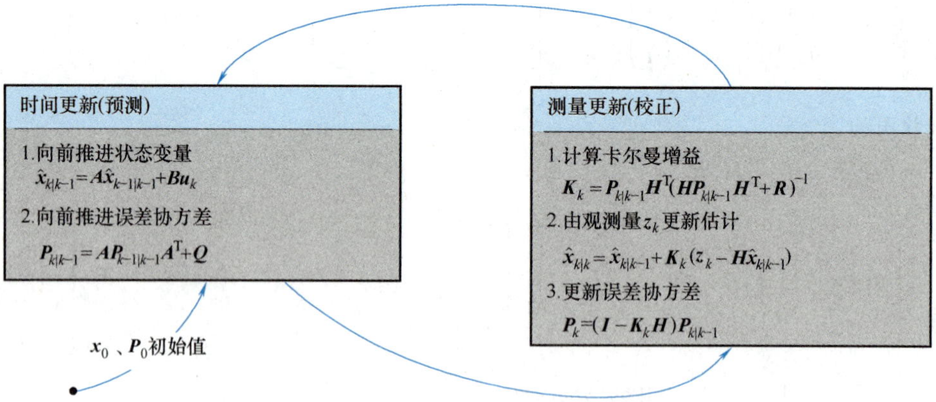

图 3-21 KF 算法流程

1）状态一步预测为

$$\hat{\boldsymbol{x}}_{k|k-1}=\boldsymbol{A}\hat{\boldsymbol{x}}_{k-1|k-1}+\boldsymbol{B}\boldsymbol{u}_k \tag{3-22}$$

2）状态一步预测误差协方差为

$$\boldsymbol{P}_{k|k-1}=\boldsymbol{A}\boldsymbol{P}_{k-1|k-1}\boldsymbol{A}^{T}+\boldsymbol{Q} \tag{3-23}$$

3）卡尔曼增益为

$$K_k = P_{k|k-1}H^T(HP_{k|k-1}H^T+R)^{-1} \tag{3-24}$$

4）状态估计为

$$\hat{x}_{k|k} = \hat{x}_{k|k-1} + K_k(z_k - H\hat{x}_{k|k-1}) \tag{3-25}$$

5）状态估计误差协方差为

$$P_k = (I - K_kH)P_{k|k-1} \tag{3-26}$$

注意到，在滤波增益计算式（3-24）中涉及矩阵求逆问题，但由于 $H_kP_{k|k-1}H^T+R$ 是正定的，递推最小二乘法可以看作 KF 的一个特例；反过来，KF 可以看作递推最小二乘法应用于时变状态过程的推广。

【例 3-3】 一维行驶的汽车，加速度为 $a=-2\text{m/s}^2$，过程噪声 $w_k \sim N(\mathbf{0}, 0.1I_{2\times2})$，零初始位置为 0，初始速度为 5m/s，位置和速度方差分别为 0.1m 和 1m/s，0.5s 时观测的汽车位置 $z_1=2.2\text{m}$，观测噪声 $v_k \sim N$（0，0.05），估计此时汽车的位置和速度。

解： 取状态变量为 $x=\begin{pmatrix}p\\ \dot{p}\end{pmatrix}$，控制变量 $u=a=\ddot{p}$，时间步长 $\Delta t=0.5\text{s}$。初始状态 $\hat{x}_0=\begin{pmatrix}0\\5\end{pmatrix}$，初始误差协方差为 $P_0=\begin{pmatrix}0.01 & 0\\0 & 1\end{pmatrix}$。过程噪声协方差矩阵 $Q=\begin{pmatrix}0.1 & 0\\0 & 0.1\end{pmatrix}$，观测噪声协方差矩阵 $R=(0.05)$，

过程方程为

$$x_k = Ax_{k-1}+Bu_{k-1}+w_{k-1} = \begin{pmatrix}1 & \Delta t\\0 & 1\end{pmatrix}x_{k-1}+\begin{pmatrix}0\\ \Delta t\end{pmatrix}u_{k-1}+w_{k-1}$$

观测方程为

$$z_k = Hx_k+v_k = [1\quad 0]x_k+v_k$$

下一时刻，汽车状态预测为

$$\hat{x}_k = \begin{pmatrix}1 & \Delta t\\0 & 1\end{pmatrix}\hat{x}_{k-1}+\begin{pmatrix}0\\ \Delta t\end{pmatrix}u_{k-1}$$

$$\begin{pmatrix}\hat{p}_1\\ \hat{\dot{p}}_1\end{pmatrix}=\begin{pmatrix}1 & 0.5\\0 & 1\end{pmatrix}\begin{pmatrix}0\\5\end{pmatrix}+\begin{pmatrix}0\\0.5\end{pmatrix}(-2)=\begin{pmatrix}2.5\\4\end{pmatrix}$$

下一时刻，误差协方差为

$$P_{k|k-1} = AP_{k-1|k-1}A^T+Q$$

$$P_{1|0}=\begin{pmatrix}1 & 0.5\\0 & 1\end{pmatrix}\begin{pmatrix}0.01 & 0\\0 & 1\end{pmatrix}\begin{pmatrix}1 & 0.5\\0 & 1\end{pmatrix}^T+\begin{pmatrix}0.1 & 0\\0 & 0.1\end{pmatrix}=\begin{pmatrix}0.36 & 0.5\\0.5 & 1.1\end{pmatrix}$$

卡尔曼增益为

$$K_1 = P_{1|0}H^T(HP_{1|0}H^T+R)^{-1} = \begin{pmatrix}0.36 & 0.5\\0.5 & 1.1\end{pmatrix}\begin{pmatrix}1\\0\end{pmatrix}\left([1\quad 0]\begin{pmatrix}0.36 & 0.5\\0.5 & 1.1\end{pmatrix}\begin{pmatrix}1\\0\end{pmatrix}+(0.05)\right)^{-1}$$

$$=\begin{pmatrix}0.88\\1.22\end{pmatrix}$$

由观测量 z_1 估计汽车下一时刻状态，则

$$\hat{\boldsymbol{x}}_{1|1}=\hat{\boldsymbol{x}}_{1|0}+\boldsymbol{K}_1(z_1-\boldsymbol{H}\hat{\boldsymbol{x}}_{1|0})$$

$$\begin{pmatrix} p_1 \\ \dot{p}_1 \end{pmatrix}=\begin{pmatrix} 2.5 \\ 4 \end{pmatrix}+\begin{pmatrix} 0.88 \\ 1.22 \end{pmatrix}\left(2.2-[1 \quad 0]\begin{pmatrix} 2.5 \\ 4 \end{pmatrix}\right)=\begin{pmatrix} 2.24 \\ 3.63 \end{pmatrix}$$

0.5s 时观测的汽车位置估计值为 2.24m，速度估计值为 3.63m/s。

此外，可更新误差协方差矩阵，便于之后汽车状态估计。

$$\boldsymbol{P}_1=(\boldsymbol{I}-\boldsymbol{K}_1\boldsymbol{H})\boldsymbol{P}_{1|0}=\left(\begin{pmatrix} 1 & 0 \\ 0 & 1 \end{pmatrix}-\begin{pmatrix} 0.88 \\ 1.22 \end{pmatrix}[1 \quad 0]\right)\begin{pmatrix} 0.36 & 0.5 \\ 0.5 & 1.1 \end{pmatrix}=\begin{pmatrix} 0.04 & 0.06 \\ 0.06 & 0.49 \end{pmatrix}$$

【例 3-4】 设有一维线性定常系统

$$\begin{cases} X_k=\phi K_{k-1}+W_{k-1} \\ Z_k=X_k+V_k \end{cases}$$

式中，W_k 和 V_k 均为零均值白噪声，方差分别为 $Q\geqslant 0$ 和 $R>0$，且两者间互不相关，试分析该系统的 KF 结果。

解： 根据 KF 方程式（3-22）~式（3-26），得

$$\hat{X}_{k|k-1}=\phi\hat{X}_{k-1} \tag{3-27}$$

$$P_{k|k-1}=\phi^2 P_{k-1}+Q \tag{3-28}$$

$$K_k=\frac{P_{k|k-1}}{P_{k|k-1}+R}=\frac{\phi^2 P_{k-1}+Q}{\phi^2 P_{k-1}+Q+R} \tag{3-29}$$

$$\hat{X}_k=\hat{X}_{k|k-1}+K_k(Z_k-\hat{X}_{k|k-1})=(1-K_k)\hat{X}_{k|k-1}+K_k Z_k \tag{3-30}$$

$$P_k=(1-K_k)P_{k|k-1}=\left(1-\frac{P_{k|k-1}}{P_{k|k-1}+R}\right)P_{k|k-1}=RK_k \tag{3-31}$$

不难看出，在式（3-29）中增益 K_k 的取值范围为（0，1）。式（3-30）显示，状态估计 $\hat{X}_k$ 是一步预测 $\hat{X}_{k|k-1}$ 与量测 Z_k 的加权平均。若系统噪声 Q 越大（即表示使用状态方程作状态预测的可信度不高），则式（3-29）中增益 K_k 越大，将导致式（3-30）中对状态预测 $\hat{X}_{k|k-1}$ 的利用率降低，相对而言对量测 Z_k 的利用率就提高了；反之，若系统噪声 Q 越小，则在式（3-30）中将会提高状态预测 $\hat{X}_{k|k-1}$ 的利用率，相应减小量测 Z_k 的利用率。若量测噪声 R 越大（即表示量测信息可信度不高），则式（3-29）中增益 K_k 越小，将导致式（3-30）中对量测 Z_k 的利用率降低，相应地对状态预测 $\hat{X}_{k|k-1}$ 的利用率就提高了；反之亦然。由此可见，KF 根据状态噪声和量测噪声的大小，自动调节状态方程信息和量测方程信息的利用率，从而对当前状态做出最合理的估计。

特别地，当 $\phi=Q=R=0$ 时，$P_{k|k-1}$、P_k 和 K_k 的 KF 变化曲线如图 3-22 所示。由图可见，随着滤波步数 k 的增大，增益 K_k（或滤波误差 P_k）逐渐减小，这意味着滤

波刚开始对状态的估计更依赖于量测，之后滤波精度不断提高，状态预测的可信度得到了加强，量测的作用相对减弱了。“锯齿”形实线表明，在同一时刻的状态估计误差 P_k 总是小于预测误差 $P_{k|k-1}$，这正体现了量测对状态预测的修正作用，或者说后验状态的估计精度优于先验估计。

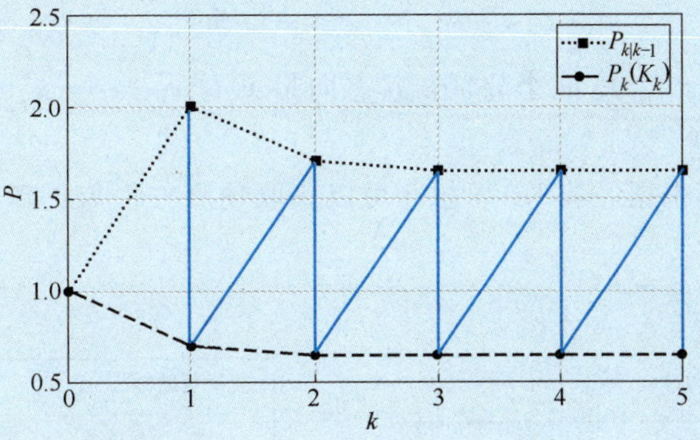

图 3-22 KF 变化曲线

3.5.3 扩展卡尔曼滤波

扩展卡尔曼滤波（Extended Kalman Filtering，EKF）是一种卡尔曼滤波的非线性系统版本。EKF 用非线性状态方程获取更加精准的状态预测值以及对应的测量值，通过非线性变换使得变换后的系统仍旧满足理想高斯分布的假设。在 EKF 中，状态方程和观测模型可以是非线性的，但需要是可微分函数。下面基于 EKF 分别讨论非线性系统线性化、EKF 的基本原理及其应用。

对于非线性系统，假设当前状态为上一时刻状态和将要执行的控制量的二元函数叠加一个高斯噪声，测量值为当前状态的函数叠加另外一个高斯噪声，即系统可表达为

$$\boldsymbol{x}_k = f(\boldsymbol{x}_{k-1}, \boldsymbol{u}_k) + \boldsymbol{w}_k \tag{3-32}$$

$$z_k = h(\boldsymbol{x}_k) + \boldsymbol{v}_k \tag{3-33}$$

式中，$f(\boldsymbol{x}_{k-1},\ \boldsymbol{u}_k)$ 以及函数 $h(\boldsymbol{x}_k)$ 可以是非线性一阶可微分函数。

为了采用经典卡尔曼思想解决非线性系统中的状态估计问题，需要将非线性系统线性化，EKF 采用泰勒展开的方式对非线性系统线性化，省略高阶项并保留一阶项。以 $f(\boldsymbol{x}_{k-1},\ \boldsymbol{u}_k)$ 为例，进行一阶泰勒展开后可以表示为

$$f(\boldsymbol{x}_{k-1}, \boldsymbol{u}_k) \approx f(\boldsymbol{x}_k, \boldsymbol{u}_k) + f'(\boldsymbol{x}_{k-1}, \boldsymbol{u}_k)(\boldsymbol{x}_{k-1} - \boldsymbol{x}_k) = f(\boldsymbol{x}_k, \boldsymbol{u}_k) + \boldsymbol{F}_k(\boldsymbol{x}_{k-1} - \boldsymbol{x}_k) \tag{3-34}$$

式中，用 $\boldsymbol{F}_k$ 表示函数 $f(\boldsymbol{x}_{k-1},\ \boldsymbol{u}_k)$ 的雅可比矩阵，另外对于函数 $h(\boldsymbol{x}_k)$ 用 $\boldsymbol{H}_k$ 表示其雅可比矩阵，则 $\boldsymbol{F}_k$ 为状态转换矩阵，$\boldsymbol{H}_k$ 为观测矩阵，它们可分别表示成

$$\boldsymbol{F}_k = \frac{\partial f}{\partial \boldsymbol{x}}\bigg|_{\boldsymbol{x}_{k-1|k-1}, \boldsymbol{u}_k} \tag{3-35}$$

$$\boldsymbol{H}_k = \frac{\partial h}{\partial \boldsymbol{x}}\bigg|_{\boldsymbol{x}_{k|k-1}} \tag{3-36}$$

上面线性化步骤中引入的非线性函数一阶偏导数所构成的雅可比矩阵由非线性系统函数的所有分量对向量 $\boldsymbol{X}$ 的所有分量的一阶导数所组成，如对于 $\boldsymbol{F}_k$ 可表示成

$$JF=\frac{\partial f}{\partial x}=\begin{pmatrix}\frac{\partial f}{\partial x_1} & \cdots & \frac{\partial f}{\partial x_2}\end{pmatrix}=\begin{pmatrix}\frac{\partial f_1}{\partial x_1} & \cdots & \frac{\partial f_1}{\partial x_n}\\ \vdots & & \vdots\\ \frac{\partial f_m}{\partial x_1} & \cdots & \frac{\partial f_m}{\partial x_n}\end{pmatrix} \tag{3-37}$$

函数 $\boldsymbol{f}$ 有 f_1，…，f_m 共 m 个分量，状态向量 $\boldsymbol{x}$ 有 x_1，…，x_n 共 n 个分量，因此雅可比矩阵有 m 行 n 列。

线性化后的系统根据经典 KF 思想，可以获取预测方程与更新方程，步骤可表示为图 3-23 所示的形式。

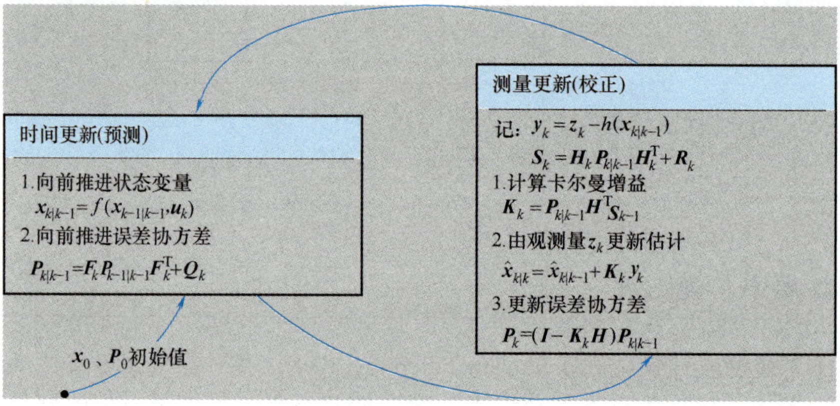

图 3-23　EKF 算法流程

【例 3-5】 如图 3-24 所示，一维行驶的汽车，图中位置与塔的距离 $D=40\text{m}$，其加速度为 $a=-2\text{m/s}^2$，过程噪声 $\boldsymbol{w}_k\sim N(\boldsymbol{0},\ 0.1\boldsymbol{I}_{2\times2})$，初始位置为 0，初始速度为 5m/s，位置和速度方差分别为 0.1m 和 1m/s，0.5s 时在塔高 $S=20\text{m}$ 处观测汽车的俯视角 $\varphi=30°$，观测噪声 $\boldsymbol{v}_k\sim N(\boldsymbol{0},\ 0.01)$，估计 0.5s 时汽车的位置和速度。

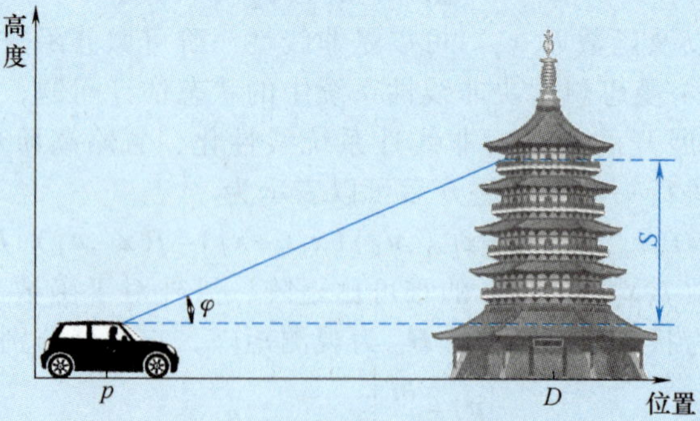

图 3-24　一维行驶汽车与塔相对位置

解： 取状态变量为 $\boldsymbol{x}=\begin{pmatrix}p\\ \dot{p}\end{pmatrix}$，控制变量 $u=a=\ddot{p}$，时间步长 $\Delta t=0.5\text{s}$。初始状态

$\hat{\boldsymbol{x}}_0=\begin{pmatrix}0\\5\end{pmatrix}$，初始误差协方差为 $\boldsymbol{P}_0=\begin{pmatrix}0.01 & 0\\0 & 1\end{pmatrix}$。过程噪声协方差矩阵 $\boldsymbol{Q}=\begin{pmatrix}0.1 & 0\\0 & 0.1\end{pmatrix}$，观测噪声协方差矩阵 $\boldsymbol{R}=(0.01)$。

运动/过程方程为

$$\boldsymbol{x}_k=f(\boldsymbol{x}_{k-1},\boldsymbol{u}_{k-1},\boldsymbol{w}_{k-1})=\begin{pmatrix}1 & \Delta t\\0 & 1\end{pmatrix}\boldsymbol{x}_{k-1}+\begin{pmatrix}0\\\Delta t\end{pmatrix}\boldsymbol{u}_{k-1}+\boldsymbol{w}_{k-1}$$

地标观测方程为

$$z_k=\boldsymbol{\varphi}_k=h(\boldsymbol{p}_k,\boldsymbol{v}_k)=\arctan\left(\frac{S}{D-\boldsymbol{p}_k}\right)+\boldsymbol{v}_k$$

运动模型的雅可比矩阵为

$$\boldsymbol{F}_{k-1}=\frac{\partial f}{\partial \boldsymbol{x}_{k-1}}\bigg|_{\hat{x}_{k-1},\boldsymbol{u}_{k-1},0}=\begin{pmatrix}1 & \Delta t\\0 & 1\end{pmatrix}$$

$$\boldsymbol{L}_{k-1}=\frac{\partial f}{\partial \boldsymbol{w}_{k-1}}\bigg|_{\hat{x}_{k-1},\boldsymbol{u}_{k-1},0}=\boldsymbol{I}_{2\times2}$$

观测模型的雅可比矩阵为

$$\boldsymbol{H}_k=\frac{\partial h}{\partial \boldsymbol{x}_k}\bigg|_{\hat{x}_{k|k-1},0}=\begin{pmatrix}\dfrac{S}{(D-\hat{\boldsymbol{p}}_k)^2+S^2} & 0\end{pmatrix}$$

$$\boldsymbol{M}_k=\frac{\partial h}{\partial \boldsymbol{v}_k}\bigg|_{\hat{x}_{k|k-1},0}=\boldsymbol{I}_{2\times2}$$

下一时刻，汽车状态预测为

$$\hat{\boldsymbol{x}}_{1|0}=f_0(\hat{\boldsymbol{x}}_0,\boldsymbol{u}_0,0)$$

$$\begin{pmatrix}\hat{p}_1\\\hat{\dot{p}}_1\end{pmatrix}=\begin{pmatrix}1 & 0.5\\0 & 1\end{pmatrix}\begin{pmatrix}0\\5\end{pmatrix}+\begin{pmatrix}0\\0.5\end{pmatrix}(-2)=\begin{pmatrix}2.5\\4\end{pmatrix}$$

下一时刻，误差协方差为

$$\boldsymbol{P}_{1|0}=\boldsymbol{F}_0\boldsymbol{P}_0\boldsymbol{F}_0^{\mathrm{T}}+\boldsymbol{L}_0\boldsymbol{Q}_0\boldsymbol{L}_0^{\mathrm{T}}$$

$$\boldsymbol{P}_{1|0}=\begin{pmatrix}1 & 0.5\\0 & 1\end{pmatrix}\begin{pmatrix}0.01 & 0\\0 & 1\end{pmatrix}\begin{pmatrix}1 & 0.5\\0 & 1\end{pmatrix}^{\mathrm{T}}+\begin{pmatrix}1 & 0\\0 & 1\end{pmatrix}\begin{pmatrix}0.1 & 0\\0 & 0.1\end{pmatrix}\begin{pmatrix}1 & 0\\0 & 1\end{pmatrix}=\begin{pmatrix}0.36 & 0.5\\0.5 & 1.1\end{pmatrix}$$

计算卡尔曼增益为

$$\boldsymbol{K}_1=\boldsymbol{P}_{1|0}\boldsymbol{H}_1^{\mathrm{T}}(\boldsymbol{H}_1\boldsymbol{P}_{1|0}\boldsymbol{H}_1^{\mathrm{T}}+\boldsymbol{M}_1\boldsymbol{R}\boldsymbol{M}_1^{\mathrm{T}})^{-1}$$

$$=\begin{pmatrix}0.36 & 0.5\\0.5 & 1.1\end{pmatrix}\begin{pmatrix}0.011\\0\end{pmatrix}\left([0.011\quad 0]\begin{pmatrix}0.36 & 0.5\\0.5 & 1.1\end{pmatrix}\begin{pmatrix}0.011\\0\end{pmatrix}+(0.01)\right)^{-1}=\begin{pmatrix}0.39\\0.55\end{pmatrix}$$

由观测量 z_1 估计汽车下一时刻状态为

$$\hat{\boldsymbol{x}}_{1|1}=\hat{\boldsymbol{x}}_{1|0}+\boldsymbol{K}_1[z_1-h(\hat{\boldsymbol{x}}_{1|0},0)]$$

$$\begin{pmatrix}p_1\\\dot{p}_1\end{pmatrix}=\begin{pmatrix}2.5\\4\end{pmatrix}+\begin{pmatrix}0.39\\0.55\end{pmatrix}\times(30-28.1)=\begin{pmatrix}3.24\\5.05\end{pmatrix}$$

0.5s 时观测的汽车位置估计值为 3.24m，速度估计值为 5.05m/s。

此外，可更新误差协方差矩阵，便于之后汽车状态估计。

$$\boldsymbol{P}_1=(\boldsymbol{I}-\boldsymbol{K}_1\boldsymbol{H}_1)\boldsymbol{P}_{1|0}=\left(\begin{pmatrix}1&0\\0&1\end{pmatrix}-\begin{pmatrix}0.39\\0.55\end{pmatrix}[0.011\quad 0]\right)\begin{pmatrix}0.36&0.5\\0.5&1.1\end{pmatrix}=\begin{pmatrix}0.36&0.50\\0.50&1.1\end{pmatrix}$$

3.5.4 平淡卡尔曼滤波

为了获取运算简单和估计精度更高，引入一种新型的非线性滤波即平淡卡尔曼滤波（Unscented Kalman Filtering，UKF）。UKF 是指非线性系统状态估计时采用无损变换（Unscented Transform，UT）的方法将非线性系统线性化，通过非线性函数概率密度分布进行近似，即使系统模型的复杂度提升也不会增加算法的实现难度。UKF 是 1995 年由朱利尔（Julier）提出来的，埃里克（Eric）等人将其应用到一些系统中，使其具有现实应用价值。EKF 和 UKF 的基本区别在于用系统模型表示和传播高斯随机变量（Gaussian Random Variables，GRV）的方法上。在 EKF 中，用 GRV 来估计状态分布，然后通过非线性模型的一阶线性化，GRV 被传播。相对而言，UKF 用确定性的采样来处理，状态分布再由 GRV 估计，但那是用一组最小数目的细选采样点来代表，这些点是通过可靠非线性系统来传播的，UKF 的计算也比 EKF 容易。

同样是基于 KF 基本思想，但相对于 EKF 由于省略了雅可比矩阵的求解过程，因此 UKF 处理效率更高。对于强非线性系统，相比于 EKF 对泰勒高阶项的省略，UKF 在精度方面以及滤波效果上都有所提升。理论表明，UKF 可以准确地预测均值和协方差达到泰勒级数的四阶精度。而相应的，EKF 在均值上可达到二阶精度，协方差可达到四阶精度。图 3-25 所示为 UKF 和 EKF 的对比情况。

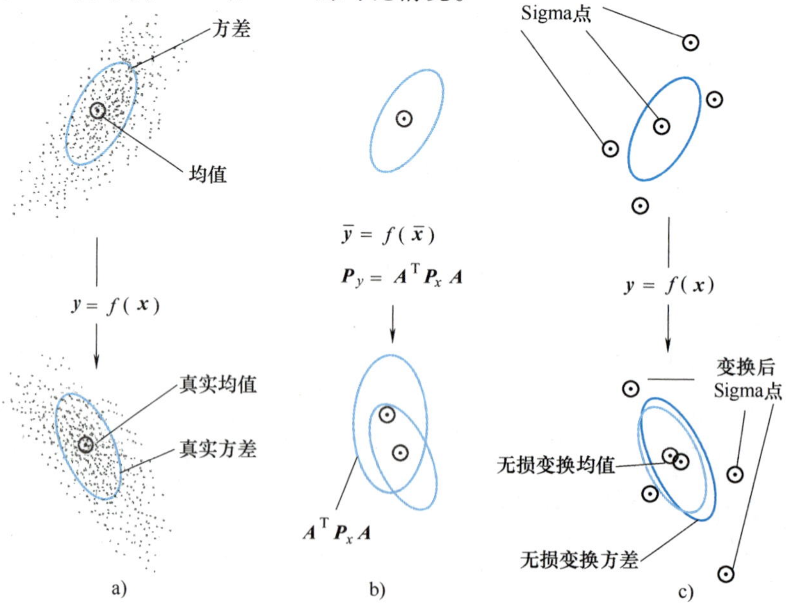

图 3-25 UKF 和 EKF 的对比

a）真实分布 b）EKF c）无损变换

1. 无损变换

无损变换的过程为通过一种采样策略选取可以表征系统状态的一组 Sigma 点（关键点）集，该点集与原系统具有相同的均值 $\bar{x}$ 和协方差 $\boldsymbol{P}_x$，将非线性函数的映射通过关键点的映射实现，以此完成新的状态的计算。

设系统状态方程为 $\boldsymbol{y}=f(\boldsymbol{x})$，状态向量 $\boldsymbol{x}$ 为 n 维随机变量，则变换步骤如下：

1）构造 Sigma 点，根据状态向量 $\boldsymbol{x}$ 的统计量均值 $\bar{x}$ 和协方差 $\boldsymbol{P}_x$，构造 Sigma 点集。

$$\boldsymbol{\chi}_i=\begin{cases}\bar{x}, & i=0\\ \bar{x}+[\sqrt{(n+\kappa)\boldsymbol{P}_x}]_i, & i=1,2,\cdots,n\\ \bar{x}-[\sqrt{(n+\kappa)\boldsymbol{P}_x}]_{i-n-1}, & i=n+1,n+2,\cdots,2n\end{cases} \tag{3-38}$$

式中，n 为状态的维度；$\kappa=\alpha^2(n+\lambda)-n$，是一个参数尺度，调整它可以提高总逼近精度，$\alpha$ 的选取控制了采样点的分布状态，通常设一个较小的正数（$1>\alpha>10^{-4}$），λ 为第二个尺度参数，其具体取值没有界限，通常设置为 0 或者 $3-n$，以确保矩阵 $(n+\kappa)\boldsymbol{P}_x$ 为半正定矩阵。$[\sqrt{(n+\kappa)\boldsymbol{P}_x}]_i$ 表示矩阵开平方根的第 i 列。当前采样点集 $\boldsymbol{\chi}_i$ 可以近似表示状态 $\boldsymbol{x}$ 的高斯分布状态。

2）对 Sigma 点集进行非线性变换。

$$\boldsymbol{Y}_i=f(\boldsymbol{\chi}_i),i=0,\cdots,2n \tag{3-39}$$

对第 1）步构造的所有点集进行关于 $f(\ )$ 的变换，可以得到变换后的 Sigma 点集 $\{\boldsymbol{Y}_i\}$，即可近似地表示 $y=f(\boldsymbol{x})$ 的分布。

3）计算 y 的均值和方差，对变换后的 Sigma 点集 $\{\boldsymbol{Y}_i\}$ 进行加权处理，从而可以得到 y 的均值和方差。

$$\bar{y}\approx\sum_{i=0}^{2n}\boldsymbol{W}_{mi}\boldsymbol{Y}_i \tag{3-40}$$

$$\boldsymbol{P}_i\approx\sum_{i=0}^{2n}\boldsymbol{W}_{ci}(\boldsymbol{Y}_i-\bar{y})(\boldsymbol{Y}_i-\bar{y})^{\mathrm{T}} \tag{3-41}$$

式中，$\boldsymbol{W}_{mi}$ 和 $\boldsymbol{W}_{ci}$ 分别为计算 y 均值和方差的加权。

$$\boldsymbol{W}_{m0}=\frac{\kappa}{n+\kappa} \tag{3-42}$$

$$\boldsymbol{W}_{c0}=\frac{\kappa}{n+\kappa}+1-\alpha^2+\beta \tag{3-43}$$

$$\boldsymbol{W}_{mi}=\boldsymbol{W}_{ci}=\frac{\kappa}{2(n+\kappa)},i=1,2,\cdots,2n \tag{3-44}$$

式中，α 的定义同式（3-38）；β 为状态分布参数，对于高斯分布 $\beta=2$ 是最优的，如果状态变量是单变量，则最佳选择是 $\beta=0$。通过适当调节 α 和 λ 可以提高估计均值的精度，调节 β 可以提高方差的精度。

2. UKF 算法流程

UKF 算法可以看作是经典 KF 算法与无损变换的组合，即将 KF 算法中的预测方程用无损变换来处理均值和协方差的非线性传递。

对于显性噪声非线性系统，假定状态为高斯随机矢量，已知过程激励噪声和测量噪声统计特性为 $\boldsymbol{w}_k \sim N(\boldsymbol{0}, \boldsymbol{Q}_k)$、$\boldsymbol{v}_k \sim N(\boldsymbol{0}, \boldsymbol{R}_k)$

初始化为

$$\hat{\boldsymbol{x}}_0 = E[\boldsymbol{x}_0] \tag{3-45}$$

$$\boldsymbol{P}_0 = E[(\boldsymbol{x}_0 - \hat{\boldsymbol{x}}_0)(\boldsymbol{x}_0 - \hat{\boldsymbol{x}}_0)^{\mathrm{T}}] \tag{3-46}$$

状态估计为

计算 Sigma 点为

$$\boldsymbol{\chi}_{k-1}^0 = \hat{\boldsymbol{x}}_{k-1},\ i = 0 \tag{3-47}$$

$$\boldsymbol{\chi}_{k-1}^i = \hat{\boldsymbol{x}}_{k-1} + [\sqrt{(n+\kappa)\boldsymbol{P}_{k-1}}]_i \quad i = 1,2,\cdots,n \tag{3-48}$$

$$\boldsymbol{\chi}_{k-1}^i = \hat{\boldsymbol{x}}_{k-1} + [\sqrt{(n+\kappa)\boldsymbol{P}_{k-1}}]_i \quad i = n+1,n+1,\cdots,2n \tag{3-49}$$

时间传播方程为

$$\boldsymbol{\chi}_{k|k-1}^i = f(\boldsymbol{\chi}_{k-1}^i) \tag{3-50}$$

$$\hat{\boldsymbol{x}}_k^- = \sum_{i=0}^{2n} \boldsymbol{W}_{mi} \boldsymbol{\chi}_{k|k-1}^i \tag{3-51}$$

$$\boldsymbol{P}_{x,k}^- = \sum_{i=0}^{2n} \boldsymbol{W}_{ci} (\boldsymbol{\chi}_{k|k-1}^i - \hat{\boldsymbol{x}}_k^-)(\boldsymbol{\chi}_{k|k-1}^i - \hat{\boldsymbol{x}}_k^-)^{\mathrm{T}} + \boldsymbol{Q}_k \tag{3-52}$$

$$\boldsymbol{\gamma}_{k|k-1}^i = h(\boldsymbol{\chi}_{k|k-1}^i) \tag{3-53}$$

$$\hat{\boldsymbol{y}}_k^- = \sum_{i=0}^{2n} \boldsymbol{W}_{mi} \boldsymbol{\gamma}_{k|k-1}^i \tag{3-54}$$

测量更新方程为

$$\boldsymbol{P}_{y,k} = \sum_{i=0}^{2n} \boldsymbol{W}_{ci} (\boldsymbol{\gamma}_{k|k-1}^i - \hat{\boldsymbol{y}}_k^-)(\boldsymbol{\gamma}_{k|k-1}^i - \hat{\boldsymbol{y}}_k^-)^{\mathrm{T}} + \boldsymbol{R}_k \tag{3-55}$$

$$\boldsymbol{P}_{xy,k} = \sum_{i=0}^{2n} \boldsymbol{W}_{ci} (\boldsymbol{\chi}_{k|k-1}^i - \hat{\boldsymbol{x}}_k^-)(\boldsymbol{\gamma}_{k|k-1}^i - \hat{\boldsymbol{y}}_k^-)^{\mathrm{T}} \tag{3-56}$$

$$\boldsymbol{K} = \boldsymbol{P}_{xy} \boldsymbol{P}_{y,k}^- \tag{3-57}$$

$$\hat{\boldsymbol{x}}_k = \hat{\boldsymbol{x}}_k^- + \boldsymbol{K}(\boldsymbol{y}_k - \hat{\boldsymbol{y}}_k^-) \tag{3-58}$$

$$\boldsymbol{P}_{x,k} = \boldsymbol{P}_{x,k}^- - \boldsymbol{K}\boldsymbol{P}_{y,k}\boldsymbol{K}^{\mathrm{T}} \tag{3-59}$$

实践中，对于可观测性较强的状态分量，对应的状态初值和均方差设置偏差容许适当大些，它们随着滤波更新将会快速收敛，如果均方差设置太小，则会使收敛速度变慢。而对于可观测性较弱的状态，对应的状态初值和均方差应该设置尽量准确，如果均方差设置过大，容易引起状态估计的剧烈波动，反之，如果均方差设置过小，同样会使状态收敛速度变慢，这两种情况下均方差都不宜用于评估相应状态估计的精度。对于不可观测的状态分量，其状态估计及其均方差不会随滤波更新而变化，即不会有滤波效果。

【例 3-6】 利用 UKF 估计例 3-5 中汽车的位置和速度。

解： 取状态变量为 $\boldsymbol{x} = \begin{pmatrix} p \\ \dot{p} \end{pmatrix}$，控制变量 $u = a = \ddot{p}$，时间步长 $\Delta t = 0.5\mathrm{s}$。初始状态

$\hat{\boldsymbol{x}}_0=\begin{pmatrix}0\\5\end{pmatrix}$，初始误差协方差为 $\boldsymbol{P}_0=\begin{pmatrix}0.01 & 0\\0 & 1\end{pmatrix}$。过程噪声协方差矩阵 $\boldsymbol{Q}=\begin{pmatrix}0.1 & 0\\0 & 0.1\end{pmatrix}$，观测噪声协方差矩阵 $\boldsymbol{R}=(0.01)$。

运动/过程方程为

$$\boldsymbol{x}_k=f(\boldsymbol{x}_{k-1},\boldsymbol{u}_{k-1},\boldsymbol{w}_{k-1})=\begin{pmatrix}1 & \Delta t\\0 & 1\end{pmatrix}\boldsymbol{x}_{k-1}+\begin{pmatrix}0\\\Delta t\end{pmatrix}\boldsymbol{u}_{k-1}+\boldsymbol{w}_{k-1}$$

地标观测方程为

$$\boldsymbol{\gamma}_k=\boldsymbol{\varphi}_k=h(\boldsymbol{p}_k,\boldsymbol{v}_k)=\arctan\left(\frac{S}{D-\boldsymbol{p}_k}\right)+\boldsymbol{v}_k$$

构建 Sigma 点，状态维度 $n=2$，故 $\kappa=3-n=1$。

由式（3-47）~式（3-49）可得

$$\boldsymbol{\chi}_0^0=\begin{pmatrix}0\\5\end{pmatrix}$$

$$\boldsymbol{\chi}_0^1=\begin{pmatrix}0\\5\end{pmatrix}+\sqrt{3}\begin{pmatrix}0.1\\0\end{pmatrix}=\begin{pmatrix}0.2\\5\end{pmatrix}$$

$$\boldsymbol{\chi}_0^2=\begin{pmatrix}0\\5\end{pmatrix}+\sqrt{3}\begin{pmatrix}0\\1\end{pmatrix}=\begin{pmatrix}0\\6.7\end{pmatrix}$$

$$\boldsymbol{\chi}_0^3=\begin{pmatrix}0\\5\end{pmatrix}-\sqrt{3}\begin{pmatrix}0.1\\0\end{pmatrix}=\begin{pmatrix}-0.2\\5\end{pmatrix}$$

$$\boldsymbol{\chi}_0^4=\begin{pmatrix}0\\5\end{pmatrix}-\sqrt{3}\begin{pmatrix}0\\1\end{pmatrix}=\begin{pmatrix}0\\3.3\end{pmatrix}$$

由式（3-50）可得

$$\boldsymbol{\chi}_{1|0}^0=\begin{pmatrix}1 & 0.5\\0 & 1\end{pmatrix}\begin{pmatrix}0\\5\end{pmatrix}+\begin{pmatrix}0\\0.5\end{pmatrix}\times(-2)=\begin{pmatrix}2.5\\4\end{pmatrix}$$

$$\boldsymbol{\chi}_{1|0}^1=\begin{pmatrix}1 & 0.5\\0 & 1\end{pmatrix}\begin{pmatrix}0.2\\5\end{pmatrix}+\begin{pmatrix}0\\0.5\end{pmatrix}\times(-2)=\begin{pmatrix}2.7\\4\end{pmatrix}$$

$$\boldsymbol{\chi}_{1|0}^2=\begin{pmatrix}1 & 0.5\\0 & 1\end{pmatrix}\begin{pmatrix}0\\6.7\end{pmatrix}+\begin{pmatrix}0\\0.5\end{pmatrix}\times(-2)=\begin{pmatrix}3.4\\5.7\end{pmatrix}$$

$$\boldsymbol{\chi}_{1|0}^3=\begin{pmatrix}1 & 0.5\\0 & 1\end{pmatrix}\begin{pmatrix}-0.2\\5\end{pmatrix}+\begin{pmatrix}0\\0.5\end{pmatrix}\times(-2)=\begin{pmatrix}2.3\\4\end{pmatrix}$$

$$\boldsymbol{\chi}_{1|0}^4=\begin{pmatrix}1 & 0.5\\0 & 1\end{pmatrix}\begin{pmatrix}0\\3.3\end{pmatrix}+\begin{pmatrix}0\\0.5\end{pmatrix}\times(-2)=\begin{pmatrix}1.6\\2.3\end{pmatrix}$$

由式（3-42）和式（3-44）可得

$$W_{\mathrm{m}0}=\frac{1}{3},W_{\mathrm{m}2}=W_{\mathrm{m}2}=W_{\mathrm{m}3}=W_{\mathrm{m}4}=\frac{1}{6}$$

故根据式（3-51）可得

$$\hat{\boldsymbol{x}}_1^- = \sum_{i=0}^{2n} W_{mi}\boldsymbol{\chi}_{1|0}^i = \frac{1}{3}\begin{pmatrix}2.5\\4\end{pmatrix} + \frac{1}{6}\begin{pmatrix}2.7\\4\end{pmatrix} + \frac{1}{6}\begin{pmatrix}3.4\\5.7\end{pmatrix} + \frac{1}{6}\begin{pmatrix}2.3\\4\end{pmatrix} + \frac{1}{6}\begin{pmatrix}1.6\\2.3\end{pmatrix} = \begin{pmatrix}2.5\\4\end{pmatrix}$$

根据式（3-52）可得

$$\begin{aligned}\boldsymbol{P}_{x,1}^- &= \sum_{i=0}^{2n} W_{ci}(\boldsymbol{\chi}_{1|0}^i - \hat{\boldsymbol{x}}_1^-)(\boldsymbol{\chi}_{1|0}^i - \hat{\boldsymbol{x}}_1^-)^{\mathrm{T}} + \boldsymbol{Q}_1 \\ &= \frac{1}{3}\left(\begin{pmatrix}2.5\\4\end{pmatrix}-\begin{pmatrix}2.5\\4\end{pmatrix}\right)\left(\begin{pmatrix}2.5\\4\end{pmatrix}-\begin{pmatrix}2.5\\4\end{pmatrix}\right)^{\mathrm{T}} + \frac{1}{6}\left(\begin{pmatrix}2.7\\4\end{pmatrix}-\begin{pmatrix}2.5\\4\end{pmatrix}\right)\left(\begin{pmatrix}2.7\\4\end{pmatrix}-\begin{pmatrix}2.5\\4\end{pmatrix}\right)^{\mathrm{T}} + \\ &\quad \frac{1}{6}\left(\begin{pmatrix}3.4\\5.7\end{pmatrix}-\begin{pmatrix}2.5\\4\end{pmatrix}\right)\left(\begin{pmatrix}3.4\\5.7\end{pmatrix}-\begin{pmatrix}2.5\\4\end{pmatrix}\right)^{\mathrm{T}} + \frac{1}{6}\left(\begin{pmatrix}2.3\\4\end{pmatrix}-\begin{pmatrix}2.5\\4\end{pmatrix}\right)\left(\begin{pmatrix}2.3\\4\end{pmatrix}-\begin{pmatrix}2.5\\4\end{pmatrix}\right)^{\mathrm{T}} + \\ &\quad \frac{1}{6}\left(\begin{pmatrix}1.6\\2.3\end{pmatrix}-\begin{pmatrix}2.5\\4\end{pmatrix}\right)\left(\begin{pmatrix}1.6\\2.3\end{pmatrix}-\begin{pmatrix}2.5\\4\end{pmatrix}\right)^{\mathrm{T}} + \begin{pmatrix}0.1 & 0\\0 & 0.1\end{pmatrix} \\ &= \begin{pmatrix}0.36 & 0.5\\0.5 & 1.1\end{pmatrix}\end{aligned}$$

结果和经典卡尔曼滤波示例相同，这是因为运动模型已经线性化。

根据 $\boldsymbol{P}_{x,1}^-$ 重构 sigma 点，由式（3-47）~式（3-49）可得

$$\boldsymbol{\chi}_1^0 = \begin{pmatrix}2.5\\4\end{pmatrix}$$

$$\boldsymbol{\chi}_1^1 = \begin{pmatrix}2.5\\4\end{pmatrix} + \sqrt{3}\begin{pmatrix}0.51\\0.98\end{pmatrix} = \begin{pmatrix}3.54\\5.44\end{pmatrix}$$

$$\boldsymbol{\chi}_1^2 = \begin{pmatrix}2.5\\4\end{pmatrix} + \sqrt{3}\begin{pmatrix}0\\0.20\end{pmatrix} = \begin{pmatrix}2.5\\5.10\end{pmatrix}$$

$$\boldsymbol{\chi}_1^3 = \begin{pmatrix}2.5\\4\end{pmatrix} - \sqrt{3}\begin{pmatrix}0.51\\0.98\end{pmatrix} = \begin{pmatrix}1.46\\2.56\end{pmatrix}$$

$$\boldsymbol{\chi}_1^4 = \begin{pmatrix}2.5\\4\end{pmatrix} - \sqrt{3}\begin{pmatrix}0\\0.20\end{pmatrix} = \begin{pmatrix}2.5\\2.90\end{pmatrix}$$

根据式（3-53）可得

$$\boldsymbol{\gamma}_{1|0}^0 = h(\boldsymbol{\chi}_{1|0}^0) = \arctan\left(\frac{20}{40-2.5}\right) = 28.1$$

$$\boldsymbol{\gamma}_{1|0}^1 = h(\boldsymbol{\chi}_{1|0}^1) = \arctan\left(\frac{20}{40-2.7}\right) = 28.7$$

$$\boldsymbol{\gamma}_{1|0}^2 = h(\boldsymbol{\chi}_{1|0}^2) = \arctan\left(\frac{20}{40-2.5}\right) = 28.1$$

$$\boldsymbol{\gamma}_{1|0}^3 = h(\boldsymbol{\chi}_{1|0}^3) = \arctan\left(\frac{20}{40-2.3}\right) = 27.4$$

$$\boldsymbol{\gamma}_{1|0}^4 = h(\boldsymbol{\chi}_{1|0}^4) = \arctan\left(\frac{20}{40-2.5}\right) = 28.1$$

根据式（3-54）可得

$$\hat{y}_1^- = \sum_{i=0}^{4} W_{mi}\gamma_{1|0}^i = \frac{1}{3}\times 28.1+\frac{1}{6}\times 28.7+\frac{1}{6}\times 28.1+\frac{1}{6}\times 27.4+\frac{1}{6}\times 28.1 = 28.1$$

根据式（3-55）可得

$$\begin{aligned} P_{y,1} &= \sum_{i=0}^{4} W_{ci}(\gamma_{1|0}^i-\hat{y}_1^-)(\gamma_{1|0}^i-\hat{y}_1^-)^{\mathrm{T}}+R_1 \\ &= \frac{1}{3}(2.81-2.81)^2+\frac{1}{6}(2.87-2.81)^2+\frac{1}{6}(2.81-2.81)^2+ \\ &\quad \frac{1}{6}(2.74-2.81)^2+\frac{1}{6}(2.81-2.81)^2+0.01 \\ &= 0.16 \end{aligned}$$

根据式（3-56）可得

$$\begin{aligned} P_{xy,1} &= \sum_{i=0}^{4} W_{ci}(\chi_{1|0}^i-\hat{x}_1^-)(\gamma_{1|0}^i-\hat{y}_1^-)^{\mathrm{T}} \\ &= \frac{1}{3}\left(\begin{pmatrix}2.5\\4\end{pmatrix}-\begin{pmatrix}2.5\\4\end{pmatrix}\right)(28.1-28.1)+\frac{1}{6}\left(\begin{pmatrix}3.54\\5.44\end{pmatrix}-\begin{pmatrix}2.5\\4\end{pmatrix}\right)(28.7-28.1)+ \\ &\quad \frac{1}{6}\left(\begin{pmatrix}2.5\\5.10\end{pmatrix}-\begin{pmatrix}2.5\\4\end{pmatrix}\right)(28.1-28.1)+\frac{1}{6}\left(\begin{pmatrix}1.46\\2.56\end{pmatrix}-\begin{pmatrix}2.5\\4\end{pmatrix}\right)(27.4-28.1)+ \\ &\quad \frac{1}{6}\left(\begin{pmatrix}2.5\\2.90\end{pmatrix}-\begin{pmatrix}2.5\\4\end{pmatrix}\right)(28.1-28.1) \\ &= \begin{pmatrix}0.23\\0.32\end{pmatrix} \end{aligned}$$

根据式（3-57）可得

$$K_1 = P_{xy}P_{y,1}^- = \begin{pmatrix}0.23\\0.32\end{pmatrix}\times\frac{1}{0.16} = \begin{pmatrix}1.47\\2.05\end{pmatrix}$$

根据式（3-58）可得

$$\hat{x}_1 = \hat{x}_1^- + K_1(y_1-\hat{y}_1^-) = \begin{pmatrix}2.5\\4\end{pmatrix}+\begin{pmatrix}1.47\\2.05\end{pmatrix}(30.0-28.4) = \begin{pmatrix}5.33\\7.93\end{pmatrix} = \begin{pmatrix}p_1\\\dot{p}_1\end{pmatrix}$$

0.5s 时观测的汽车位置估计值为 5.33m，速度估计值为 7.93m/s。

第4章 高精地图与定位

定位是自动驾驶不可或缺的部分，解决“我在哪”的问题。在任何驾驶条件下，自动驾驶车辆均依赖于精准的位置、速度和姿态（Position Velocity Attitude，PVA），而收集这些信息需要整合多种复杂技术。面向智能驾驶的定位主要由 3 种方式确定：利用环境定位的高精地图、利用自定位的车辆定位技术、利用辅助定位的无线通信辅助定位。

当前可用于车辆定位的技术及方案越来越多，由不同类型传感器组成的定位系统也变得多样化，主要包括全球导航卫星系统（GNSS）、惯性导航系统（Inertial Navigation System，INS）、地图匹配（Map Matching，MM）定位、多传感器数据融合（Multi-Sensor Data Fusion）定位系统等。随着智能网联汽车技术的发展，无线通信 V2X（Vehicle to Everything）车联网在高精地图更新、辅助定位等方面发挥了巨大的作用。

4.1 高精地图

4.1.1 概述

自动驾驶地图是服务于自动驾驶汽车的一类地图。在现有自动驾驶技术下，实现高级别自动驾驶需要高精度的交通环境信息来辅助。

面向 SAE L3 ~ L5 级的高度自动驾驶地图（Highly Automated Driving Map，HAD MAP），其精度要求为 1 ~ 10cm，相比精度为米级的普通地图，具有更高的精度，因此高度自动驾驶地图也常称为高分辨率地图（High Definition Map，HD MAP）或高精度地图，简称高精地图。下面将介绍高精地图的定义、特点和作用。

1. 高精地图的定义

用于自动驾驶的高精地图，是关于车辆环境数据和交通运行数据元素的存储和呈现结构的。在车辆环境数据方面，高精地图拥有精确位置信息、丰富道路元素的数据；在交通运行数据方面，高精地图包含交通规则以及交通状况等数据。高精地图为智能驾驶提供先验知识，拥有类似人脑对真实道路的整体记忆与认知的功能，可以为智能汽车预知环境和交通中的复杂信息，规避驾驶潜在的风险，是实现自动驾驶的核心基础。

高精地图兼具高分辨率与面向高级别自动驾驶两大特性。高精地图通过精细化描述道路、车道线、路沿交通标志等静态与动态信息，为自动驾驶定位、规划、决策、控制等应用提供安全保障，是自动驾驶领域的核心与基础。高精地图作为无人驾驶领域的刚需，在整个领域扮演着核心角色，可以帮助汽车定位、预先感知路面复杂信息，结合智能路径规划，让汽车做出正确决策。

2. 高精地图的特点

在自动驾驶领域，高精地图具有如下 3 个公认特性。

1）绝对坐标精度高，绝对坐标精度指的是地图上某个目标和真实的外部世界的事物之间的精度。

2）丰富的道路交通信息元素，最重要的就是道路网的精确三维表征，如交叉路口的布局和路标位置等，还包含很多语义信息，如交通信号灯颜色定义、道路限速信息、车辆转弯开始位置等。

3）更新频率高，提供最新、最准确的静态信息，提供实时的交通状况、障碍物等动态信息。

这些特性明显区别于日常生活中一般的导航地图。

3. 高精地图的作用

高精地图主要在高级别自动驾驶中起到关键作用。根据 SAE 对自动驾驶的分级（见表 4-1），L2 级及以下的低级别自动驾驶是由人来完成全部或部分的驾驶动作，由精度为米级和亚米级的 ADAS 地图支持即可，而 L3 级及以上的高级别自动驾驶，在某些或全部情况下由系统来完成所有驾驶操作，因此需要高精地图，特别是 L4、L5 级的无人驾驶情况下，没有人类驾驶人介入，高精地图则是必备项。

表 4-1　高精地图与自动驾驶分级关系

自动驾驶等级		等级名称	描述	所需地图类型	精度	地图是否必备
驾驶人	1(DA)	辅助驾驶	系统根据环境信息执行转向和加/减速中的一项操作，其他驾驶操作都由人完成	辅助驾驶地图	亚米级	可选项
	2(PA)	部分自动驾驶	系统根据环境信息执行转向和加/减速中的一项操作，其他驾驶操作都由人完成	辅助驾驶地图	亚米级	可选项
自动驾驶系统	3(CA)	有条件自动驾驶	系统完成所有驾驶操作，根据系统请求，驾驶人需要提供适当的干预	辅助驾驶地图+自动驾驶地图	亚米级/厘米级	可选项

（续）

自动驾驶等级		等级名称	描述	所需地图类型	精度	地图是否必备
自动驾驶系统	4(HA)	高度自动驾驶	系统完成所有驾驶操作，特定环境下系统会向驾驶人提出响应需求，驾驶人可以对系统请求不进行响应	辅助驾驶地图+自动驾驶地图	亚米级/厘米级	必备项
	5(FA)	完全自动驾驶	系统可以完成驾驶人能够完成的所有道路环境下的操作，不需要驾驶人介入	自动驾驶地图	厘米级	必备项（自动更新）

高精地图主要从环境感知、高精定位、路径规划、车辆控制 4 个方面对自动驾驶提供帮助。

（1）辅助环境感知 单纯依靠车载传感器实现全方位的准确环境感知，对于现今的自动驾驶技术仍然是一个挑战。高精地图中包含的大量静态道路信息，如车道线、道路边界、交通标志等，对实车环境感知是一个直接的补充。在车联网语境下，高精地图还能补充实时交通状况、动态障碍物等信息。利用高精地图还可以实现部分环境元素的超视距感知。

（2）辅助高精定位 在城区中由于 GNSS 信号受到较多的干扰，其定位精度大大下降，不能满足自动驾驶的定位精度需求。此时，可以利用高精度地图来辅助高精定位。将地图中的静态的道路基础设施和固定元素（常用车道线、灯杆、交通标志等）与感知结果相匹配，就可以对 GNSS 给出的定位信息进行纠正，从而实现高精度（厘米级）定位。这对判断自车所在车道、自车与车道的相对位置关系具有重要的意义。

（3）辅助路径规划 高精地图除了传统的电子导航地图提供的道路级宏观路在规划功能，还可以在车道级路网和交通状况信息的协同之下，提供车道级宏观路径规划的服务。高精地图所提供的道路曲率、坡度、障碍物信息、交通规则相关信息（如限速信息、人行横道）等，对局部路径规划具有一定辅助作用。在车联网语境下，高精地图还能提供车辆、行人等动态障碍物信息，对局部路径规划具有重要意义。

（4）辅助车辆控制 高精地图提供的道路曲率、坡度、交通规则信息等，可对汽车加速、并道和转弯等控制动作提供参考，对实际车辆动力学控制提供辅助。

4.1.2 制图技术

高精地图制图的基本环节包括静态地图构建和动态地图构建。在制图过程中，需要进一步明确动态地图与静态地图关系。此外，高精地图更新也是制图技术的一种延伸，使静态元素与动态元素都能保持比较合理的更新频率，保证高精地图的时效性。本节将对静态地图构建、动态地图构建、建立动态数据与静态地图的关系、地图存储结构、高精地图更新进行分析。

1. 静态地图构建

静态地图数据加工主体环节可以分为数据采集、数据智能化处理、人工加工确认、数据出品 4 个环节（见图 4-1）。

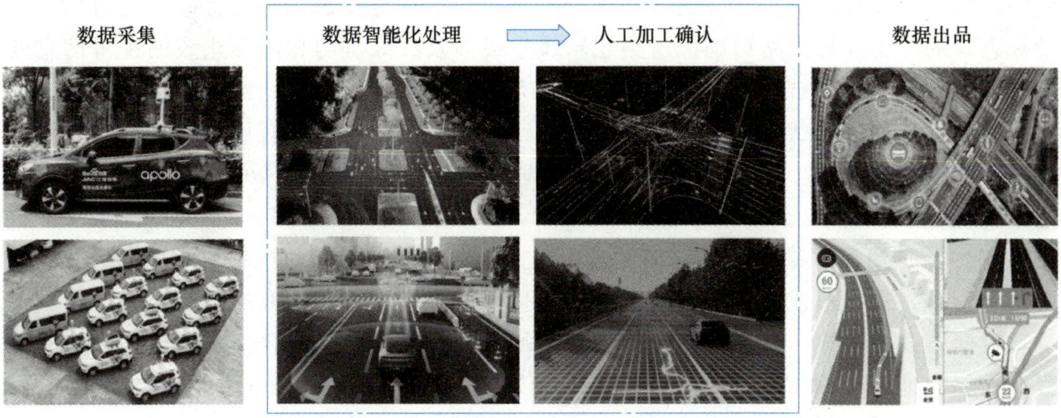

图 4-1 静态地图数据加工主体环节

（1）数据采集 数据采集是一项庞大的任务，需要投入大量的采集车收集用于高精地图制作的源数据，而且道路环境不断变化，为保持高精地图的“鲜度”，需确保每次环境发生变化时，高精地图均会得到快速更新以保证自动驾驶汽车的安全性。我国图商具备自主开发移动测量系统（Mobile Measurement System，MMS）的能力，基于移动测量系统的高精地图生产模式已经成熟，基于众包的高精地图生产模式逐步发展。

数据采集的方式有集中制图和众包制图两种。集中制图指的是图商利用自己的专业采集车采集数据，再统一进行集中处理的方式；众包制图指的是利用普通大众的车辆上搭载的雷达、相机等传感器数据作为基本数据源进行处理的方式。目前，地图采集以集中制图为主，部分初创公司以众包制图为主。

采集车是数据采集的核心载体，搭载了激光雷达、摄像头、IMU 和 GNSS 等系统及传感器设备。采集数据包括行车轨迹、图像、点云等数据，可以据此识别车道线、路沿、护栏、路灯、交通标志牌等信息。这些原始数据具有数据量大、计算速度慢的特点，且根据我国测绘法，需要对原始精度数据严格保密，此环节是后续数据处理、加工和出品的基础。

（2）数据智能化处理 高精地图生产中，对道路元素的识别要求较高，目前主流的方式为基于深度学习的图像识别算法进行车道线、地面标志线、交通标志牌的识别，如 Faster-RCNN、Mask R-CNN、YOLOv3、DeepLab V3 等。利用激光雷达可以重建道路三维环境，并进行道路要素提取与识别，以准确反映道路环境并描述道路环境特征，不仅可以得到高精点云地图，而且可以与影像融合处理，实现高精准度的道路要素识别。

基于激光雷达点云和图像多传感器数据融合可以识别车道标志、障碍物和交通标志，自动化率 90%以上，相对精度可以达到 20cm。对于误识别、漏识别的要素需要进行人工检核与验证。然而，由于自动驾驶对数据质量及精度的高要求（3σ，σ 为方差），使得该环节对工具自动处理的召回率、准确率都尤为重要。召回率、准确率越高，需要人工参与量越低，质量越有保障。此环节是人工加工工作量的关键。

（3）人工加工确认 由于自动识别存在漏检、误差及错误，需要增加人工加工确认环节以保证地图创建过程的正确性与完整性。通过自动提取获取的高精地图数据与对应的图像信息进行比对，寻找错误并进行改正，包括车道线识别是否正确，交通信号灯及标志牌的逻辑处理，路口虚拟道路逻辑线生成涉及红绿灯与相应停止线的逻辑信息处理。此外，还需要为自动化处理的地图数据完善对应的属性信息，例如车道线类型、车道线颜色、车道通行状态等属性信息。但是，人工工作的介入也有可能带来数据精度损失、质量损失的风险。因此，此环节是数据处理的核心，也是数据质量控制的必经之路。

（4）数据出品 最后的数据出品环节主要的工作是转换数据格式，以及提供地图引擎和发布，最终形成具有统一规定格式并且能够方便调用和读取的高精地图。

数据格式的转换，是将前面步骤中得到的各种数据整理为符合格式规范的地图的过程。加工的地图数据以专业的测量设备 RiEGL 采集制作数据为真值做评估。将加工后的高精地图数据进行编译，生成可供自动驾驶应用且符合格式规范（NDS、OpenDRIVE等）的高精地图。

提供地图引擎和发布，其目的在于将大数据量的高精地图数据，通过引擎提供方便显示和调用的接口，方便自动驾驶系统的接入。高精地图具有数据量大等特点，如果直接将大区域高精地图数据导入自动驾驶系统中，将会占用大量资源且费时。为灵活调度高精地图资源，高精地图供应商通常提供“地图引擎”软件。地图引擎提供高精地图数据的应用程序接口（Application Program Interface，API），是能够实现渲染、查询、读取等功能的一套函数库。所有的应用软件只需要调用 API 就可以实现读取、添加、删除、修改高精地图，从而保持车端地图的鲜度。

经过以上各步骤就能形成达到精度要求、符合标准规范、便于使用的自动驾驶高精地图。

2. 动态地图构建

动态数据包含两类来源的数据，一类是交通状况数据，包括交通流量、事故情况、交通管制信息等；另一类是通过车联网上传的高度动态的车辆、行人等障碍物信息。下面将对这两类信息的构建进行介绍。

通过基于车联网的大数据分析可以获取交通流量的信息，并以线要素的形式，作为道路的一种动态属性来进行表达。交通事故信息则通过交通电台和用户上报的形式，作为点要素标示于地图中。交通管制信息则由当地的交通管理部门发布，同样以线要素的形式作为道路的属性来进行表达。此外，由于城市建设、封路、重大事件的影响等，交通规则有可能发生临时性的变化，这些同样需要根据实际情况进行更新。

第二类信息为高度动态数据，需要利用车联网来进行实时更新。这部分数据可以由自动驾驶汽车的车载传感器来获取，也可以由路侧感知设备来获取。然后，利用车联网 V2X，将车辆位置、车辆行驶（位置和速度）、车辆操作数据和行人位置以广播方式通知其他相关车辆，每辆车在车载终端的动态地图上不断更新周边车辆的位置和行人信息，以实现高度动态数据的构建。

3. 建立动态数据与静态地图的关系

建立动态数据与静态地图的关系，同时根据动态数据中各要素的速度、运动方向，预测可能的方向，建立动态地图，进而动态地图与静态地图叠加。汽车的动态地图数据与静态地图之间是相辅相成的，静态地图提供了基础的道路和环境信息，而动态地图数据可以增强自动驾驶汽车对于道路环境的感知和决策能力。汽车可以同时使用这两类地图数据来提高自身的自动驾驶能力。

4. 地图存储结构

表示地理实体的空间数据包含空间特征和属性特征，对这些复杂特征的空间数据，组织和建立它们之间的联系，以便计算机存储和操作，这称为地图存储的数据结构。空间数据结构是空间地理信息数据呈现在计算机内部的一种组织与编码形式，抽象描述并表达了地理实体的空间排列及其空间关系等信息，适用于计算机存储、处理、管理的空间数据逻辑结构。空间数据结构的具体实现为空间数据编码，通过给定的数据结构将影像数据、图形数据、统计数据等相关资料转换为计算机存储与处理的形式。不同的数据类型选择不同的数据结构进行存储处理，其存储大小、内容等相差极大，直接影响计算机的处理效率。

矢量数据结构和栅格数据结构是计算机描述空间实体的两种最基本的方式。

（1）矢量数据结构　矢量数据结构是利用欧几里得几何学中的点元素、线元素、面元素以及其组合体，表示地理实体空间分布特征的一种数据组织方式。这种方式的数据存储冗余度低，结构简单直观，数据精度较高，便于进行空间实体的网络分析。矢量数据结构存储比较复杂，其独立的存储方式导致相邻多边形的公用边界被数字化存储两次，出现数据冗余以及细碎多边形，并且存储的复杂性也同步导致空间数据查询的复杂性。

（2）栅格数据结构　栅格数据结构是通过将空间划分为具有相同属性值的规则格网或栅格单元来表示空间实体的一种数据组织方式，是基于栅格模型的空间数据结构。基于行与列表示栅格数据空间位置，网格边长大小表示数据的精度。使用一个栅格单位来表示点，采用一串相互连接有序且网格值相同的栅格单位表示线，将相互连接聚集在一起且内部格网值相同的栅格单位表示多边形。将栅格数据结构与矢量数据结构相比较，栅格数据结构可以更加直观地表示地理空间信息，并且便于进行多层地理空间数据图层的叠加处理。由于数据精度关键是网格单元的边长，故边长缩小、精度提升时，网格数量会迅速递增，导致数据存储空间也迅速增加。同时由于相邻栅格单位具有一定相关性，易增加冗余度。

5. 高精地图更新

高精地图数据如果不能及时更新，自动驾驶车辆就有可能对环境做出错误的判断。一般地，高精地图中的动态数据是必须要更新的，因此谈到高精地图的更新，一般指的是高精地图中静态数据的更新。

高精地图的更新可以通过专业采集车或者众包数据来实现。高精地图更新的基本目的是通过将采集到的数据与地图中已有的数据进行比对，调整元素的位置，补充原有地图中没有的元素，并删去当前已经不存在的元素。通过专业采集车进行的更新，具有较高的精度和可靠性，但是成本较高，而且由于专业采集车的数量较少，更新的速度比较慢。而通过众包数据来进行更新，即利用自动驾驶汽车车载传感器感知到的数据进行更新，其精度低于专业采集车，但是随着自动驾驶汽车数量的增多，感知数据量增多，在云端收集这些数据后，利用大数据分析也可以得到精度较高的更新结果。

4.2 适用于车辆驾驶的定位技术

4.2.1 四大卫星导航系统

卫星导航定位系统是星基无线电导航系统，以人造地球卫星作为导航台，为全球海陆空的各类军民载体提供位置、速度和时间信息，这些信息都具有全天候且高精度等特征，因而又被称作天基定位、导航和授时系统。卫星导航定位系统包括全球四大导航卫星系统、区域卫星导航系统和增强系统。

1. 全球四大导航卫星系统

全球四大导航卫星系统见表 4-2。

表 4-2 全球四大导航卫星系统

GNSS	卫星数量	卫星轨道	定位精度
BDS①	15 颗北斗二号卫星+30 颗北斗三号卫星	静止轨道卫星定点位置为东经 58.75°、80°、110.5°、140°、160°	全球范围水平定位精度约 1.52m，垂直定位精度约 2.64m；测速精度优于 0.1m/s，授时精度优于 20ns
GPS	24 颗工作卫星+4 颗备用卫星	分布在 6 条交点互隔 60°的轨道面上，距离地面约 2 万 km	民用精度 10m，综合可达厘米级
GLONASS	24 颗工作卫星+3 颗备用卫星	均匀分布在 3 个近圆形的轨道平面上，相隔 45°，轨道高度 1.91 万 km	绝对定位精度水平方向为 16m，垂直方向为 25m
GALILEO	27 颗工作卫星+3 颗备用卫星	分布在 3 条轨道上，56°倾角，离地面高度 23222km	1m

① 截至 2022 年 7 月数据。

中国的北斗导航卫星系统（Beidou Navigation Satellite System，BDS）：2000 年年底建成北斗一号系统，向我国提供服务；2012 年年底建成北斗二号系统，向亚太地区提供服务；2020 年建成北斗三号系统，向全球提供服务。

美国的全球定位系统（Global Positioning System，GPS）：提供具有全球覆盖、全天时、全天候、连续性等优点的三维导航和定位功能。

俄罗斯的全球导航卫星系统（Global Navigation Satellite System，GLONASS）：为海陆空的民用和军用提供全球范围内的实时、全天候连续导航、定位和授时服务。

欧盟的伽利略卫星导航系统（Galileo Satellite Navigation System，GALILEO）：正在建设中的全球卫星导航系统，目的是使欧洲摆脱对美国 GPS 的依赖。

2. 区域卫星导航系统

区域卫星导航系统有日本的准天顶卫星系统（Quasi-Zenith Satellite System，QZSS）、印度区域导航卫星系统（Indian Regional Navigation Satellite System，IRNSS）。

3. 星基增强系统

星基增强系统（Satellite-Based Augmentation System，SBAS）是由美国实施选择可用性（Selective Availability，SA）政策而发展起来的。SBAS 主要由空间段、地面段和用户段构成。

4. 地基增强系统

地基增强系统（Ground-Based Augmentation Systems，GBAS）是卫星导航系统建设中的一项重要内容，可以大大提升系统服务性能，综合使用了各种不同效果的导航增强技术，主要包括精度增强技术、完好性增强技术、连续性和可用性增强技术，实现其增强卫星导航服务性能的功能。

4.2.2　定位原理

根据后方交会定位原理，要实现 GNSS 定位，需要解决两个问题：一是观测瞬间卫星的空间位置；二是观测站点和卫星之间的距离，即卫星在某坐标系中的坐标。

1. 坐标系统和时间系统

坐标系统可分为地理坐标系、惯性坐标系、地球坐标系、地心坐标系和参心坐标系。GNSS 采用了一个独立的时间系统作为导航定位计算的依据，称为 GNSS 时间系统，简称 GNSST。GNSST 属于原子时系统，其秒长与原子时秒长相同。

2. 定位原理

GNSS 被设想为一种测距系统，测量从卫星在太空中已知位置到陆地、海上、空中和太空中未知位置的距离。信号离开卫星和到达接收器之间的时间间隔是确定距离的关键。需要卫星作为参考点，在任何给定时间知道每颗卫星的确切位置（参考点）。卫星发送的电子信号，使接收器能够测量到卫星的距离。

如图 4-2a 所示，每个卫星相对于地球中心的空间坐标可以根据开普勒定律从卫星广播的星历表中计算出来。通过记录（编码）卫星信号到达接收器所需的时间，可以准确地测量到每颗卫星的距离。

如图 4-2b 所示，终端（Receiver）X、第 S_i 颗导航卫星、地球地心三者构成三角关系，存在如下矢量关系，即

$$\boldsymbol{R}_{\mathrm{X}}=\boldsymbol{R}_{\mathrm{s}}+\boldsymbol{R} \tag{4-1}$$

$$\boldsymbol{R}=\boldsymbol{R}_{\mathrm{X}}-\boldsymbol{R}_{\mathrm{s}} \tag{4-2}$$

对于某终端到某颗导航卫星的伪距 ρ 为

$$\rho=R+c\delta t+X_{\mathrm{s}}+D_{\mathrm{ion}}+D_{\mathrm{trop}}+E_{\mathrm{s}}+M_{\mathrm{p}}+S_{\mathrm{p}} \tag{4-3}$$

式中，R 为目标相对卫星的位置（m）；c 为光速（m/s）；δt 为卫星钟差（s）；X_{s} 为卫星坐标；D_{ion} 为电离层折射延迟修正；D_{trop} 为对流层折射延迟修正；E_{s}、M_{p}、S_{p} 为多

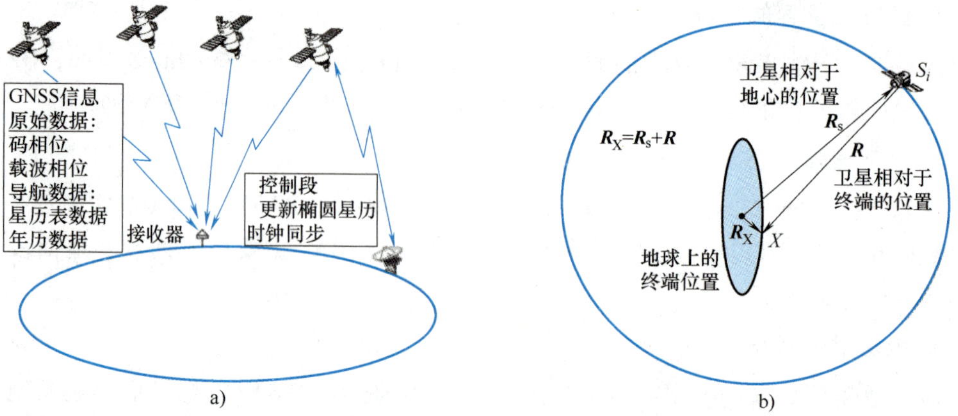

图 4-2 GNSS 定位原理

路径等修正误差。

由于存在时钟误差、传播干扰等噪声源，作为“观测量”的 ρ，表示的并非是从终端 X 到第 S_i 颗导航卫星的真实距离，故称为伪距（Pseudorange）。

在地心地固（Earth-Centered Earth-Fixed，ECEF）坐标系中，得到

$$\rho_i=|\boldsymbol{R}_X-\boldsymbol{R}_{si}|+c\delta t+\eta_i=\sqrt{(X_r-X_i)^2+(Y_r-Y_i)^2+(Z_r-Z_i)^2}+c\delta t+\eta_i \tag{4-4}$$

式中，$\eta_i=X_s+D_{ion}+D_{trop}+E_s+M_p+S_p$，表示各种误差源引入的噪声误差，其建模的准确性关系到测量精度，非常重要！

如果没有误差源，则 $\eta_i=0$，理想的终端到导航卫星之间的距离，可以描述为

$$\rho_X^s=c(T_X-T^s) \tag{4-5}$$

式中，c 为光速；T_X 为终端接收到信号那一刻的时间读数，以终端的时钟系统为准；T^s 为导航卫星发射出信号那一刻的时间读数，以导航卫星的时钟系统为准。

导航卫星上配置的原子钟极其精确。GNSS 提供了一套自己的时钟系统，作为时间标准参考系统（可以认为是“真值”）。

$$\rho_X^s=c(T_X-T^s)=c[t_r+\delta t_r-(t^s+\delta t^s)]=c(t_r-t^s)+c\delta t_r-c\delta t^s=P_i+c\delta t_r-c\delta t^s \tag{4-6}$$

$$P_i=|\boldsymbol{R}_X-\boldsymbol{R}_{si}|=\sqrt{(X_r-X_i)^2+(Y_r-Y_i)^2+(Z_r-Z_i)^2} \tag{4-7}$$

式中，t_r、t^s 分别为 GNSS 时间参考系统下（终端）接收到导航信号时刻、（卫星）发射导航信号时刻；δt_r 和 δt^s 分别为终端、卫星相比于 GNSS 时间系统的钟差；P_i 为终端与卫星之间的距离。

不考虑误差源，对于观测到的 4 颗导航卫星，对它们的观测量 ρ_i 进行简化：

$$\begin{cases}\rho_1=\sqrt{(X_r-X_1)^2+(Y_r-Y_1)^2+(Z_r-Z_1)^2}+c\delta t_r-c\delta t^{s1}\\ \rho_2=\sqrt{(X_r-X_2)^2+(Y_r-Y_2)^2+(Z_r-Z_2)^2}+c\delta t_r-c\delta t^{s2}\\ \rho_3=\sqrt{(X_r-X_3)^2+(Y_r-Y_3)^2+(Z_r-Z_3)^2}+c\delta t_r-c\delta t^{s3}\\ \rho_4=\sqrt{(X_r-X_4)^2+(Y_r-Y_4)^2+(Z_r-Z_4)^2}+c\delta t_r-c\delta t^{s4}\end{cases} \tag{4-8}$$

式中，导航卫星的（X_i，Y_i，Z_i，δt^{si}）从导航电文（Navigation Message）中获取；对于

钟差 δt_r 和 δt^s，有些参考书把这两个概念都笼统称为钟差，且有各种不同的符号表达式，δt_r 是指终端或接收机的时钟误差。而终端（X_r，Y_r，Z_r，δt_r）是有待求解的未知量。

根据线性代数知识可知，至少需要 4 组观测量才可以利用最小二乘法、滤波方法进行求解。

4.2.3　差分定位

差分 GNSS 可有效利用已知位置的基准站将公共误差估算出来，通过相关的补偿算法削弱或消除部分误差，从而提高定位精度。

基本原理为：在一定地域范围内设置一台或多台接收机，将一台已知精密坐标的接收机作为差分基准站，基准站连续接收 GNSS 信号，与基准站已知的位置和距离数据进行比较，从而计算出差分校正量。基准站会将此差分校正量发送到其范围内的流动站进行数据修正，从而减少甚至消除卫星时钟、卫星星历、电离层延迟与对流层延迟所引起的误差，提高定位精度。

根据差分校正的目标参量的不同，差分 GNSS 主要分为位置差分系统、伪距差分系统和载波相位差分系统。

1. 位置差分系统

位置差分系统如图 4-3 所示，将坐标测量值与基准站实际坐标值的差值作为差分校正量，通过数据链路发送给车辆，与车辆的测量值进行差分改正。由于基准站与流动站必须观测同一组卫星，通常流动站与基准站间距离不超过 100km。

2. 伪距差分系统

通过在基准站上利用已知坐标求出测站至卫星的几何距离，并将其与观测所得的伪距比较，然后利用一个滤波器将此差值滤波并求出其伪距修正值，再将所有卫星的伪距修正值传输给流动站，流动站利用此误差来改正 GNSS 卫星传输测量伪距（见图 4-4）。

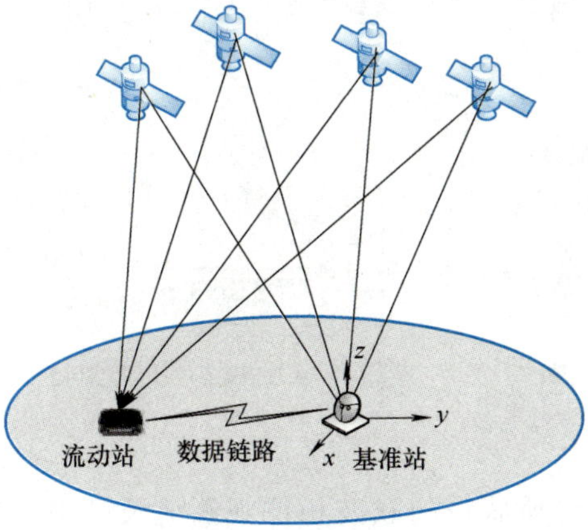

图 4-3　位置差分系统

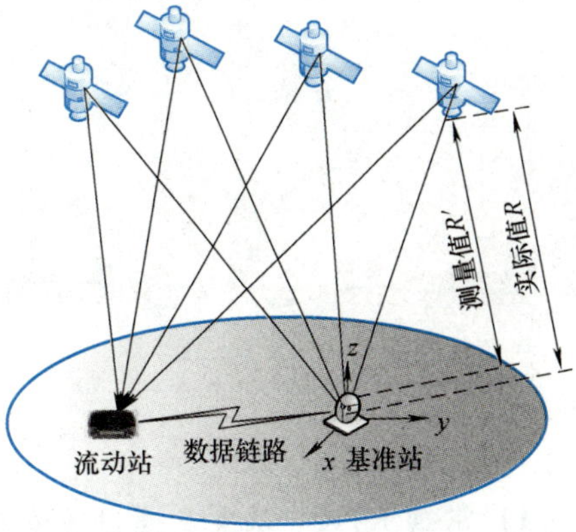

图 4-4　伪距差分系统

3. 载波相位差分系统

与其他差分技术相比，载波相位差分技术中基准站不直接传输关于 GNSS 测量的差分校正量，而是发送 GNSS 的测量原始值。流动站收到基准站的数据后，与自身观测卫星的数据组成相位差分观测值，利用组合后的测量值求出基线向量完成相对定位，推算出测量点的坐标。

图 4-5 中，单差表示站间一次差分，双差表示站间、星间各求一次差（两次差），三差表示站间、星间和历元间各求一次差（三次差），φ 和 Φ 均为载波相位，S、R 代表相应时刻，λ 为载波波长。

实时动态（Real Time Kinematic，RTK）技术是一种利用接收机实时观测卫星信号载波相位的技术，结合了数据通信技术与卫星定位技术，采用实时解算和数据处理的方式，能够实现为流动站提供在指定坐标系中的实时三维坐标点，在极短的时间内实现高精度的位置定位。

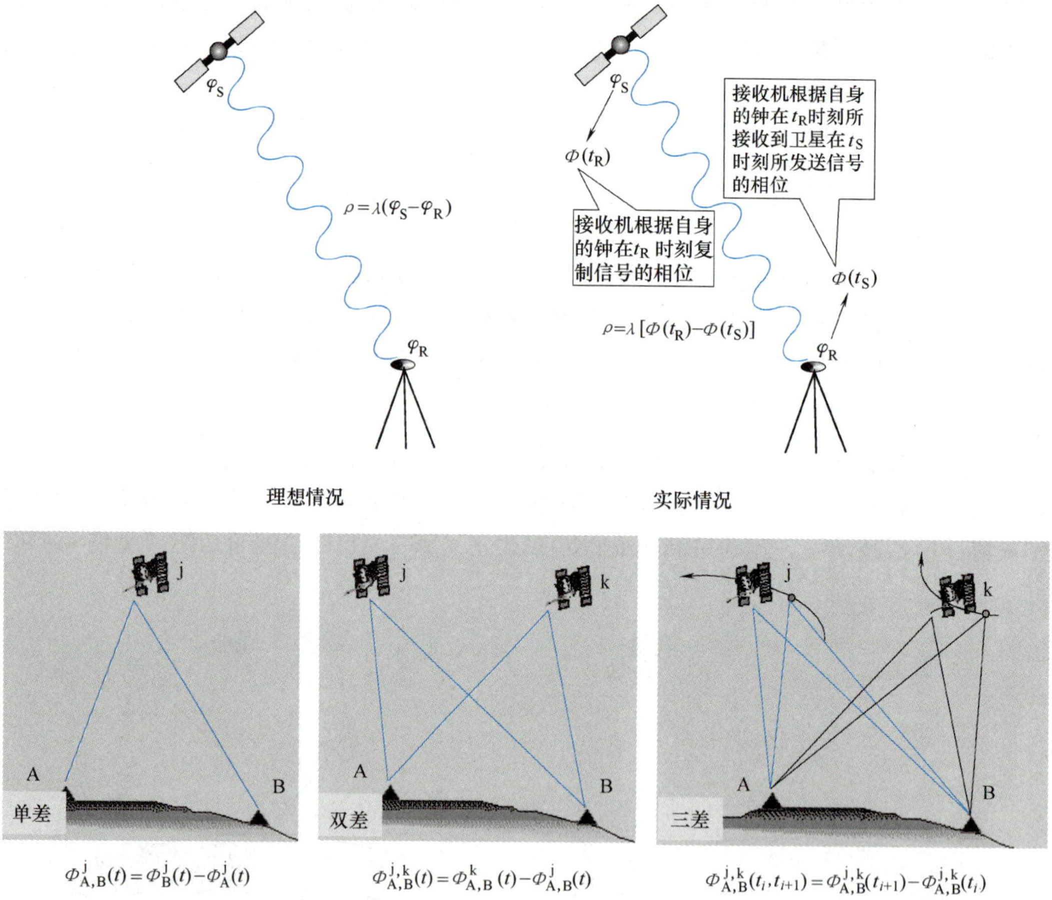

图 4-5 载波相位差分系统

（1）常规 RTK 基准站通过数据链路将自己所获得的载波相位观测值及站坐标实时发送给在其周围工作的动态用户。流动站数据处理模块则通过动态差分定位的方式，确定流动站相对于基准站的位置，并根据基准站的坐标得到自身的瞬时绝对位置。

（2）网络 RTK 通过长时间 GNSS 静态相对定位等方法可以精确得到基准站的坐标，基准站 GNSS 接收机按一定采样率进行连续观测，通过数据链路将观测数据实时传送给数据处理中心，如图 4-6 所示。

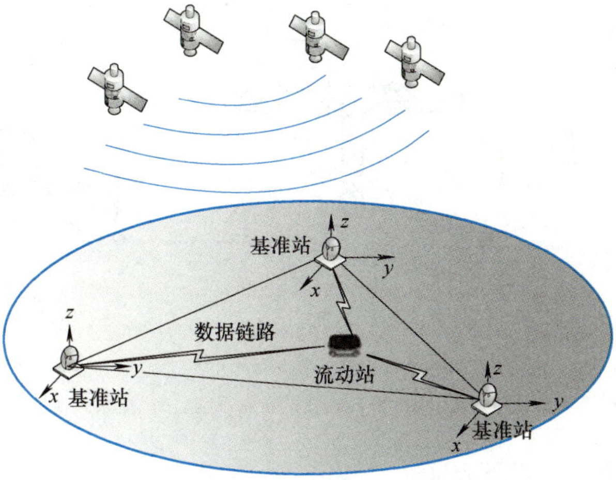

图 4-6 网络 RTK 原理

数据处理中心：首先对各个站的数据进行预处理和质量分析，然后对整个基准站网的数据进行统一解算，实时估计出网内各种系统误差的改正项（电离层、对流层和轨道误差），并建立误差模型。

4.3 惯性导航定位

4.3.1 系统组成

惯性导航定位系统是一种不依赖于外部信息，也不向外部辐射能量的自主式导航系统，主要由惯性测量单元、信号预处理单元和机械力学编排模块 3 个模块组成，如图 4-7 所示。

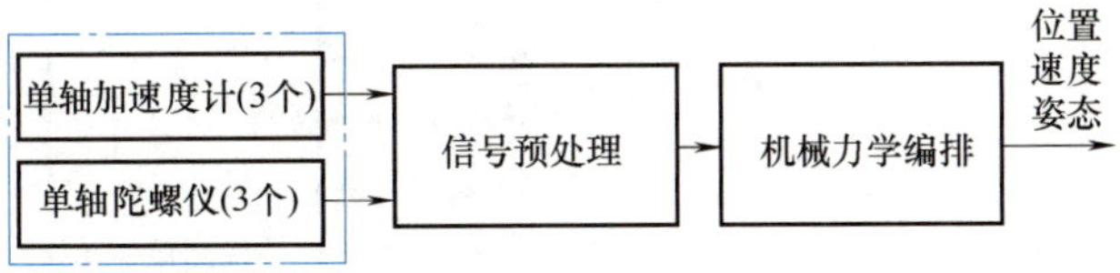

图 4-7 惯性导航定位系统组成

一个惯性测量单元包括 3 个相互正交的单轴加速度计（Accelerometer）和 3 个相互正交的单轴陀螺仪（Gyroscopes）。信号预处理单元对惯性测量单元输出信号进行信号调理、误差补偿并检查输出量范围等，以确保惯性测量单元正常工作，如图 4-8 所示。

4.3.2 工作原理

惯性导航定位系统是一种以陀螺仪和加速度计为感知元件的导航参数解算系统，应用航迹递推算法提供位置、速度和姿态等信息，可以说是一个由惯性测量单元和积分器组成的积分系统。该系统通过陀螺仪测量载体旋转信息求解得到载体的姿态信息，再将加速度计测量得到载体“比力”信息转换到导航坐标系进行加速度信息的积分运算，

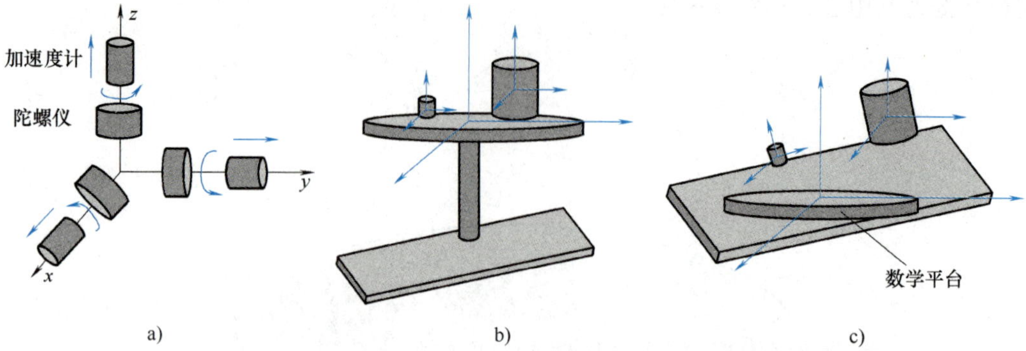

图 4-8　惯性测量单元的组成

a）惯性测量单元结构图　b）平台式惯性导航系统　c）捷联式惯性导航系统

就能推算出车辆的位置和姿态信息。

工作原理：基于牛顿第二运动定律，通过惯性测量单元检测载体所受“比力”，可算出车辆在三维空间内的运动加速度和角速度，进而积分得到位移及位置。

$$
\begin{cases} v = \int a\mathrm{d}t, s = \int v\mathrm{d}t = \iint a\mathrm{d}t\mathrm{d}t \\ v = \dfrac{\mathrm{d}s}{\mathrm{d}t},\ a = \dfrac{\mathrm{d}s}{\mathrm{d}t} = \dfrac{\mathrm{d}^2 v}{\mathrm{d}t^2} \end{cases} \tag{4-9}
$$

4.3.3　误差分析

在外部冲击、振动等力学环境中，惯性导航系统除了需要的加速度和角速度之外，还有很多误差源，如图 4-9 所示。这些误差可分为固定误差与随机误差。

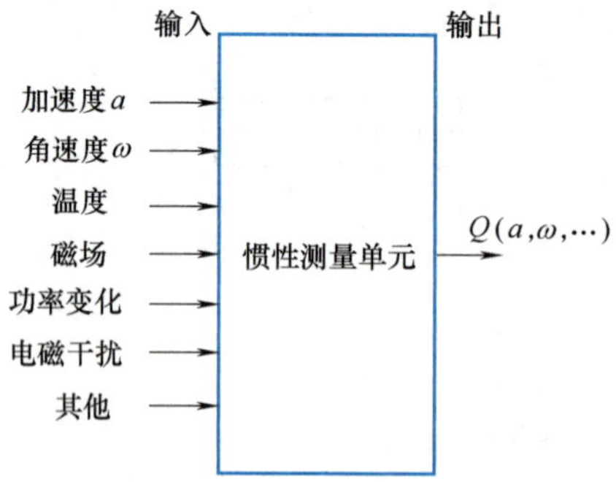

图 4-9　惯性导航定位误差

4.3.4　航迹递推

从一个已知的坐标位置开始，根据载体在该点的航向、航速和航行时间，推算下一时刻坐标位置的导航过程称为航迹递推。

航迹递推是一种非常原始的定位技术，最早是海上船只根据罗经和计程仪所指示的航向、航程以及船舶操纵要素和风流要素等在不借助外界导航物标的条件下求取航迹和船位，逐渐演化成如今自动驾驶车辆定位技术中最常用的方法。

1. 一维航迹递推

图 4-10 中，已知车辆的初始位置、初始速度，通过对加速度进行积分即可得到车辆在 t 时刻的速度，对速度积分即可得到 t 时刻的位置。

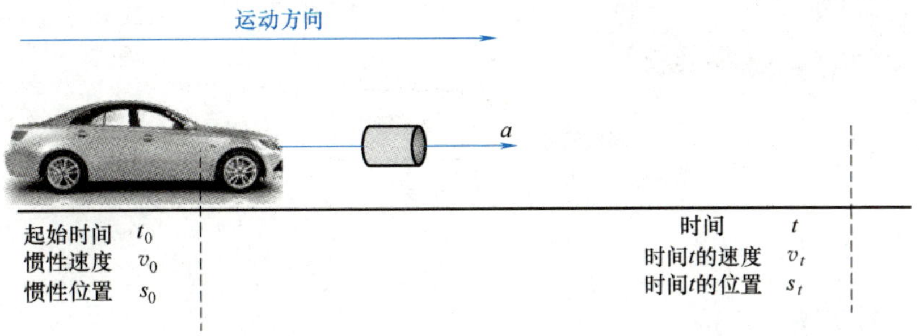

图 4-10　车辆一维航迹递推

$$s_t = \int v_t \mathrm{d}t + s_0 = \int (at + v_0)\mathrm{d}t + s_0 = \frac{1}{2}at^2 + v_0 t + s_0 \tag{4-10}$$

2. 二维航迹递推

图 4-11 中，将车辆看作是在二维平面上运动，已知车辆的起始点和起始航向角，通过实时检测车辆在 x、y 两个方向上的行驶距离和航向角的变化，即可实时推算车辆的二维位置。图 4-11 中坐标系为导航坐标系，N 轴与地理北向保持一致。

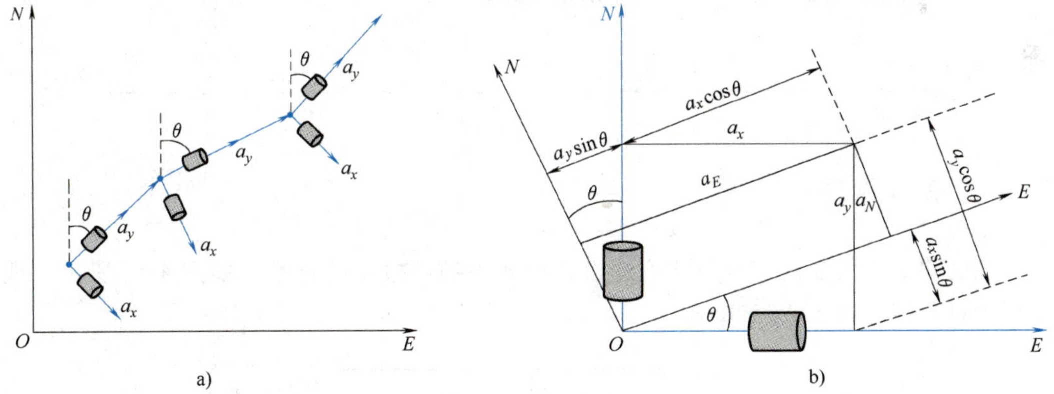

图 4-11　二维航迹递推

a）捷联式惯性导航二维航迹递推　b）惯性坐标系到导航坐标系的转换

$$\begin{pmatrix} x_E \\ x_N \end{pmatrix} = \iint \begin{pmatrix} \cos\theta & \sin\theta \\ -\sin\theta & \cos\theta \end{pmatrix} \begin{pmatrix} a_x \\ a_y \end{pmatrix} \mathrm{d}t\mathrm{d}t \tag{4-11}$$

3. 三维航迹递推

如图 4-12 所示，三维航迹递推需要 3 个陀螺仪来测量载体相对于惯性空间的旋转角速率，还需要 3 个加速度计来测量载体相对惯性空间受到的比力。

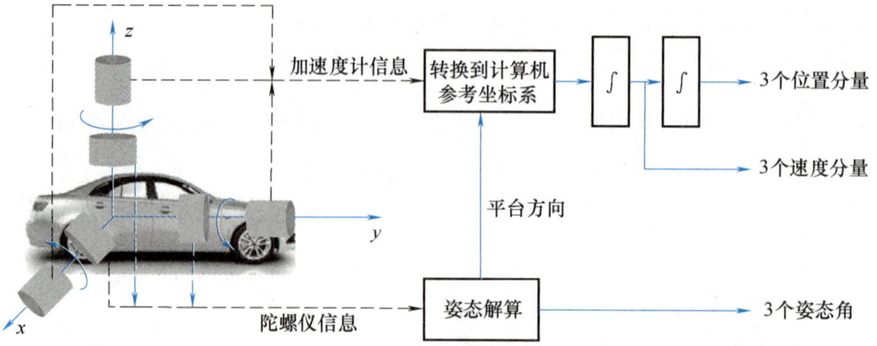

图 4-12　三维航迹递推

4.4 地图匹配定位

地图匹配定位指将自动驾驶车辆行驶轨迹的经纬度采样序列与高精地图路网匹配的过程。地图匹配定位技术将车辆定位信息与高精地图提供的道路位置信息进行比较，并采用适当的算法确定车辆当前的行驶路段以及在路段中的准确位置，校正定位误差，并为自动驾驶车辆实现路径规划提供可靠依据，如图 4-13 所示。

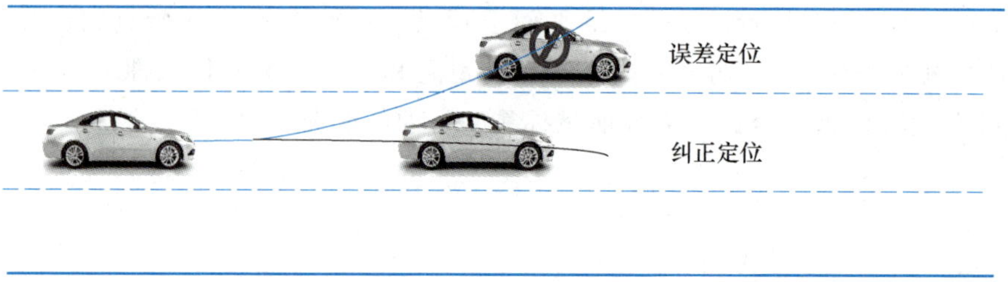

图 4-13　地图匹配定位

4.4.1　工作原理

在已知车辆位姿信息的条件下进行高精地图局部搜索的过程，如图 4-14 所示。地图匹配过程修正如图 4-15 所示。

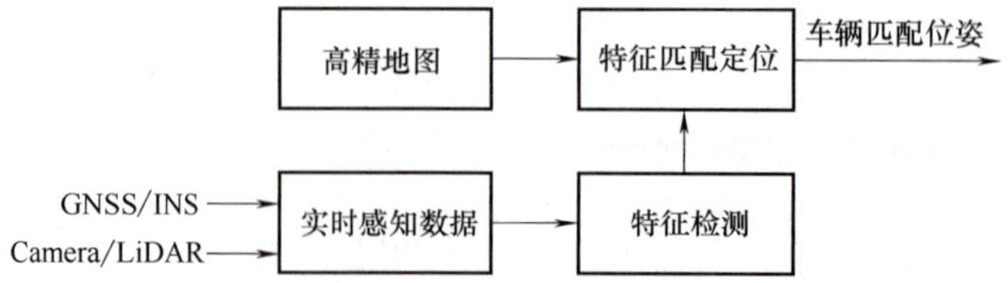

图 4-14　地图匹配定位的工作原理

4.4.2　误差分析

地图匹配定位误差主要由局部搜索范围正确性问题引起。局部搜索范围正确性即道

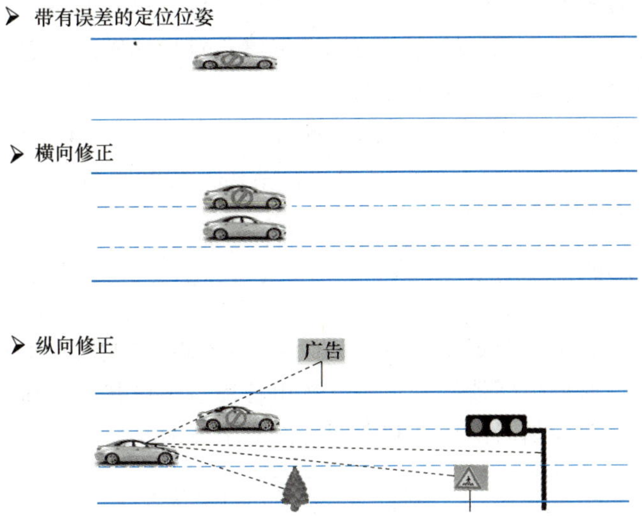

图 4-15 地图匹配过程修正

路选择的正确性，是地图匹配中极大的影响因素之一，在选择道路正确的情况下，才能继续地图匹配过程。常见的地图匹配误差类型有：路况引起的误差、传感器误差、高精地图误差、算法误差。

4.4.3 算法简析

根据不同的地图匹配特点，将地图匹配算法分为：几何匹配算法、概率统计算法和其他高级算法。任何一种地图匹配算法都涉及两个根本问题，一是当前车辆在哪一条道路上，二是当前车辆在对应道路的哪一个位置。因此，地图匹配算法几乎都可以用下式进行形式化描述，即

$$\hat{X}_n = f[(X_0, X_1, X_2, \cdots, X_n)^{\mathrm{T}}, G(R, N)] \tag{4-12}$$

式中，$\hat{X}_n$ 表示 n 时刻车辆的原始状态信息，如定位数据、速度、行驶方向等；G 表示道路网络，由道路路段集 R 以及道路节点集 N 构成。

4.5 多传感器融合定位

多传感器融合定位是指将不同传感器对某一目标或环境特征的描述信息进行综合，从而实现高精度定位。系统分层融合包括数据层融合、特征层融合和决策层融合，如图 4-16 所示。数据层融合也称像素级融合，首先将传感器的观测数据融合，然后从融合的数据中提取特征向量，并进行判断识别。特征层融合属于中间层次，先从每种传感器

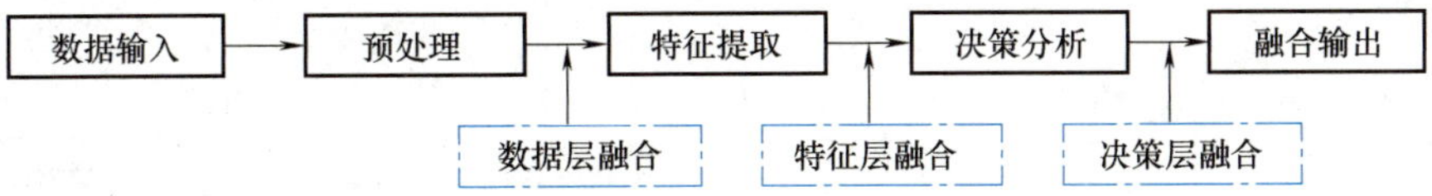

图 4-16 不同层次的融合和过程

提供的观测数据中提取有代表性的特征，这些特征融合成单一的特征向量，然后运用模式识别的方法进行处理。决策层融合指在每个传感器对目标做出识别后，再将多个传感器的识别结果进行融合，属于高层次的融合。

多传感器融合系统体系结构主要包括松耦合（Loosely Coupling）、紧耦合（Tightly Coupling）以及深耦合（Deep Coupling）等组合结构。在有些图书文献中，松耦合和紧耦合也常被称为“松组合”和“紧组合”。

4.5.1 组成与配准

多传感器融合定位系统组成如图 4-17 所示。多传感器的数据预处理可以考虑为传感器初始化及校准。完成传感器初始化后，利用各传感器对共同目标采集得到的数据进行数据配准。配准主要包括时间配准和空间配准两个方面。

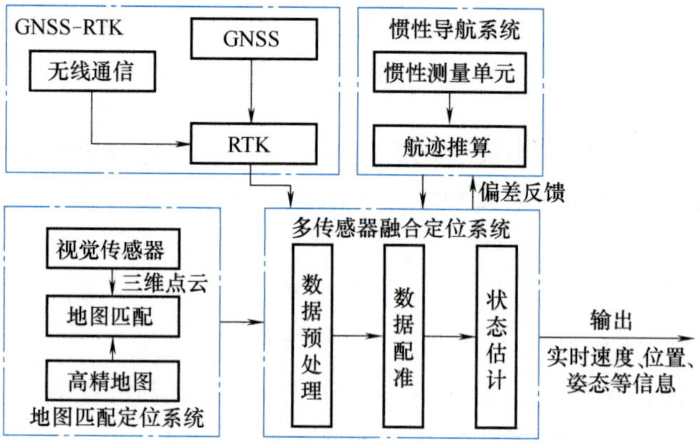

图 4-17 多传感器融合定位系统组成

时间配准（见图 4-18）：关于同一目标的各传感器不同步的量测信息同步到同一时刻。常用时间配准算法有最小二乘虚拟融合法、拉格朗日插值法、泰勒展开法和最小二乘曲线拟合法等。

空间配准（见图 4-19）：借助于多传感器对空间共同目标的量测对传感器的偏差进行估计和补偿。常用空间配准算法有实时质量控制法、最小二乘法、广义最小二乘法和极大似然法等。

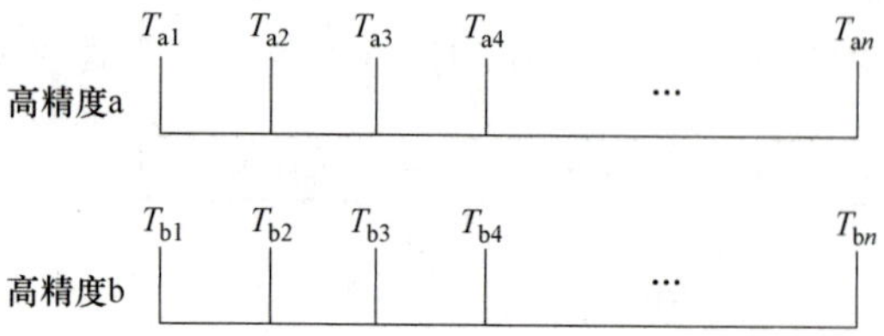

图 4-18 时间配准

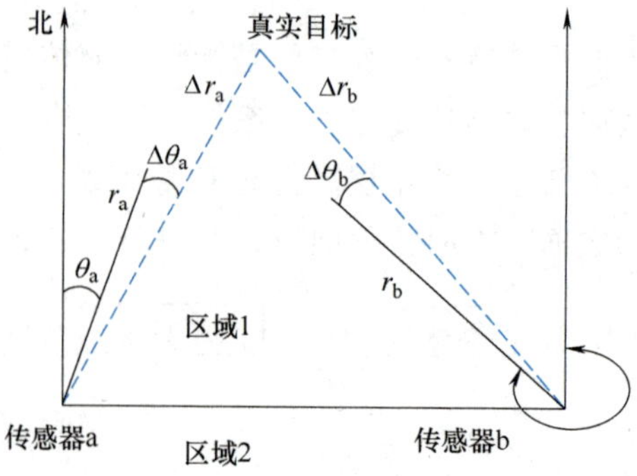

图 4-19 空间配准

4.5.2　耦合架构

1. 松耦合

松耦合技术是 INS 和 GNSS 接收机在位置、速度或姿态级别上的组合，它的组合工作模式主要体现在 GNSS 对 INS 的辅助。松耦合系统配置如图 4-20 所示，P、V、A、T 分别代表位置、速度、姿态和时间。

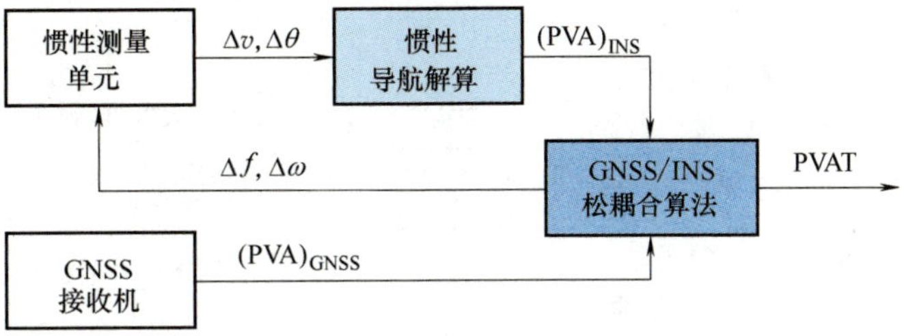

图 4-20　松耦合系统配置

松耦合方式无论是在硬件设计还是组合导航软件的编制和调试上都较容易实现，但当载体运行在高动态环境时，由于未受到 GNSS 导航滤波器的辅助无法估计 IMU 的全部误差参数，而典型 INS 算法分辨率不足，因此这种组合方式将产生较大的导航误差。

2. 紧耦合

紧耦合是在伪距、伪距率、多普勒或载波频率级别上的耦合，它的滤波器构型能够消除由 GNSS 接收机卡尔曼滤波器导致的未建模误差，达到本质上提高导航精度的目的。紧耦合系统配置如图 4-21 所示，图中 ρ、$\dot{\rho}$、CP 分别代表 GNSS 接收机输出的伪距、伪距率和载波相位。

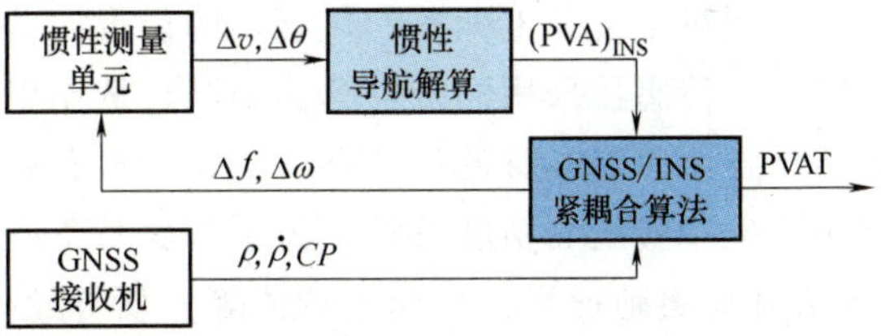

图 4-21　紧耦合系统配置

对于短时 GNSS 卫星遮蔽、中断或 GNSS 信号衰减，INS 不但能独立提供导航输出，保证 GNSS/INS 紧耦合系统的连续导航能力，而且可以辅助 GNSS 接收机快速重新捕获信号。此外，在需要增强 GNSS 接收机抗干扰性能的应用中，GNSS/INS 紧耦合系统常采用 INS 辅助 GNSS 跟踪环路。INS 的辅助反馈所包含的惯性导航信息可以减小 GNSS 接收机码环和载波环所跟踪载体的动态，故码环和载波环的带宽可取得较窄，从而提高整个系统在高动态环境下的抗干扰能力。

但是，载体高动态机动带来的加速度在 GNSS 接收机晶振频率上产生的影响，反而是受辅助的码或载波跟踪环出现跟踪环路残差的最主要因素。另外，惯性测量单位自身的误差也限制了受辅助的码或载波跟踪环抗干扰性能。由于接收机的锁相环辅助要比码环辅助困难得多，码环辅助成了最常见的一种实践选择。在被称作分散式设计的组合系统中，采用了一个包含 KF 运算的受辅助码环，但由于存在两个环路滤波器而会造成当带宽减小到 KF 有效带宽时，辅助构型会变得不稳定。

总之，无论是松耦合还是紧耦合，都无法消除载体高动态的影响，也无法从本质上提高组合导航系统的抗干扰能力。为了解决上述问题，有学者提出了集中式设计的最优化组合导航器，这一级别的组合方式后来在文献中被称为深耦合或超紧耦合。

3. 深耦合

不同于松耦合和紧耦合导航系统传统意义上的滤波器设计方法，深耦合更侧重 INS 对 GNSS 接收机环路的辅助，是一种 GNSS 接收机和 IMU 在同相和正交相位信号（Is 和 Qs）级别上深度耦合的处理方法。同时以矢量跟踪方式代替传统的跟踪环路，在 GNSS 接收机内部实现 INS 和 GNSS 量测信息的深度最优融合，有效提高接收机在弱信号、高动态、有意或无意射频干扰环境下的性能。深耦合系统配置如图 4-22 所示。由于一些 GNSS/INS 导航系统包含了不同级别的数据融合方式，它们很难被明确界定属于哪种级别的组合导航系统。

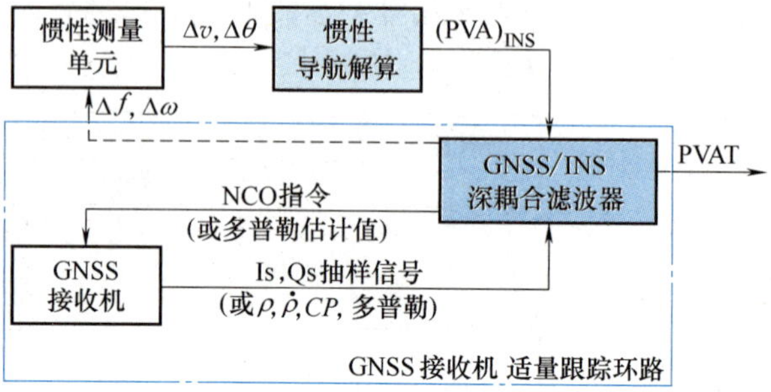

图 4-22　深耦合系统配置

4.5.3　误差分析

多传感器融合定位误差有如下几种：

1）传感器本身因制造误差带来的偏差。

2）各传感器参考坐标中量测的方位角、高低角和斜距偏差。

3）相对于公共坐标系的传感器的位置误差和计时误差。

4）各传感器采用的定位算法不同，从而引起单系统内局部定位误差。

5）各传感器本身的位置不确定，为融合处理而进行坐标转换时产生偏差。

6）坐标转换的精度不够，为了减少系统的计算负担而在投影变换时采用了一些近似方法（如将地球视为标准的球体等）所导致的误差。

4.5.4　算法简析

各种融合算法的特点比较见表 4-3。

表 4-3　各种融合算法的特点比较

融合算法	运行环境	信息类型	信息表示	不确定性	融合技术	适用范围
综合平均	动态	冗余	原始读数值	—	加权平均	高层融合
贝叶斯估计	静态	冗余	概率分布	高斯噪声	贝叶斯估计	高层融合
D-S 证据推理	静态	冗余互补	命题	—	逻辑推理	高层融合
模糊逻辑	静态	冗余互补	命题	隶属度	逻辑推理	高层融合
神经网络	静态、动态	冗余互补	神经元输入	学习误差	神经元网络	低/高层融合
专家系统	静态	冗余互补	命题	置信因子	逻辑推理	高层融合
卡尔曼滤波	动态	冗余	概率分布	高斯噪声	系统模型滤波	低层融合

【例 4-1】 已知用户初始化假设和 GNSS 接收机收到的数据分别见表 4-4 和表 4-5，试用卡尔曼滤波器估计下一时刻状态。

表 4-4 用户初始化假设

参数	1σ 值	方差	备注
位置	20m	400m^2	外部源的精度
速度	10m/s	$100(\text{m/s})^2$	外部源的精度
时钟偏差	10^5m	10^{10}m^2	时间不确定度
时钟漂移	100m/s	$10^4(\text{m/s})^2$	用户时钟的特性

表 4-5 GNSS 接收机收到的数据

参数	值
时间/s	250812. 171875
卫星位置 x/m	-11095241
卫星位置 y/m	-3414814
卫星位置 z/m	23488864
卫星速度 $\dot{x}$/(m/s)	91. 63
卫星速度 $\dot{y}$/(m/s)	-294. 00
卫星速度 $\dot{z}$/(m/s)	3. 70
伪距测量值 P_{cor}/m	23049952
伪距率测量值 $\dot{\rho}_{\text{cor}}$/m	552
伪距偏移/m	7
伪距率偏移/(m/s)	0. 05

解：1）状态。接收机的时钟偏差和漂移是需要的，因为它们将最终从已校正的伪距和伪距率测量值中分别提取出来，形成以测量值为基础的卫星至用户的距离 r_{m} 和距离率 $\dot{r}_{\text{m}}$。为了使必须进行的数学计算数量减至最小，所选定的状态是位置误差（x 方向，δx）、速度误差（x 方向，$\delta\dot{x}$）、GPS 接收机时钟偏差（δt_{u}）和时钟漂移（$\delta\dot{t}_{\text{u}}$）。因此，误差状态矢量为

$$\boldsymbol{x}=[\delta x \quad \delta\dot{x} \quad \delta t_{\text{u}} \quad \delta\dot{t}_{\text{u}}]^{\text{T}}$$

式中，位置单位是 km；速度单位是 m/s；时钟偏差单位是 m；时钟漂移单位是 m/s，所有数据均为以地心地固坐标系为基准。

2）转移矩阵。为了形成转移矩阵的公式，可以写出位置、速度、时钟偏差和时钟漂移的转移方程为

$$\delta x_n=\delta x_{n-1}+\delta\dot{x}_{n-1}\Delta t$$

$$\delta \dot{x}_n = \delta \dot{x}_{n-1}$$

$$\delta t_{un} = \delta t_{un-1} + \delta \dot{t}_{un-1} \Delta t$$

$$\delta \dot{t}_{un} = \delta \dot{t}_{un-1}$$

状态转移矩阵为

$$\boldsymbol{\Phi}(t_n, t_{n-1}) = \boldsymbol{\Phi}(t_1, t_0) = \begin{pmatrix} 1 & \Delta t & 0 & 0 \\ 0 & 1 & 0 & 0 \\ 0 & 0 & 1 & \Delta t \\ 0 & 0 & 0 & 1 \end{pmatrix}$$

为方便阐述，将 $\boldsymbol{\Phi}$（t_1，t_0）记为 $\boldsymbol{\Phi}$。

3）测量矩阵。测量矩阵 $\boldsymbol{H}(t_1)$ 的元素把观测量（此处为距离误差和距离率误差）与状态量关联起来。在每次接收到测量值时，首先建立一个用户以惯性为基础的位置指向卫星位置的视距（Line of Sight，LOS）单位矢量。其次，将这个单位矢量置于测量矩阵中，从而使距离误差和距离误差率分解到 x 维的分量中。导航处理器计算出从用户到卫星的单位矢量，方法是用卫星位置（x_j，y_j，z_j）（这里 j 指第 j 号卫星）减去用户的惯性位置（x_{ui}，y_{ui}，z_{ui}），从而产生一个指向卫星的估计机理矢量。再次，将这个距离矢量除以其标量距离以将其归一化为单位矢量。一般，要将这个单位矢量的每个元素放在测量矩阵中以对距离误差和距离率误差进行变换，但是在该例中，只需要包括其 x 轴分量。时钟偏差状态和漂移状态的误差只需设定为 i 即可，这是因为 LOS 伪距和伪距率误差直接映射到了时钟偏差和时钟漂移状态中。

$$\tilde{r}_x = x_j - x_{ui}$$

$$\tilde{r}_y = y_j - y_{ui}$$

$$\tilde{r}_z = z_j - z_{ui}$$

$$\tilde{r} = \sqrt{\tilde{r}_x^2 + \tilde{r}_y^2 + \tilde{r}_z^2}$$

$$\boldsymbol{H}(t_1) = \begin{pmatrix} \tilde{r}_x/\tilde{r} & 0 & 1 & 0 \\ 0 & \tilde{r}_x/\tilde{r} & 0 & 1 \end{pmatrix}$$

4）初始化。$\boldsymbol{P}_0$ 和 $\hat{\boldsymbol{x}}_0$ 均要根据已知数据初始化。这种数据由 GNSS 接收机关于时钟偏差和漂移的规范及关于脱落偏差的惯性规范得到。初始位置和速度由任务场景获得，比如在启动导航处理器时，可能停在（速度=0）特定的位置上。

由表 4-4，可得

$$\boldsymbol{P}_0 = \begin{pmatrix} 400 & 0 & 0 & 0 \\ 0 & 100 & 0 & 0 \\ 0 & 0 & 10^{10} & 0 \\ 0 & 0 & 0 & 10^4 \end{pmatrix}$$

$$\hat{\boldsymbol{x}}_0 = [0 \quad 0 \quad 0 \quad 0]^{\mathrm{T}}$$

设定过程噪声协方差矩阵 $\boldsymbol{Q}(t_0)$ 和测量噪声矩阵 $\boldsymbol{R}(t_1)$。矩阵 $\boldsymbol{Q}(t_0)$ 的位置和速度元素由未模型化的加速度方差计算，时钟偏差和漂移元素由模型化的时钟方差计算。测量噪声协方差矩阵是一个 2×2 的对角矩阵，其元素代表伪距和伪距率测量中的噪声方差。它易于由 GPS 接收机计算，GPS 接收机将各 1ms 的采样积分形成 1s 的 GPS 测量值。例中，GNSS 接收机噪声的伪距测量标准差 $\sigma_\rho = 1\text{m}$，伪距率测量标准差 $\sigma_{\dot{\rho}} = 0.1\text{m/s}$。为简单起见，将使用来自商业级 C/A 码接收机的 $\boldsymbol{Q}(t_0)$。

$$\boldsymbol{Q}(t_0)=\begin{pmatrix}10^{-2} & 0 & 0 & 0\\ 0 & 10^{-5} & 0 & 0\\ 0 & 0 & 1.1\times10^{-3} & 0\\ 0 & 0 & 0 & 10^{-4}\end{pmatrix}$$

测量噪声和伪距与伪距率测量值一起被接收到。当处理测量值并形成观测量时，设定 $\boldsymbol{R}(t_1)$ 为

$$\boldsymbol{R}(t_1)=\begin{pmatrix}\sigma_\rho^2 & 0\\ 0 & \sigma_{\dot{\rho}}^2\end{pmatrix}=\begin{pmatrix}1 & 0\\ 0 & 0.01\end{pmatrix}$$

5）数据同步。数据同步是必须要进行的一个流程。卡尔曼滤波器是一个采样的状态系统，它假定 GPS 测量和惯性测量的时刻相同。测量数据的不同导致未模型化误差，要求用户提高过程噪声的方差以补偿这种误差。为了完成同步，要涉及两个问题：一是用 GPS 接收机时间对惯性数据进行定位；二是把惯性数据缓存存储起来，以允许惯性数据与 GPS 数据同步。

惯性数据的定时通过用 GPS 接收机向导航处理器发送 1s 的定时脉冲完成。这个信号与高层中断捆绑在一起，强迫惯性时钟对准下一秒。惯性时钟是一个软件时钟，当导航处理每接收一个惯性测量值时这个时钟步进一次（典型情况下频率为 100~800Hz）。因此，惯性时钟与每秒一次的 GPS 接收机时钟是不同步的。为了对惯性时钟进行初始化，GPS 接收机必须产生一个特殊电文，这个电文将把下一个中断的 GPS 接收机时间通知导航处理器。这点必须在收到中断之前的一定时间内完成，以便导航处理器有时间响应中断和这个电文，并在收到下一个中断之前准备好设定惯性时钟。

由于 GPS 接收机和惯性部分是异步的，因而一个叫作历史排队的循环排队中包含 1s 或 2s 的惯性位置数据。根据对 GPS 测量时间的检定，从这个排队中提取出其时间标记小于 GPS 测量时间的最后一个惯性位置。然后，利用下一个排队输入值，将数据内插到 GPS 测量时间。在做好上述准备并得到了表 4-5 中来自 GPS 卫星的原始数据之后，可以开始观察系统如何响应。在系统中，用户输入所估计的初始位置，包括纬度 42.1°、经度 −71.2° 和高度 0，用 ECEF 坐标表示时，是（1527397，−4486699，4253850）。当导航处理器接收到 GPS 测量数据时，便形成测量矩阵公式。

为了完成这项工作，利用卫星位置 x_{sv}，y_{sv}，z_{sv}，提取出用户在做 GPS 测量时刻的基于惯性的位置 x_{ui}，y_{ui}，z_{ui}。为了获得用户在 GPS 测量时刻的惯性导出位置，可

以利用历史缓冲器。利用所获得的在 GPS 测量时刻之前以 ECEF 坐标表示的惯性位置，以及利用历史缓冲器的下一个输入值对数据进行内插，从而给出在 GPS 测量时刻之前和之后初始位置均为（1527397，-4486699，4253850），这是因为在初始化时运载体是停泊着的。这样，内插值将是（1527397，-4486699，4253850）。形成测量矩阵为

$$\tilde{r}_x = x_{sv} - x_{ui} = -11095241 - 1527397 = -12622638$$

$$\tilde{r}_y = y_{sv} - y_{ui} = -3414814 - (-4486699) = 1071855$$

$$\tilde{r}_z = z_{sv} - z_{ui} = 23488864 - 4253850 = 19235014$$

$$\tilde{r} = \sqrt{\tilde{r}_x^2 + \tilde{r}_y^2 + \tilde{r}_z^2} = 23031841$$

$$\boldsymbol{H}(t_1) = \begin{pmatrix} \tilde{r}_x/\tilde{r} & 0 & 1 & 0 \\ 0 & \tilde{r}_x/\tilde{r} & 0 & 1 \end{pmatrix}$$

$$= \begin{pmatrix} -\dfrac{12622638}{23031841} & 0 & 1 & 0 \\ 0 & -\dfrac{12622638}{23031841} & 0 & 1 \end{pmatrix}$$

$$= \begin{pmatrix} -0.548 & 0 & 1 & 0 \\ 0 & -0.548 & 0 & 1 \end{pmatrix}$$

① 误差协方差矩阵的外推和加入过程噪声。可以证明，当 $\Delta t = 1\text{s}$ 时，利用一步状态转移矩阵 $\boldsymbol{\Phi}$，可以计算第一个外推出的协方差矩阵 $\boldsymbol{P}(t_1^-)$，过程如下：

$$\boldsymbol{\Phi P}_0 = \begin{pmatrix} 1 & 1 & 0 & 0 \\ 0 & 1 & 0 & 0 \\ 0 & 0 & 1 & 1 \\ 0 & 0 & 0 & 1 \end{pmatrix} \begin{pmatrix} 400 & 0 & 0 & 0 \\ 0 & 100 & 0 & 0 \\ 0 & 0 & 10^{10} & 0 \\ 0 & 0 & 0 & 10^4 \end{pmatrix}$$

$$= \begin{pmatrix} 400 & 100 & 0 & 0 \\ 0 & 100 & 0 & 0 \\ 0 & 0 & 10^{10} & 10^4 \\ 0 & 0 & 0 & 10^4 \end{pmatrix}$$

$$\boldsymbol{\Phi P}_0 \boldsymbol{\Phi}^{\mathrm{T}} = \begin{pmatrix} 500 & 100 & 0 & 0 \\ 100 & 100 & 0 & 0 \\ 0 & 0 & 10^{10}+10^4 & 10^4 \\ 0 & 0 & 10^4 & 10^4 \end{pmatrix}$$

外推出的协方差矩阵 $\boldsymbol{P}(t_1^-)$ 为

$$\boldsymbol{P}(t_1^-) = \boldsymbol{\Phi P}_0 \boldsymbol{\Phi}^{\mathrm{T}} + \boldsymbol{Q}(t_0) = \begin{pmatrix} 500.01 & 100 & 0 & 0 \\ 100 & 100+10^{-5} & 0 & 0 \\ 0 & 0 & 10^{10}+10^4+1.1\times10^{-3} & 10^4 \\ 0 & 0 & 10^4 & 10^4+10^{-4} \end{pmatrix}$$

$$\approx\begin{pmatrix}500 & 100 & 0 & 0\\100 & 100 & 0 & 0\\0 & 0 & 10^{10}+10^4 & 10^4\\0 & 0 & 10^4 & 10^4\end{pmatrix}$$

② 卡尔曼增益矩阵 $\boldsymbol{K}$ 的计算。

$$\boldsymbol{K}(t_1^-)=\boldsymbol{P}(t_1^-)\boldsymbol{H}^{\mathrm{T}}(t_1)[\boldsymbol{H}(t_1)\boldsymbol{P}(t_1^-)\boldsymbol{H}^{\mathrm{T}}(t_1)+\boldsymbol{R}(t_1)]^{-1}$$

首先，计算 $\boldsymbol{P}(t_1^-)\boldsymbol{H}^{\mathrm{T}}(t_1)$。

$$\boldsymbol{P}(t_1^-)\boldsymbol{H}^{\mathrm{T}}(t_1)=\begin{pmatrix}500 & 100 & 0 & 0\\100 & 100 & 0 & 0\\0 & 0 & 10^{10}+10^4 & 10^4\\0 & 0 & 10^4 & 10^4\end{pmatrix}\begin{pmatrix}-0.548 & 0\\0 & -0.548\\1 & 0\\0 & 1\end{pmatrix}$$

$$\approx\begin{pmatrix}-274.006 & -54.800\\-54.800 & -54.800\\10^{10}+10^4 & 10^4\\10^4 & 10^4\end{pmatrix}$$

然后，可以计算 $\boldsymbol{H}(t_1)\boldsymbol{P}(t_1^-)\boldsymbol{H}^{\mathrm{T}}(t_1)$，导出如下 2×2 矩阵，即

$$\boldsymbol{H}(t_1)\boldsymbol{P}(t_1^-)\boldsymbol{H}^{\mathrm{T}}(t_1)=\begin{pmatrix}10^{10}+10150.156 & 10030.030\\10030.030 & 10030.030\end{pmatrix}$$

加入测量噪声协方差矩阵 $\boldsymbol{R}(t_1)$，有

$$\boldsymbol{H}(t_1)\boldsymbol{P}(t_1^-)\boldsymbol{H}^{\mathrm{T}}(t_1)+\boldsymbol{R}(t_1)=\begin{pmatrix}10^{10}+10150.156 & 10030.030\\10030.030 & 10030.030\end{pmatrix}+\begin{pmatrix}1 & 0\\0 & 0.01\end{pmatrix}$$

$$=\begin{pmatrix}10^{10}+10151.156 & 10030.030\\10030.030 & 10030.030\end{pmatrix}$$

而 $[\boldsymbol{H}(t_1)\boldsymbol{P}(t_1^-)\boldsymbol{H}^{\mathrm{T}}(t_1)+\boldsymbol{R}(t_1)]^{-1}$ 为

$$[\boldsymbol{H}(t_1)\boldsymbol{P}(t_1^-)\boldsymbol{H}^{\mathrm{T}}(t_1)+\boldsymbol{R}(t_1)]^{-1}=\begin{pmatrix}9.99999988\times10^{-11} & 9.99998991\times10^{-11}\\9.99998991\times10^{-11} & 9.97005957\times10^{-5}\end{pmatrix}$$

根据上面的要求，计算出增益矩阵 $\boldsymbol{K}(t_1)$ 为

$$\boldsymbol{K}(t_1^-)=\boldsymbol{P}(t_1^-)\boldsymbol{H}^{\mathrm{T}}(t_1)[\boldsymbol{H}(t_1)\boldsymbol{P}(t_1^-)\boldsymbol{H}^{\mathrm{T}}(t_1)+\boldsymbol{R}(t_1)]^{-1}$$

$$=\begin{pmatrix}-2.192\times10^{-8} & -5.464\times10^{-3}\\5.000\times10^{-15} & -5.464\times10^{-3}\\9.999\times10^{-1} & -2.994\times10^{-3}\\9.970\times10^{-13} & 9.970\times10^{-1}\end{pmatrix}$$

③ 当前状态的外推。

对误差状态 $\hat{\boldsymbol{x}}(t_1^-)=\boldsymbol{\Phi}\hat{\boldsymbol{x}}_0$ 的外推可得到

$$\hat{\boldsymbol{x}}(t_1^-)=\boldsymbol{\Phi}\hat{\boldsymbol{x}}_0=\begin{pmatrix}1&1&0&0\\0&1&0&0\\0&0&1&1\\0&0&0&1\end{pmatrix}\begin{pmatrix}0\\0\\0\\0\end{pmatrix}=\begin{pmatrix}0\\0\\0\\0\end{pmatrix}$$

④ 观测矢量 $y(t_1^-)$ 和 $\boldsymbol{H}(t_1)\hat{\boldsymbol{x}}(t_1^-)$ 预测的观测量的计算。

距离观测量是估计卫星至用户的距离 r_m 与基于测量值的距离 r 之间的差值，为了计算观测量，必须首先计算距离 $\tilde{r}$。为此，利用由来自 GPS 接收机与测量数据一起送出的 ECEF 卫星位置，减去用户在做 GPS 测量时基于惯性的位置。在 GPS 测量时用户位置从历史缓存器中提取，并进行内插以给出精确的用户位置。因此，所估计的卫星至用户的距离为

$$\begin{aligned}\tilde{r}&=\sqrt{(x_{sv}-x_{ui})^2+(y_{sv}-y_{ui})^2+(z_{sv}-z_{ui})^2}\\&=\{(-11095241-1527397)^2+[-3414814-(-4486699)]^2+(23488864-4253850)^2\}^{\frac{1}{2}}\\&=23031841\end{aligned}$$

当前的时钟偏差 t_u 可以用初始的时钟偏差 0 加上 1s 内的时钟漂移计算出来。假设等效漂移速率 $c\dot{t}_u$ 为 10m/s，在第一次迭代时的时钟偏差 $ct_u+c\dot{t}_u\Delta t=0+10=10$。因此，距离观测量为

$$\begin{aligned}OBS(r)&=\tilde{r}-r_m\\&=\tilde{r}-\rho_{cor}+ct_u\\&=23031841-23049952+10\\&=-18101\end{aligned}$$

接着，计算观测的距离率，它是卫星距离率减去用户距离率的 LOS 分量。

$$LOS_x=\frac{x_{sv}-x_{ui}}{\tilde{r}}=\frac{-11095241-1527397}{23031841}=-0.548$$

$$LOS_y=\frac{y_{sv}-y_{ui}}{\tilde{r}}=\frac{-3414814-(-4486699)}{23031841}=0.0465$$

$$LOS_z=\frac{z_{sv}-z_{ui}}{\tilde{r}}=\frac{23488864-4253850}{23031841}=0.835$$

估计的距离率 $\dot{\tilde{r}}$ 为（参数见表 4-5）

$$\begin{aligned}\dot{\tilde{r}}&=LOS_x(\dot{x}_{sv}-\dot{x}_{ui})+LOS_y(\dot{y}_{sv}-\dot{y}_{ui})+LOS_z(\dot{z}_{sv}-\dot{z}_{ui})\\&=-0.548(91.63-0.0)+0.0465(-294.00-0.0)+0.835(3.70-0.0)\\&\approx-60.79\end{aligned}$$

观测到的距离率误差为

$$\begin{aligned}OBS(\dot{r})&=\dot{\tilde{r}}-\dot{r}_m\\&=\dot{\tilde{r}}-(\dot{\rho}_{cor}-c\dot{t}_u)\\&=-60.79-(-552-10)=501.21\end{aligned}$$

因此观测矢量为

$$\boldsymbol{y}(t_1)=\begin{pmatrix}-18101\\501.21\end{pmatrix}$$

因为对误差状态的当前估计值为 0，因此预测的观测量 $\boldsymbol{H}(t_1)\hat{\boldsymbol{x}}(t_1^-)$ 为 0。

$$\boldsymbol{H}(t_1)\hat{\boldsymbol{x}}(t_1^-)=\begin{pmatrix}0\\0\end{pmatrix}$$

⑤ 误差状态估计值的计算。

误差状态矢量为

$$\hat{\boldsymbol{x}}(t_1^+)=\hat{\boldsymbol{x}}(t_1^-)+\boldsymbol{K}(t_1)[\boldsymbol{y}(t_1)-\boldsymbol{H}(t_1)\hat{\boldsymbol{x}}(t_1^-)]$$

将 $\boldsymbol{y}(t_1)-\boldsymbol{H}(t_1)\hat{\boldsymbol{x}}(t_1^-)=\begin{pmatrix}-18101\\501.21\end{pmatrix}-\begin{pmatrix}0\\0\end{pmatrix}=\begin{pmatrix}-18101\\501.21\end{pmatrix}$ 乘以增益矩阵，加上从前的误差状态矢量，得到

$$\hat{\boldsymbol{x}}(t_1^+)=\hat{\boldsymbol{x}}(t_1^-)+\boldsymbol{K}(t_1)[\boldsymbol{y}(t_1)-\boldsymbol{H}(t_1)\hat{\boldsymbol{x}}(t_1^-)]$$

$$=\begin{pmatrix}0\\0\\0\\0\end{pmatrix}+\begin{pmatrix}-2.192\times10^{-8} & -5.464\times10^{-3}\\-5.000\times10^{-13} & -5.464\times10^{-3}\\9.999\times10^{-1} & -2.994\times10^{-3}\\9.970\times10^{-13} & 9.970\times10^{-1}\end{pmatrix}\begin{pmatrix}-18101\\501.21\end{pmatrix}$$

$$=\begin{pmatrix}-2.738\\-2.738\\-18100.691\\499.706\end{pmatrix}$$

对当前估计值 σ_x^2 协方差进行调整。

$$\boldsymbol{P}(t_1^+)=[\boldsymbol{I}-\boldsymbol{K}(t_1)\boldsymbol{H}(t_1)]\boldsymbol{P}(t_1^-)$$

$$=\begin{pmatrix}499.70 & 99.70 & 273.84 & 54.64\\99.71 & 99.70 & 54.64 & 54.64\\273.81 & 54.63 & 1000030.94 & 30.94\\54.64 & 54.64 & 29.99 & 30.00\end{pmatrix}$$

⑥ 校正量的应用和误差状态矢量的复位。

$$\delta x=1527397+(-2.738)=1527394.262$$

$$\delta\dot{x}=0+(-2.738)=-2.738$$

$$c\delta t_{\mathrm{u}}=0+(-18100.691)=-18100.691$$

$$c\delta\dot{t}_{\mathrm{u}}=0+499.706=499.706$$

$$\hat{\boldsymbol{x}}(t_1^+)=[0\quad0\quad0\quad0]^{\mathrm{T}}$$

在第一次迭代之后可以看到，大多数来自 GPS 接收机的校正量均放入了时钟偏差和时钟漂移中。随着进一步的迭代，这种误差将放入时钟位置的速度误差中。在几百次迭代之后，如果噪声参数已做了适当的设定，且已把放入误差减至最小，滤波器将稳定下来，位置和速度误差将不超过伪距率测量误差。

第5章 决策规划

在智能汽车技术体系中，决策规划是系统的中枢，其依据当前的交通环境信息，在满足交通法规、动力学特性等汽车行驶约束的前提下，生成最优的车辆运动轨迹或执行动作序列。同时，决策也是提高车辆智能性、安全性、经济性、舒适性以及用户信任度、接受度和交通协调度的关键。

5.1 决策方法概述

正确的决策方法是智能汽车行驶安全性及合理性的重要保障，其目的是接收最新的本车状态信息以及环境感知信息，结合交通规则，决策产生一个能够完成驾驶任务的行驶行为，作为下层轨迹规划的目标。典型的行驶行为包括与道路相关的交叉口行驶、换道，以及与其他车辆相关的跟随、超车、避让等。显然，行为决策一方面取决于当前客观环境信息以及相应交通规则的潜在影响，另一方面，如果想要在动态交通环境中安全、高效地行驶，其他交通参与物对智能汽车的影响也是必须考虑的。同时，因为需要根据实时获得的传感信息决策出合理的行驶行为，智能汽车行为决策模块需要具备较高的实时性。

5.1.1 分类

目前的自动驾驶决策规划技术方案主要分为两类，即分解式决策方案和集中式决策方案。两种方案的决策过程不同，优缺点各异，都有着各自的研究方法和实车应用，见表 5-1。

表 5-1 两类自动驾驶决策规划技术方案比较

项目	分解式决策方案	集中式决策方案
定义	将决策过程分解为独立的子过程：交通场景理解、参与者运动预测、驾驶行为选择、驾驶轨迹规划	将决策过程视作一个不可分解的黑箱，以环境感知结果为输入，直接以期望路径或执行器控制命令为输出
方法	排序、搜索、优化等	监督学习、强化学习等

（续）

项目	分解式决策方案	集中式决策方案
应用	谷歌、百度、通用、特斯拉等	英伟达、Comma. ai、Wayve 等
主要优点	问题可分解，任务可分工，节省车载存储和计算资源，决策代码开发的可控性好	体系框架简洁明了，环境感知信息无损失
主要缺点	感知信息存在损失，涵盖场景、行为有限，决策目标制定困难	难以嵌入已知驾驶经验，场景间难以互相迁移，算法难以理解且难以手动改进

其中，分解式决策方案将决策过程分解为相互独立的子过程，一般分为交通情景理解、参与者运动预测、驾驶行为选择、驾驶轨迹规划 4 个部分。分解式决策方案各子过程独立求解，因而决策代码开发的可控性好。而集中式决策方案采用类似人类的驾驶决策过程，以环境感知结果为输入，直接以期望路径或执行器控制命令为输出，将决策过程视作一个不可分解的黑箱，体系框架相对简洁明了。这两类决策方案都已经有相关企业进行开发应用，如谷歌、百度、通用、特斯拉等主要采用分解式决策方案，而英伟达、Comma. ai、Wayve 等主要利用监督学习或强化学习方法进行集中式决策方案开发。

5.1.2 有限状态机

常用的智能汽车行为决策方法包括有限状态机法、层次状态机法、博弈论法和概率图模型法等，本小节针对有限状态机法进行详述。

有限状态机（Finite State Machine，FSM）是一种描述特定对象的数学模型，它是由有限状态组成的，决策过程根据当前状态以及接收事件产生相应的动作从而引起状态的变换，适用于具有复杂控制逻辑系统（即事件响应系统）的建模。有限状态机的基本组成元素包括事件、状态、转换和动作：①事件是引起状态机状态变更的输入条件，通常由系统的定性或定量数据输入转换而来；②状态是对象的一种形态，可以由其属性值、执行特定的动作或等待特定的事件来确定；③转换表示状态之间可能存在的路径，在某个特定事件发生或者完成既定动作后，转移至对象的其他状态；④动作表示有限状态机中的一些基本“原子操作”，即在操作过程中不能被中断的操作。按照结构可将有限状态机分为串联式、并联式和混联式 3 种。

有限状态机通常可表述为一个五元组模型，即

$$F=(Q,\varepsilon,\delta,q_0,q_f) \tag{5-1}$$

式中，Q 为状态机 F 中所有状态的集合，$Q=\{q_1, q_2, \cdots, q_n\}$；$\varepsilon$ 为引发状态转移的事件的集合，$\varepsilon=\{e_1, e_2, \cdots, e_n\}$；$\delta$ 为状态转移函数，δ：$\varepsilon\rightarrow Q$；q_0 为初始状态，$q_0\in Q$；q_f 为终止状态，$q_f\in Q$。

应用有限状态机解决智能汽车的行为决策问题时，可将自动驾驶过程分解为几种基本的驾驶行为模式，例如可以分为以下几种：

1）车道保持行为（A）：自动驾驶系统的默认模式，是指智能汽车始终沿所在车道行驶的行为，按照所在的车道可分为主车道车道保持行为“A（主）”和超车道车道保持行为“A（超）”。

2）车辆跟随行为（B）：是指智能汽车按照当前车道前车行驶状态自适应调节自身

行驶状态，使其以安全车距跟踪前方车辆。

3）车道变换行为（C）：是指智能汽车当前车道不具备通行条件或相邻车道具有更高的通行效率时，从当前车道切换至相邻车道行驶的过程。按照目标车道的不同，车道变换行为可分为从主车道切换至超车道行为“C（主）”和从超车道切换至主车道行为“C（超）”。

4）制动避障行为（D）：当智能汽车前方出现紧急情况或意外危险且不具备换道条件时，智能汽车只能通过紧急制动降低车速或停车，以避免与前方车辆或障碍物发生碰撞。

智能汽车的上述驾驶行为之间是相互关联的，通过设置合理的驾驶行为触发和转化条件，能够在简单的结构化道路上实现自动驾驶功能。根据智能汽车所在车道和相邻车道的交通参与者和障碍物信息，能够为上述驾驶行为建立基本的触发条件，见表 5-2。

表 5-2　驾驶行为基本触发条件

触发条件类型	触发条件描述
当前车道情况	a_1：前方区域无车辆和障碍物
	a_2：前方车辆或障碍物处于跟随范围
	a_3：前方车辆或障碍物处于制动避障范围
车辆速度关系	b_1：前车速度高于跟随速度
	b_2：前车速度低于跟随速度
相邻车道情况	c_1：相邻车道有车辆行驶
	c_2：相邻车道无车辆行驶
变道时间判断	d_1：满足变道时间阈值
	d_2：不满足变道时间阈值

基于有限状态机的驾驶行为决策过程如图 5-1 所示。对于有限状态机的五元组模型 $F=(Q, \varepsilon, \delta, q_0, q_f)$，有以下情况：

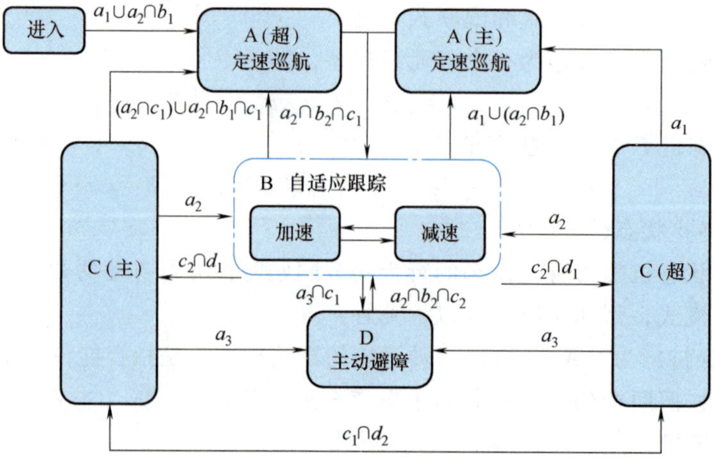

图 5-1　基于有限状态机的驾驶行为决策过程

① 状态集合 $Q=\{A(主), A(超), B, C(主), C(超), D\}$，即 6 种驾驶行为决策。

② 引发状态转移的事件集合 $\varepsilon=\{a_1, a_2, a_3, b_1, b_2, c_1, c_2, d_1, d_2\}$，即表 5-2 中所列的触发驾驶行为的 9 种条件。

③ 状态转移函数 δ 表示智能汽车在接收到不同状态即驾驶行为的触发信息时，从一个驾驶行为转移到另一个驾驶行为的规则，可通过分析本车和交通参与者的运动状态计算得到一系列驾驶行为切换阈值。

④ 初始状态 q_0 为在主车道的车道保持行为，即 A（主）。

⑤ 终止状态 q_f 为退出自动驾驶模式由驾驶人接管。

现阶段，基于有限状态机的智能汽车行为决策已经在实车应用中得到了验证，是基于机理和规则的代表性方法。但是该方法在实现功能复杂度和应用场景复杂度上的上限较低，功能越复杂，意味着对应的驾驶行为即状态集合越庞大，且对于城市道路这种具有复杂、随机、不确定性约束的场景，建立应对所有工况的驾驶行为集合以及与其对应的完备的触发条件和状态转移函数是十分困难的，极易引起“状态机爆炸”问题，给设计者带来很大的不便。此外，基于有限状态机的决策方法在划分驾驶行为即状态时需要有明显的划分边界，但实际驾驶过程中，驾驶行为之间存在某些“灰色地带”，即同一场景下可能有一个以上合理的行为选择，使驾驶状态存在冲突。对于决策系统而言，一方面要避免冲突状态强行划分而造成智能汽车行为不连贯，另一方面要能够判断处于“灰色地带”的智能汽车不同行为的最优性。通过在决策系统中引入其他决策理论，如决策仲裁机制、博弈论法、状态机与学习算法结合等方法可帮助解决该问题。

5.2 全局轨迹规划

全局轨迹规划是指在全局地图指导下，根据驾驶任务等先验信息，基于车辆起点、终点及其他全局约束条件，在全局地图上规划出从起点到终点的路径，无关时间序列和车辆动力学。全局轨迹规划主要是对局部路径规划起到导向和约束作用，使车辆沿着导航系统提供的一系列期望局部目标点行驶。全局轨迹规划在规划时没有考虑环境的现场约束，例如障碍物的形状位置、道路的宽度、道路的曲率半径等。根据算法原理的不同，全局轨迹规划方法包括路径搜索算法、智能仿生算法等。

5.2.1 路径搜索算法

路径搜索算法是一类重要的规划和决策方法。常见的搜索算法有宽度优先搜索（Breadth First Search，BFS）、深度优先搜索（Depth First Search，DFS）、代价一致搜索、贪婪最佳优先搜索、A^* 搜索、Dijkstra 算法等。

路径搜索的评价特性主要有：

1）完备性：当问题有解时，该算法是否能保证找到解。

2）最优解：搜索策略能否找到最优解。

3）时间复杂度 $T(n)$：找到解需要花费多长时间。

4）空间复杂度 $S(n)$：在执行搜索的过程中需要多少内存。

对于时间复杂度，通常取一个算法需要进行乘法的次数，因为在计算机中，乘法运行的时间明显大于加法运行的时间，记作 $T(n)=O(f(n))$，其中 $O(f(n))$ 代表最坏情况的复杂度，可以理解为复杂度的上限。对于空间复杂度，通常取算法运行过程中临时占用储存空间的大小，记作 $S(n)=O(f(n))$。

搜索策略分为无信息搜索策略和有信息搜索策略，其差别在于是否使用了搜索问题以外的信息。

1. 宽度优先搜索

宽度优先搜索属于无信息搜索策略，其搜索顺序是遍历完浅层的节点以后再遍历深层的节点。该搜索策略因其枚举法特性具有完备性，不具有最优解特性，其空间复杂度和时间复杂度均为 $O(b^d)$。

【例 5-1】 在图 5-2 中，试将宽度优先搜索应用在此二叉树上。

解： 搜索顺序将是 A1→B1→B2→C1→C2→C3 →C4→D1→D2→D3→D4→D5→D6→D7→D8，图 5-3 所示为宽度优先搜索顺序。

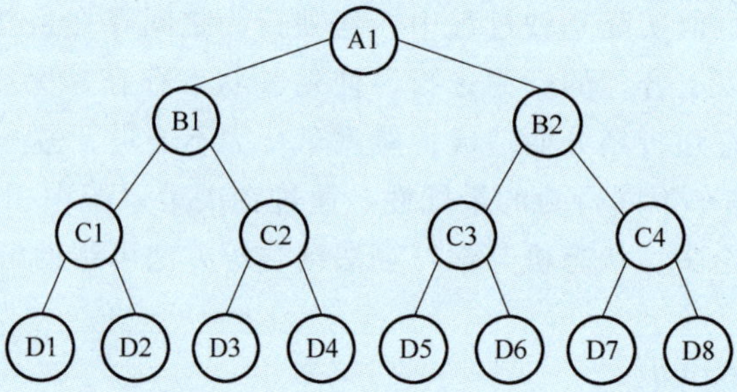

图 5-2 二叉树

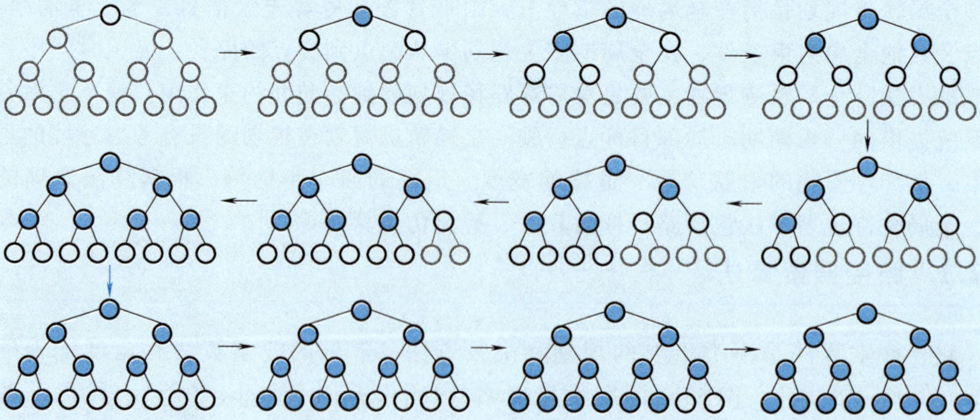

图 5-3 宽度优先搜索顺序

2. 深度优先搜索

深度优先搜索与宽度优先搜索相反，从一个节点开始往深层遍历，直到找到目标节点或者没有子节点的节点。使用该搜索策略，若不加以相关限制，极有可能陷入死循环，即该算法没有完备性，与宽度优先搜索类似，因为没有使用任何信息，因此所得到的解也不是最优解。时间复杂度和空间复杂度为 $O(b^m)$。

【例 5-2】 在图 5-4 中，试求二叉树深度优先搜索顺序。

解： 顺序为 A1→B1→C1→D1→D2→C2→D3→D4→B2→C3→D5→D6→C4→D7→D8。

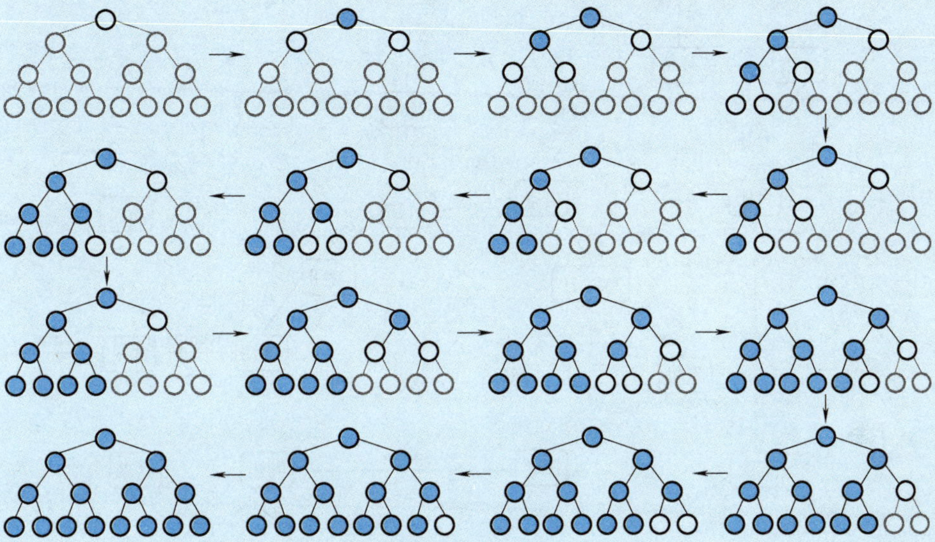

图 5-4 深度优先搜索顺序

3. 代价一致搜索

这里引入评估函数这一概念。评估函数是用来评估研究对象整体以及局部性能的数学函数模型。在搜索策略中，评估函数起到为下一个节点选取提供扩展依据的作用。如图 5-5 所示，当扩展到黑色节点时，根据两个评估函数的大小，选取最佳节点。

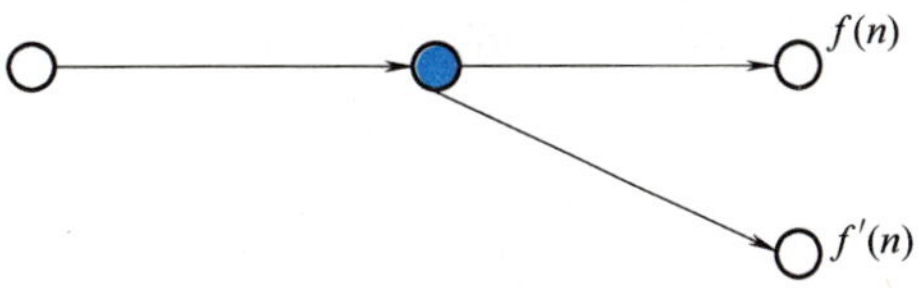

图 5-5 节点扩展

代价一致搜索策略仍然属于无信息搜索，但这并不代表它与宽度优先搜索或者深度优先搜索一样不使用任何信息，它使用了每次遍历后的节点的代价作为评估函数，$f(n)=g(n)$。代价一致搜索每次遍历到黑色节点之后，都会比较之后可以遍历的节点已消耗的总代价，从而遍历最小代价消耗的节点。

【例 5-3】 图 5-6 展示了长三角主要城市（地级市）交通网络，试讨论：镇江到上海的最佳路径。

解： 利用代价一致搜索策略进行解题，如图 5-7 所示，镇江到扬州和常州所消耗的时间是相同的，但接下来到无锡消耗的时间比到泰州短，因此该搜索策略会先到无锡，然而到苏州消耗的总时间比到泰州长，此时搜索策略又会到泰州，以此类推。该搜索策略具有完备性，但是它会走许多弯路，不断比较接下来的节点，因此它的时间复杂度和空间复杂度都比较大。

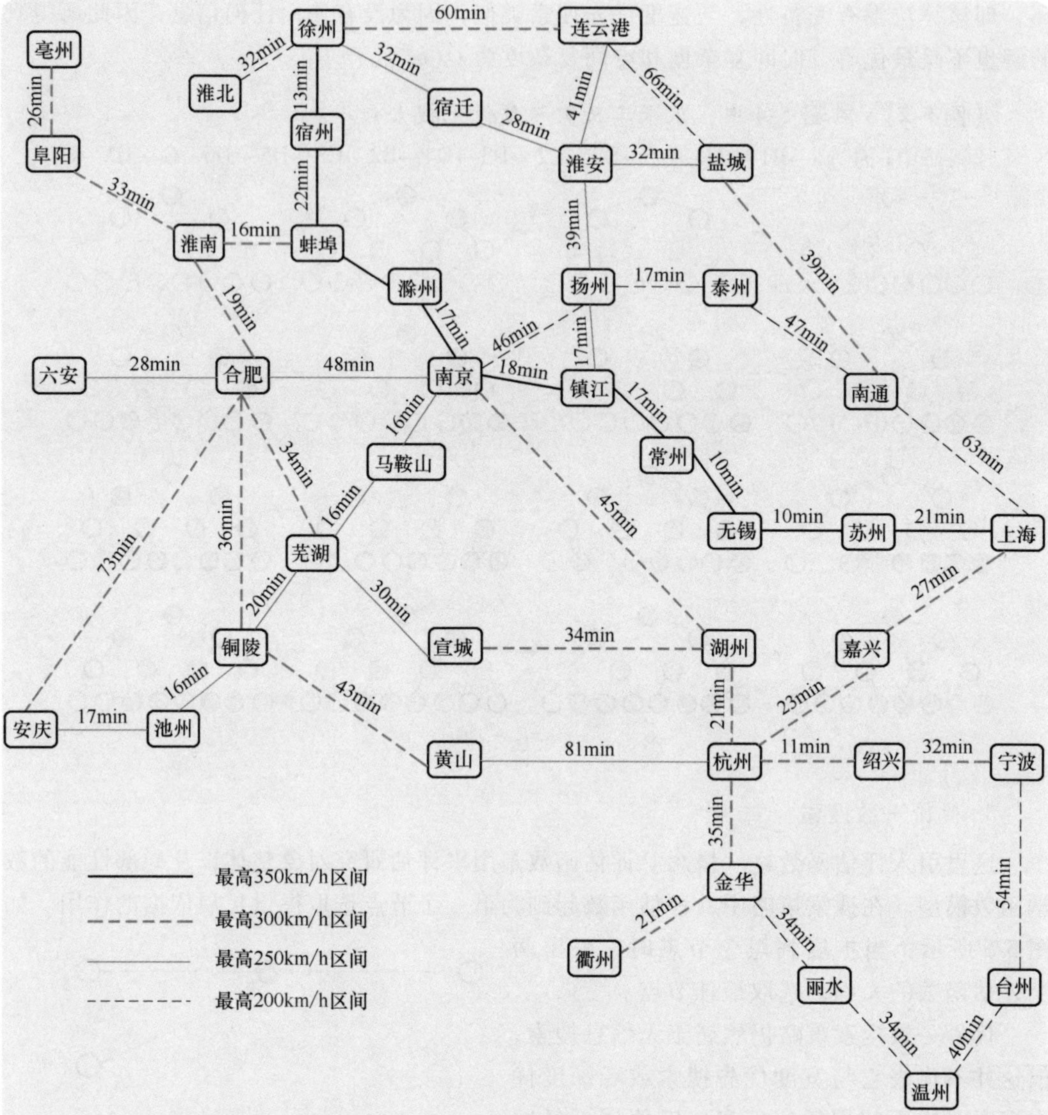

图 5-6 长三角主要城市（地级市）交通网络

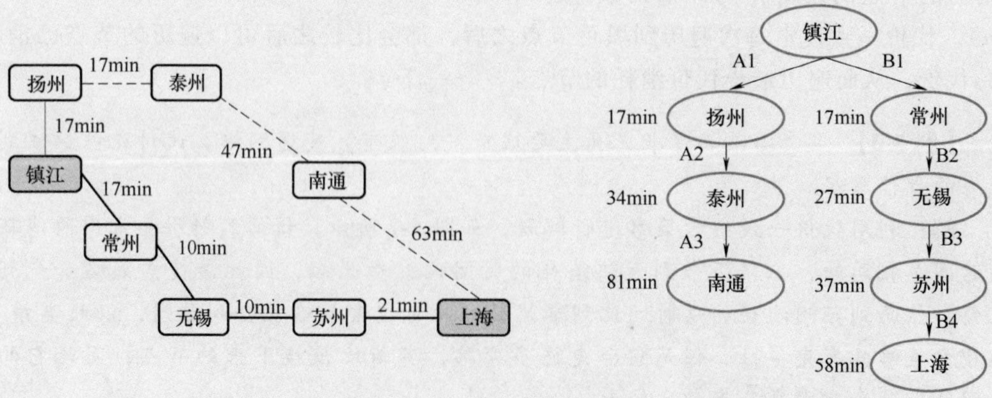

图 5-7 镇江到上海时间关系

4. 贪婪最佳优先搜索

有信息搜索指的是搜索策略会使用问题以外的信息。贪婪最佳优先搜索和 Dijkstra 算法搜索等用到了启发式函数，即预测终点到当前节点所需要的代价。启发式函数是一种用来估算当前状态和目标状态之间距离的函数，用于路径决策。该函数直接决定了寻找路径的快慢和准确度。

如图 5-8 所示，当遍历到黑色节点时，在接下来的两个灰色节点进行选择遍历时，评估函数会多一部分启发式函数。

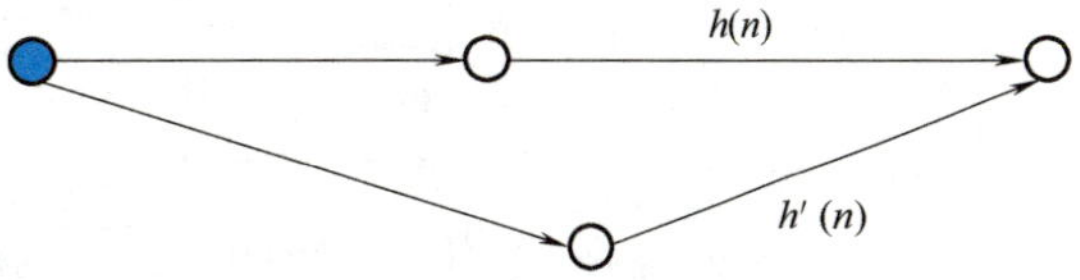

图 5-8　启发式搜索节点扩展

贪婪最佳优先搜索指的是每次寻找距离终点最近的节点进行遍历，因此其评估函数有且仅有启发式函数，$f(n)=h(n)$。

【例 5-4】 以图 5-6 为例，从南京到上海使用贪婪最佳优先搜索。

解： 作图路线上的时间为实际路径耗散值（路径搜索中，未遍历到的节点不知道其实际耗散）如图 5-9a 所示。图 5-9b 所示为各个城市到上海的直线距离除以列车速度获得的估计耗散值作为启发式函数，贪婪最佳函数每次遍历距离上海时间最短的城市，那么将会比代价一致函数少走很多弯路，直接一步到位走粗实线路线抵达上海。

但贪婪最佳优先搜索看似能找到最优解，但无法找到含有需要绕远路但最终实际抵达时间较短的路线，因此这种算法不具有最优解特性。同时由于其采用贪婪算法，若不加以特殊条件限制，可能会像深度优先搜索那样陷入死循环而无法找到解，因此也不具有完备性。但一般情况下，贪婪最佳优先搜索的空间复杂度和时间复杂度将小于代价一致搜索的空间复杂度和时间复杂度。

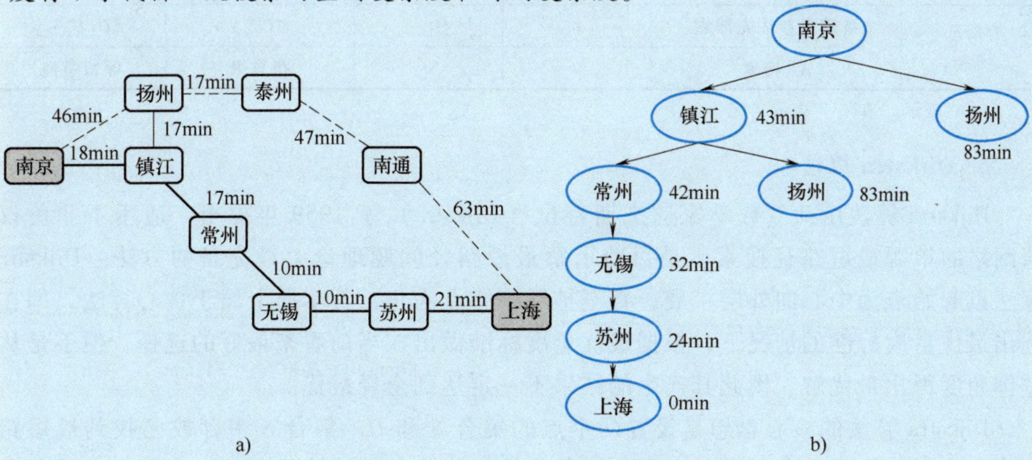

图 5-9　南京到上海时间关系

a）实际时间　b）估计时间

5. A* 搜索

A* 搜索的评估函数结合了代价一致搜索与贪婪最佳优先搜索，其评估函数由一致路径耗散代价和启发式函数组成，$f(n)=g(n)+h(n)$，如图 5-10 所示。

A* 搜索算法具有贪婪最佳优先搜索的快速性，也具有代价一致搜索的完备性与最优解特性。同样是从南京到上海，A* 搜索算法每步都能通过已经耗散的代价与预估代价准确无误地找到最优解。若启发式函数计算得当，A* 搜索算法为最佳搜索算法。

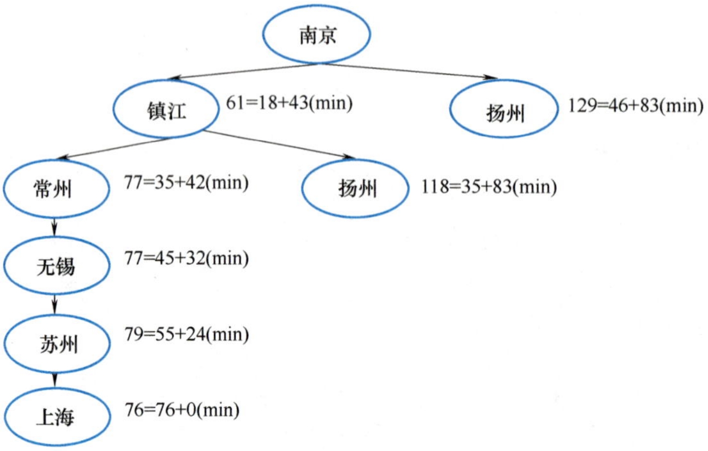

图 5-10　A* 搜索算法下南京到上海时间关系

各算法优缺点对比见表 5-3。

表 5-3　各算法优缺点对比

	搜索算法	完备性	最优解	$T(n)$	$S(n)$
无信息搜索	宽度优先搜索	√	Cost = 1	$O(b^d)$	$O(b^d)$
	深度优先搜索	×	×	$O(b^m)$	$O(b^m)$
	代价一致搜索	√	√	$O(b^{1+[C^*/\varepsilon]})$	$O(b^{1+[C^*/\varepsilon]})$
有信息搜索	贪婪最佳优先搜索	×	×	$O(b^m)$	$O(b^m)$
	A* 搜索	√	√	指数级	保留节点

注：√表示“有”；×表示“无”。

6. Dijkstra 算法

Dijkstra 算法由荷兰数学家迪杰斯特拉（Dijkstra）于 1959 年提出，适用于非负权值网络的单源最短路径搜索，是目前求解最短路径问题理论上最完备的方法。Dijkstra 算法以起始点为中心向外层扩展，直至扩展到终点为止，其本质上属于贪心算法，即在选出最优量度标准的情况下，根据最优量度标准做出在当前看来最好的选择，但不是从整体角度得出最优解，因此其产生的结果不一定达到全局最优。

Dijkstra 算法的核心思想是设置两个点的集合 S 和 U。集合 S 中存放已找到最短路径的节点，U 集合中存放当前还未找到最短路径的节点。初始状态时，集合 S 中只包含起始点，然后不断从集合中选择到起始点路径长度最短的节点加入集合 S 中。集合 S 中每加入一个新的节点，都要修改从起始点到集合 U 中剩余节点的当前最短路径长度值，集合 S 中各节点新的当前最短路径长度值为原来最短路径长度值与从起始点过新加入节点到该节点的路径长度中的较小值。不断重复上述过程，直至集合 U 中所有节点全部加入集合 S 为止。

【例 5-5】 如图 5-11 所示，以一个简单的例子来说明 Dijkstra 算法原理，以 A 点为起点，目标为 F 点，将 Dijkstra 算法的搜索过程写入表 5-4。

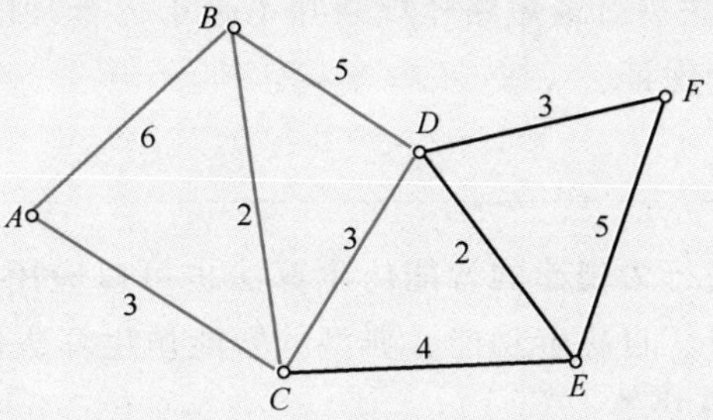

图 5-11 Dijkstra 算法示例

表 5-4 Dijkstra 算法的搜索过程示例

步骤	S 集合	U 集合
1	选入 A,此时 $S=\{A\}$ 此时最短路径 $A\to A=0$ 以 A 为中间点,从 A 点开始寻找	$U=\{B,C,D,E,F\}$ $A\to B=6$ $A\to C=3$ $A\to$其他 U 中节点$=\infty$
2	选入 C,此时 $S=\{A,C\}$ 此时最短路径 $A\to A=0,A\to C=3$ 以 C 为中间点,从 $A\to C=3$ 这条最短路径开始寻找	$U=\{B,D,E,F\}$ $A\to C\to B=5$(比步骤 1 中的 $A\to B=6$ 要短) 此时到 B 权值改为 $A\to C\to B=5$ $A\to C\to D=6$ $A\to C\to E=7$ $A\to C\to$其他 U 中节点$=\infty$ 发现 $A\to C\to B=5$ 权值为最短
3	选入 B,此时 $S=\{A,C,B\}$ 此时最短路径 $A\to A=0,A\to C=3,A\to C\to B=5$ 以 B 为中间点,从 $A\to C\to B=5$ 这条最短路径开始寻找	$U=\{D,E,F\}$ $A\to C\to B\to D=10$(比步骤 2 中的 $A\to C\to D=6$ 要长) 此时到 D 权值改为 $A\to C\to D=6$ $A\to C\to B\to$其他 U 中节点$=\infty$ 发现 $A\to C\to D=6$ 权值为最短
4	选入 D,此时 $S=\{A,C,B,D\}$ 此时最短路径 $A\to A=0,A\to C=3,A\to C\to B=5,A\to C\to D=6$ 以 D 为中间点,从 $A\to C\to D=6$ 这条最短路径开始寻找	$U=\{E,F\}$ $A\to C\to D\to E=8$(比步骤 2 中的 $A\to C\to E=7$ 要长) 此时到 E 权值改为 $A\to C\to E=7$ $A\to C\to D\to F=9$ 发现 $A\to C\to E=7$ 权值为最短
5	选入 E,此时 $S=\{A,C,B,D,E\}$ 此时最短路径 $A\to A=0,A\to C=3,A\to C\to B=5,A\to C\to D=6,A\to C\to E=7$ 以 E 为中间点,从 $A\to C\to E=7$ 这条最短路径开始寻找	$U=\{F\}$ $A\to C\to E\to F=12$(比步骤 4 中的 $A\to C\to D\to F=9$ 要长) 此时到 F 权值改为 $A\to C\to D\to F=9$ 发现 $A\to C\to D\to F=9$ 权值为最短
6	选入 F,此时 $S=\{A,C,B,D,E,F\}$ 此时最短路径 $A\to A=0,A\to C=3,A\to C\to B=5,A\to C\to D=6,A\to C\to E=7,A\to C\to D\to F=9$	U 集合已空,结束寻找过程

Dijkstra 算法的时间复杂度为 $O(n^2)$，其时间复杂度与节点数目相关，当节点数目较大时，Dijkstra 算法的时间复杂度将急剧增加。因此在较大、较复杂的城市交通路网中，直接应用 Dijkstra 算法进行最短路径规划并不是十分合理的选择，其计算效率、实时性、准确性都很难得到保证。

5.2.2 智能仿生算法

各种模拟自然界生物行为规律的智能仿生算法也可以应用于智能汽车的路径规划。智能仿生算法具有自学习、自决定功能，典型的智能仿生算法包括蚁群优化（Ant Colony Optimization，ACO）算法等。

蚁群优化算法最早由马可·多里科（Marco Dorigo）等人在 1991 年提出，该算法来源于蚂蚁觅食行为。寻找食物时，蚂蚁在其经过的路上留下一种被称为信息素的物质。信息素浓度大小表征路径的远近，信息素浓度越高，表示对应的路径距离越短。通常，蚂蚁会以较大的概率优先选择信息素浓度高的路径，并且释放一定的信息素，使该条路径上的信息素浓度增高，进而使蚂蚁能够找到一条由巢穴到食物源最近的路径。该算法是典型的智能仿生算法之一，最初用来解决旅行商问题（Traveling Saleman Problem，TSP），经过多年发展已经逐渐渗透到其他领域中，例如车辆调度问题、图着色问题等，其中最成功的是在组合优化问题中的应用。1997 年，马可·多里科在此基础上提出了一种具有全新机制的 ACO 算法——蚁群系统（Ant Colony System，ACS），提高了 ACO 算法的性能。该算法的核心思想是：蚂蚁在寻找最佳路径的过程中只能使用局部信息，即采用局部信息对路径上的信息量进行调整；在所有进行寻优的蚂蚁结束路径的搜索后，路径上的信息量会再一次调整，这次采用的是全局信息，而且只对过程中发现的最佳路径上的信息量进行加强。该算法在每一次循环中仅让最短路径上的信息量更新，且以较大的概率让信息量最大的路径被选中，从而强化了最优信息的反馈。蚁群系统流程图如图 5-12 所示。

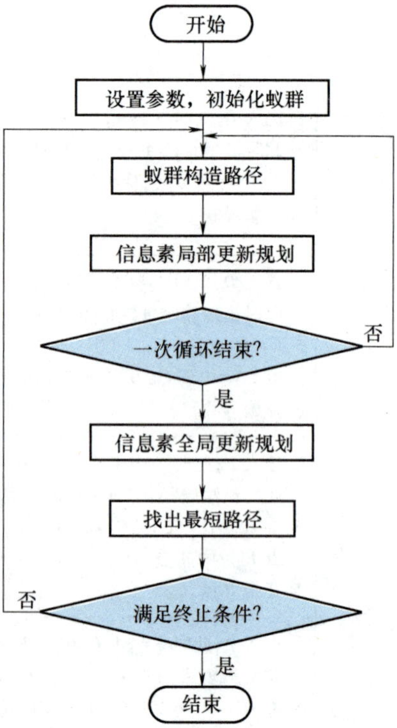

图 5-12　蚁群系统流程图

蚁群系统与蚁群优化算法的不同之处主要体现在以下 3 个方面：

1）除了拥有全局信息素更新规则外，还采用了局部信息素更新规则。

2）信息素挥发和信息素释放动作只在至今最优路径的边上执行，即每次迭代之后只有至今最优蚂蚁被允许释放信息素。

3）采用不同的路径选择规则，能更好地利用蚂蚁所积累的搜索经验。

在蚁群系统中，位于城市 i 的蚂蚁 k，根据伪随机比例规则选择城市 j 作为下一个访问的城市。路径选择规则的公式为

$$j=\begin{cases}\underset{j\in J_k(i)}{\operatorname{argmax}}\{\tau_{ij}(\eta_{ij})^{\beta}\} & q\leqslant q_0\\ S & \text{其他情况}\end{cases} \tag{5-2}$$

$$p_{ij}^{k}(t)=\begin{cases}\dfrac{[\tau_{ij}(t)]^{\alpha}[\eta_{ij}(t)]^{\beta}}{\sum\limits_{S\in J_k(i)}[\tau_{iS}(t)]^{\alpha}[\eta_{iS}(t)]^{\beta}} & j\in J_k(i)\\ 0 & \text{其他情况}\end{cases} \tag{5-3}$$

$$n_{ij}=\frac{1}{d_{ij}} \tag{5-4}$$

式中，k 为蚂蚁编号；τ_{ij} 为边（i，j）上的信息素；η_{ij} 为启发式因子（能见度），反映蚂蚁由城市 i 转移到城市 j 的启发程度；d_{ij} 为城市 i 与城市 j 的距离；α 为信息素的相对重要程度；β 为启发式因子的相对重要程度；$J_k(i)$ 为蚂蚁 k 下一步允许选择的城市集合；S 为轮盘赌策略下得出的城市编号。

q_0 是一个［0，1］区间内的参数，当产生的随机数 $q\leqslant q_0$ 时，蚂蚁直接选择使启发式信息与信息素量的指数乘积最大的下一个城市节点，这通常被称为开发（Exploitation）；反之，当产生的随机数 $q>q_0$ 时，蚁群系统将和各种蚁群算法一样使用轮盘赌选择策略，这被称为偏向探索（Bias Exploration）。通过调整，能有效调节“开发”与“探索”之间的平衡，以决定算法是集中开发最优路径附近的区域，还是探索其他区域。

蚁群系统的全局信息素更新规则为

$$\begin{aligned}&\tau_{ij}=(1-\rho)\tau_{ij}+\rho\Delta\tau_{ij}\quad \forall(i,j)\in T\\&\Delta\tau_{ij}=1/C\end{aligned} \tag{5-5}$$

式中，ρ 为信息素蒸发（或挥发）系数，$1-\rho$ 为持久性（或残留）系数，$0<\rho<1$；$\Delta\tau_{ij}$ 为本次迭代边（i，j）上的信息素增量。

蚁群系统的局部信息素更新规则定义如下：

在路径构建过程中，蚂蚁每经过一条边（i，j），都将立刻调用这条规则更新该边上的信息素，即

$$\tau_{ij}=(1-\rho)\tau_{ij}+\zeta\tau_0 \tag{5-6}$$

其中，ζ 和 τ_0 是两个参数，ζ 满足 $0<\zeta<1$。τ_0 是信息素量的初始值。局部更新的作用在于，蚂蚁每一次经过边（i，j），该边的信息素 τ_{ij} 将会减少，从而使得其他蚂蚁选中该边的概率相对减小。

【例 5-6】 假设有一个旅行商人要拜访全国 10 个省会城市，如图 5-13 所示，他需要选择所要走的路径，路径的限制是每个城市只能拜访一次，而且最后要回到原来出发的城市。10 个城市的坐标分别为［5.294，1.558；4.286，3.622；4.719，2.774；4.185，2.230；0.915，3.821；4.771，6.041；1.524，2.871；3.447，2.111；3.718，3.665；2.649，2.556］。此题中数据为无量纲。

路径的选择要求是所选路径的路程为所有路径之中的最小值。

解： 蚁群算法参数设置如下：蚂蚁数 $m=50$；参数 $q_0=0.9$；最大迭代次数为 100；信息素相对重要程度 $\alpha=2$；启发式因子相对重要程度 $\beta=4$；信息素蒸发系数 $\rho=0.1$；信息素增加强度系数 $Q=0.01$。

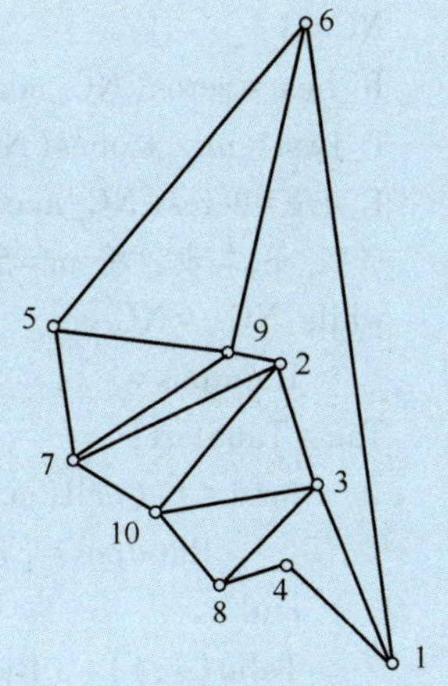

图 5-13　省会城市位置关系

MATLAB 代码如下：

```
function
[R_best,L_best,L_ave,Shortest_Route,Shortest_Length]=ACS(NC_max,m,Alpha,Beta,
Rho,Q)
                                        % 重要参数说明：
                                        %   R_best   各代最佳路线
                                        %   L_best   各代最佳路线的长度
%% 第一步：变量初始化
C=[5.294,1.558;4.286,3.622;4.719,2.774;4.185,2.230;0.915,3.821;4.771,6.041;
1.524,2.871;3.447,2.111;3.718,3.665;2.649,2.556];%n 个城市的坐标,n×2 矩阵
n=size(C,1);                            % 表示城市个数 n=10
D=zeros(n,n);                           % D 表示完全图的赋权邻接矩阵,产生 n*n
                                          的值全为 0 的矩阵
for i=1:n
    for j=1:n
D(i,j)=((C(i,1)-C(j,1))^2+(C(i,2)-C(j,2))^2)^0.5;
    end
end
m=50;                                   % 蚂蚁个数为 50
q0=0.9;                                 % 参数 q0
NC_max=100;                             % 最大迭代次数为 100
Alpha=2;                                % 表征信息素重要程度的参数 2
Beta=4;                                 % 表征启发式因子重要程度的参数 4
Rho=0.1;                                % 信息素蒸发系数为 0.1
Q=0.01;                                 % 信息素增加强度系数为 0.01
Eta=1./D;                               % Eta 为启发因子,为距离的倒数
Lnn=10;
TauStart=(1/(n*Lnn)).*ones(n,n);%TauStart 为信息素有个初始值 Tau:产生
                                         10*10 行矩阵
Tabu=zeros(m,n);                        % 存储并记录路径 Tabu:50*10 矩阵
NC=1;                                   % 迭代计数器
R_best=zeros(NC_max,n);                 % 各代最佳路线   100*10
L_best=inf.*ones(NC_max,1);             % 各代最佳路线的长度 100*1
L_ave=zeros(NC_max,1);                  % 各代路线的平均长度 100*1
%% 第二步：将 m=50 只蚂蚁放到 n=10 个城市上
while NC<=NC_max
    Randpos=[];
Tau=TauStart;
    for i=1:(ceil(m/n))                 % m 为 50,n 为 10
        Randpos=[Randpos,randperm(n)];  % 将每只蚂蚁放到随机的城市
    end
    Tabu(:,1)=(Randpos(1,:));           % 初始化禁忌表中第一个元素  矩阵的
                                          第一行赋值给另外一个矩阵的第一列
```

```
%% 第三步:对每只蚂蚁按概率函数选择下一座城市,完成各自的周游
    for j=2:n
        for i=1:m
        % 选择下一个访问的城市
            visited=Tabu(i,1:(j-1));              % 在访问第 j 个城市的时候,第 i 个
                                                     蚂蚁访问过的城市,visited 也是
                                                     矩阵
            unvisited=zeros(1,(n-j+1));          % 待访问的城市
            P=unvisited;                          % 待访问城市的选择概率分布  J、P
                                                     都是一行值为 0 的矩阵
            Jc=1;
            % 找出未访问的城市
            for k=1:n
                if length(find(visited==k))==0
                    unvisited(Jc)=k;
                    Jc=Jc+1;
                end
            end
            %  计算待选择城市的概率
        for k=1:length(unvisited)                % Tau(visited(end),unvisited(k))访
                                                     问过的城市的最后一个与所有未
                                                     访问的城市之间的信息素
    P(k)=(Tau(visited(end),unvisited(k))^Alpha)*(Eta(visited(end),unvisit-
ed(k))^Beta);
                end
                % 状态转移规则
            q=rand();
            if q<=q0
            Select=find(P==max(P));
            else  % 轮盘赌
            P=P/(sum(P));
            Pcum=cumsum(P);
            Select=find(Pcum>=rand);
            end
            % 添加到禁忌表
            to_visit=unvisited(Select(1));
            Tabu(i,j)=to_visit;
        end
    % 信息素局部更新
    Tau=(1-Rho).*Tau+Rho.*TauStart;
```

```
        end
        if NC>=2
            Tabu(1,:)=R_best(NC-1,:);          %上一代最短路径作为本代第一条
                                                  路径
        end
    %% 第四步:记录本次迭代最佳路线
        L=zeros(m,1);
        for i=1:m
            R=Tabu(i,:);
            for j=1:(n-1)
                L(i)=L(i)+D(R(j),R(j+1));% 要走一周回到原来的地点
            end
            L(i)=L(i)+D(R(1),R(n));
        end
        L_best(NC)=min(L);                     % 记录每一代中路径的最短值
        pos=find(L==L_best(NC));
        R_best(NC,:)=Tabu(pos(1),:);           % 最优的路径
        L_ave(NC)=mean(L);                     % 每一代中平均路径长度
        NC=NC+1;
    %% 第五步:更新全局信息素(增加了全局最短路径的信息素)
        Delta_Tau=zeros(n,n);
        for j=1:(n-1)
    Delta_Tau(Tabu(pos(1),j),Tabu(pos(1),j+1))=Delta_Tau(Tabu(pos(1),j),
Tabu(pos(1),j+1))+1/min(L);
        end
    Delta_Tau(Tabu(pos(1),n),Tabu(pos(1),1))=Delta_Tau(Tabu(pos(1),n),Ta-
bu(pos(1),1))+1/min(L);

        Tau=(1-Rho).*Tau+Rho.*Delta_Tau; % 更新路径上的信息素含量
    %%第六步:禁忌表清零
        Tabu=zeros(m,n);
    end
    %% 第七步:输出结果
    Pos=find(L_best==min(L_best));
    Shortest_Route=R_best(Pos(1),:);
    Shortest_Length=L_best(Pos(1));
                                               % 画图
    subplot(1,2,1)
    DrawRoute(C,Shortest_Route)
    subplot(1,2,2)
```

```
plot(L_best,'b')
hold on
plot(L_ave,'r')
title('平均距离和最短距离')
disp('最短距离为:')
disp(min(L_best))

num=find(min(L_best)= =L_best)
disp('最短路径是:')
disp(R_best(num(1),:))
%% 画路线图
function DrawRoute(C,R)
                                        % C    节点坐标,由一个 N×2 的矩阵存储
                                        % R    路线

N=length(R);
scatter(C(:,1),C(:,2));
hold on
plot([C(R(1),1),C(R(N),1)],[C(R(1),2),C(R(N),2)],'g')
hold on
for ii=2:N
plot([C(R(ii-1),1),C(R(ii),1)],[C(R(ii-1),2),C(R(ii),2)],'g')
    hold on
end
title('旅行商问题优化结果');
```

优化结果如图 5-14 所示。最优解：A→D→H→J→G→E→F→I→B→C→A，最短距离为 15. 1698。

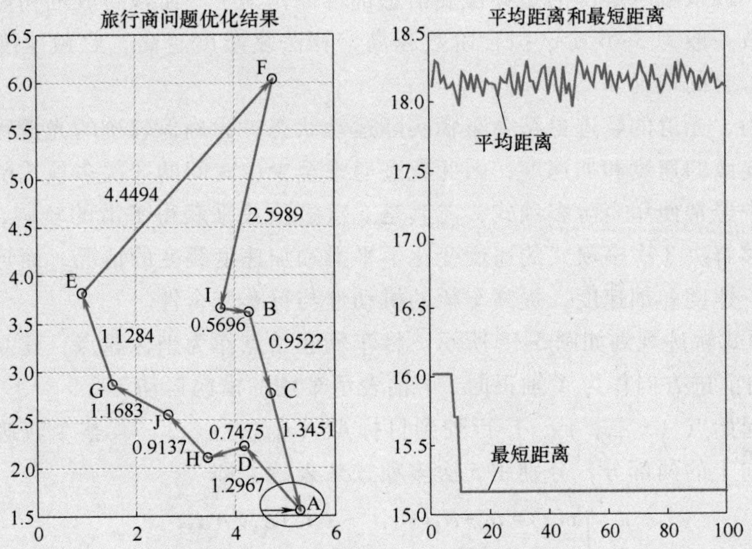

图 5-14 蚁群算法的优化结果

5.3 局部轨迹规划

局部轨迹规划是在全局路径的基础上，结合环境感知系统获取的信息（道路及障碍物信息）计算出在换道、转弯、躲避障碍物等情况下，局部范围内安全、平顺、精确的行驶轨迹。局部轨迹规划不仅要考虑空间，还要考虑时间序列。局部轨迹规划要求算法具有较高的实时性，以应对实时变化的环境信息，这对传感器、算法的效率和处理器的运算能力都是极大的挑战。

局部轨迹规划方法可分为基于机理与规则的方法和基于数据驱动的方法等。

5.3.1 基于机理与规则的方法

基于机理与规则的轨迹规划算法原理简单、参数少、易实现，具有较强的鲁棒性，并已得到广泛应用，主要包括曲线插值法、人工势场法等。

1. 曲线插值法

曲线插值法通过事先给定一系列先验路点，拟合出一条满足可行性、舒适性、车辆动力学及其他约束条件的路径常用的轨迹规划采用的曲线包括多项式曲线、B 样条曲线、回转曲线等。

（1）多项式曲线 多项式曲线主要通过起点与终点的位置、速度和加速度信息以及最小转弯半径、障碍物尺寸等约束，来确定拟合曲线的参数。在上述约束条件下，构建一个 n 阶多项式，在拟合曲线的各个节点上满足对车辆位姿的要求，同时在指定时间间隔内保证状态信息的连续性。

多项式曲线构建流程一般根据已知信息求解 n 阶多项式方程中的未知量。通过联立方程组的形式得到未知量，也就是说，如果汽车想要依次通过起点、终点以及某个中间点，那么每一段末端求解出的边界位姿信息都可以作为下一阶段行驶的初始条件。多项式拟合的阶数一般为 3~6 阶，拟合阶数越高，算法复杂度越高，收敛速度越慢，并且容易出现过拟合的情况。

通常认为，光滑的轨迹更符合车辆实际运动状态。为确保轨迹的光滑程度，需要轨迹至少具有连续的速度和加速度，因此轨迹通常至少由时间的 3 次多项式函数定义。然而，在实际中经常使用高阶多项式，尤其是 5 次多项式来获得平滑的轨迹，主要因为 5 次多项式能够解决 3 次多项式的速度变化不平滑和加速度跳变的情况，而且可以指定轨迹两端位置、速度和加速度，提高车辆的机动性与行车安全性。

5 次多项式轨迹规划如图 5-15 所示。将车辆起始点作为坐标原点，建立直角坐标系 OXY，其纵向前进方向作为 X 轴正向，Y 轴表示车辆的横向运动。

车辆从起始点（x_{start}，y_{start}）行驶到目标点（x_{end}，y_{end}），其整个轨迹可划分为 X 轴和 Y 轴方向上的两部分，分别用 5 次多项式来表达，即

$$\begin{cases} x(t)=\alpha_0+\alpha_1 t+\alpha_2 t^2+\alpha_3 t^3+\alpha_4 t^4+\alpha_5 t^5 \\ y(t)=\beta_0+\beta_1 t+\beta_2 t^2+\beta_3 t^3+\beta_4 t^4+\beta_5 t^5 \end{cases} \tag{5-7}$$

式中，α_i 和 β_i 为 X 和 Y 方向上的多项式系数；$t \in [t_s, t_e]$，t_s 为轨迹起始时刻（s），t_e 为到达目标点的时刻（s）。

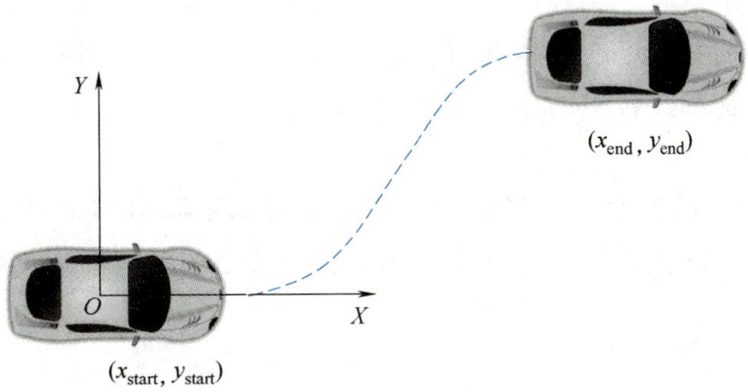

图 5-15　5 次多项式轨迹规划

通过对式（5-7）求导，可分别得到横向、纵向的速度和加速度 $\dot{x}$、$\ddot{x}$ 和 $\dot{y}$、$\ddot{y}$。

设初始状态为（x_s，$\dot{x}_s$，$\ddot{x}_s$，y_s，$\dot{y}_s$，$\ddot{y}_s$），目标状态为（x_e，$\dot{x}_e$，$\ddot{x}_e$，y_e，$\dot{y}_e$，$\ddot{y}_e$），通过配置初始和目标状态量求解多项式系数，定义矩阵 $\boldsymbol{K}_i$ 为

$$\boldsymbol{K}_i=\begin{pmatrix} 1 & t_s & t_s^2 & t_s^3 & t_s^4 & t_s^5 \\ 0 & 1 & 2t_s & 3t_s^2 & 4t_s^3 & 5t_s^4 \\ 0 & 0 & 2 & 6t_s & 12t_s^2 & 20^3t_s \\ 1 & t_e & t_e^2 & t_e^3 & t_e^4 & t_e^5 \\ 0 & 1 & 2t_e & 3t_e^2 & 4^3t_e & 5^4t_e \\ 0 & 0 & 2 & 6t_e & 12t_e^2 & 20t_e^3 \end{pmatrix} \tag{5-8}$$

同时定义式（5-8）中的系数矩阵 $\boldsymbol{A}=[\alpha_0 \quad \alpha_1 \quad \alpha_2 \quad \alpha_3 \quad \alpha_4 \quad \alpha_5]$，$\boldsymbol{B}=[\beta_0 \quad \beta_1 \quad \beta_2 \quad \beta_3 \quad \beta_4 \quad \beta_5]$。结合式（5-7）可得出以下关系，即

$$\begin{cases} [x_s \quad \dot{x}_s \quad \ddot{x}_s \quad x_e \quad \dot{x}_e \quad \ddot{x}_e]^{\mathrm{T}}=\boldsymbol{K}_i\boldsymbol{A}^{\mathrm{T}} \\ [y_s \quad \dot{y}_s \quad \ddot{y}_s \quad y_e \quad \dot{y}_e \quad \ddot{y}_e]^{\mathrm{T}}=\boldsymbol{K}_i\boldsymbol{B}^{\mathrm{T}} \end{cases} \tag{5-9}$$

通过求解式（5-9）可以得到多项式待定系数 α_i 和 β_i，从而得到相应的轨迹曲线。

（2）B 样条曲线　B 样条曲线是一种广泛应用于建模和设计等领域的曲线。高次 B 样条曲线在满足曲率连续要求的同时还具备局部性，即单个控制点的变化仅影响局部曲线的形状，因此非常适合用作轨迹曲线。可利用 5 次 B 样条曲线进行换道轨进规划，其表达式为

$$P_{i,5}(t)=\sum_{k=0}^{5}P_{i+k}F_{k,5}(t) \quad t\in[0,1] \tag{5-10}$$

式中，$P_{i,5}(t)$ 为第 i 条曲线的节点坐标；P_{i+k} 为第 $i+k$ 个控制点的坐标；$F_{k,5}(t)$ 为 5 次 B 样条曲线的基函数，其表达式为

$$F_{k,5}(t)=\frac{1}{5!}\sum_{j=0}^{5-k}(-1)^{j}C_{6}^{j}(t-k-j+5)^{5}\quad k\in[0,1,2,\cdots,n] \tag{5-11}$$

对于 n 次 B 样条曲线，当连续 n 个控制点共线时，曲线与该直线相切。为了使曲线经过起始点和目标点并满足航向角约束，分别以两点为中心，沿各自航向角在其前后方向均匀添加 4 个控制点，若将约束条件加强为端点曲率等于 0，则可以在端点两侧均匀添加 6 个控制点。

如图 5-16 所示，通过改变控制点的间距可以得到不同 B 样条换道轨迹曲线。利用这一性质可根据曲率以及侧向位移约束筛选出符合要求的轨迹，进而使其适用于目标位置航向角较大的情况，如图 5-17 所示。

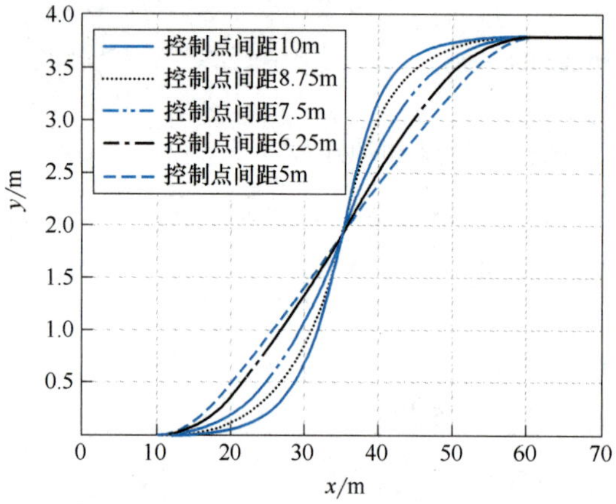

图 5-16　不同控制点距离下的 B 样条轨迹

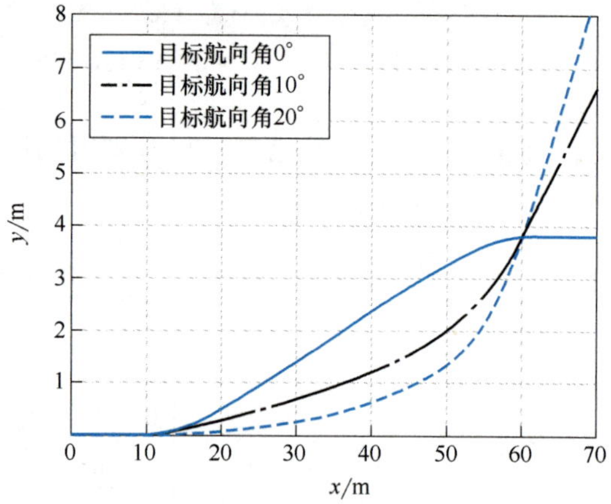

图 5-17　不同目标航向角下的 B 样条轨迹

(3) 回旋曲线　车辆换道过程可以划为扭角、靠拢、收角和调整 4 个阶段。其中在扭角和收角阶段内，驾驶人通过转动转向盘调整，而在靠拢阶段内，车辆前轮转角几乎为 0。这种航向角变化模式与圆弧换道轨迹模型非常相似，考虑到后者在圆弧与直线过渡的位置存在曲率突变，本小节通过加入回旋曲线段进行圆弧与直线的平顺过渡，从而得到满足曲率连续条件的换道轨迹。

回旋曲线是一种曲率半径与曲线长度成反比的缓和曲线，通常表达为

$$rl=A^{2} \tag{5-12}$$

式中，r 为曲线上任意一点的曲率半径；l 为该点到回旋曲线原点的曲线长度；A 为回旋曲线的特征参数。对于回旋曲线原点，有 $r=\infty$，$l=0$。

在图 5-18 所示的回旋曲线换道轨迹规划示意图中，设换道起始点 A 和目标点 H 的航向角和曲率都为 0，以 A 点作为原点建立相对坐标系，并将换道轨迹划分为回旋曲线段 AB、圆弧段 BC、回旋曲线段 CD、直线段 DE、回旋曲线段 EF、圆弧段 FG 以及回旋曲线段 GH 7 个部分。4 条回

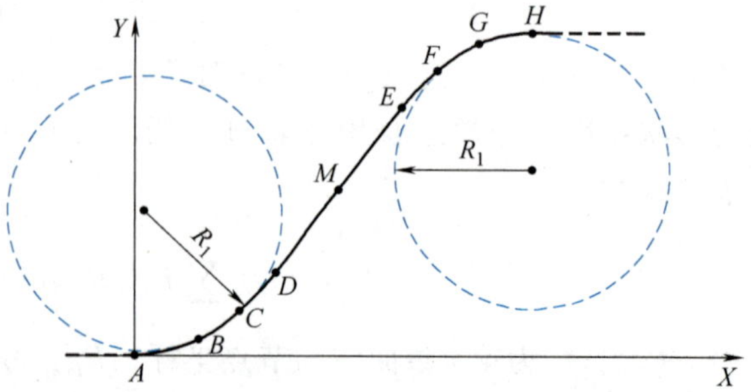

图 5-18　回旋曲线换道轨迹规划示意图

旋曲线段用于对直线段和圆弧段进行曲率衔接。M 点为直线段 DE 的中点，整条换道轨迹关于该点中心对称。

对于回旋曲线段 AB，由于 A 点处的曲率为 0，因此 A 点即回旋曲线的原点。利用坐标计算公式可以得到该段曲线的表达式为

$$\begin{cases} x=l-\dfrac{l^5}{40A^4}-\dfrac{l^9}{3456A^8} \\ y=\dfrac{l^3}{6A^2}-\dfrac{l^7}{336A^6}+\dfrac{l^{11}}{42240A^{10}} \end{cases} \tag{5-13}$$

$$l=vt \quad t\in[0,t_1] \tag{5-14}$$

式中，v 为车辆行驶速度；t_1 为车辆在 AB 段的行驶时间。

将 $t=t_1$ 代入式（5-13）可以得到回旋曲线段 AB 与圆弧段 BC 的交点 B 的坐标（x_B，y_B），利用式（5-12）和回旋曲线切线角公式可以得到 B 点的曲率半径 R_1 和航向角 θ_1，即

$$\begin{cases} R_1=\dfrac{A^2}{L_1} \\ \theta_1=\dfrac{L_1^2}{2A^2} \end{cases} \tag{5-15}$$

式中，$L_1=vt_1$，表示 AB 段曲线的长度。

当车辆处于圆弧段 BC 时，其轨迹曲率不再发生变化，转向半径仍然为 R_1，此时对应固定转向盘转角下的稳态转向工况。记车辆驶过 BC 段所用时间为 t_2，则可推导出 BC 段轨迹的表达式为

$$\begin{cases} x=x_B-R_1[\sin\theta_1-\sin(\theta_1+\theta)] \\ y=y_B+R_1[\cos\theta_1-\cos(\theta_1+\theta)] \end{cases} \tag{5-16}$$

式中，θ 为车辆在 BC 段行驶过程中航向角的变化量，其计算公式为

$$\theta=\frac{v}{R}(t-t_1) \quad t\in[t_1,t_2] \tag{5-17}$$

将 $t=t_2$ 代入式（5-16）和式（5-17），可以得出 C 点的坐标（x_C，y_C）和 B 点到 C 点对应的航向角变化量 θ_2。在确定 CD 段曲线时，考虑到对这段回旋曲线的要求是将曲率从 R_1^{-1} 过渡到 0，因此本小节采用以弦 BC 的中垂线为对称轴，将回旋曲线段 AB 做对称变换的方式得到 CD。D 点坐标（x_D，y_D）和航向角 α_D 的计算公式为

$$\begin{cases} x_D=\dfrac{-2ab}{a^2+1} \\ y_D=-\dfrac{1}{a}x_D \\ \alpha_D=2\theta_1+\theta_2 \\ a=-\dfrac{\cos\theta_1+\cos(\theta_1+\theta_2)}{\sin\theta_1+\sin(\theta_1+\theta_2)} \\ b=y_B-ax_B+R_1(\sin\theta_1+\cos\theta_1) \end{cases} \tag{5-18}$$

由于换道轨迹关于直线段 DE 的中点 M 中心对称，因此在获得 D 点的坐标和航向角之后需要根据距离约束确定 M 点的位置。记目标点的纵向位移为 y_d，则 M 点的坐标（x_M，y_M）以及轨迹的纵向长度 x_{total} 分别为

$$\begin{cases} x_M = x_D + \dfrac{y_M - y_D}{\tan\alpha_D} \\ y_M = 2y_D \end{cases} \tag{5-19}$$

$$x_{total} = 2x_M \tag{5-20}$$

对于某一时间 t_1，当换道的纵向位移 x_d 给定时，可以通过数值方法近似求出同时满足横向、纵向距离约束的 t_2 值；在此基础上，通过调整曲线 t_1 可以得到如图 5-19 所示的换道轨迹簇。由于参数 R_1^{-1} 表示整个换道过程中的最大曲率，因此通过选取较大的 R_1 值可以获取跟随舒适性更好的换道轨迹。

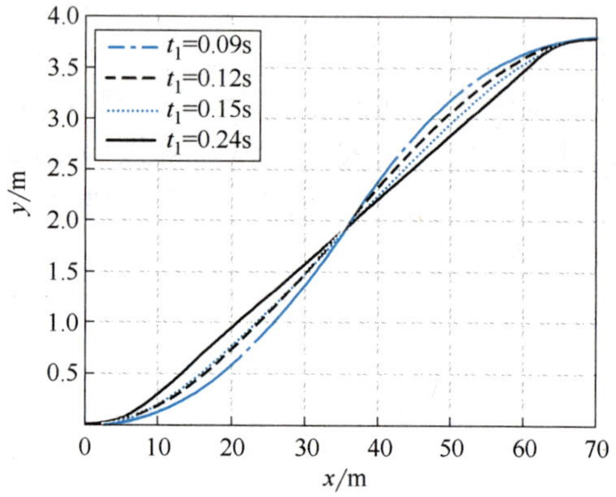

图 5-19　不同 t_1 参数下的回旋曲线换道轨迹

2. 人工势场法

人工势场法（Artificial Potential Field，APF）是一种虚拟力法，通过模仿引力、斥力下的物体运动来规划路径。在算法中目标地点与运动物体之间的作用假设为引力，障碍物与运动物体之间的作用假设为斥力，那么物体被力场作用向目标地点运动，并通过建立引力场和斥力场的势场函数来进行路径的寻优。该算法的优点是所规划的路径简单平滑，较容易满足汽车稳定行驶的需要，但容易出现局部最优的问题。

该法的基本思想是将智能汽车所处的工作环境抽象为一个虚拟力场空间，构造目标引力场和障碍物斥力场共同作用的人工势场，汽车在此势场力作用下规划运动路径。将引力定义为引力势场负梯度，即

引力势场
$$U_{all}(\boldsymbol{X}) = \frac{1}{2}k(\boldsymbol{X}-\boldsymbol{X}_d)^2 \tag{5-21}$$

引力
$$\boldsymbol{F}_{all}^* = -\mathbf{grad}[U_{all}(\boldsymbol{X})] = -k(\boldsymbol{X}-\boldsymbol{X}_d) \tag{5-22}$$

式中，k 为引力增益系数；$\boldsymbol{X}=[x \quad y]^T$ 为机器人所在位置向量；$\boldsymbol{X}_d$ 为目标点位置向量。

将斥力定义为斥力势场负梯度，即

斥力势场
$$U_0(\boldsymbol{X}) = \begin{cases} \dfrac{1}{2}\eta\left(\dfrac{1}{\rho}-\dfrac{1}{\rho_0}\right) & \rho \leqslant \rho_0 \\ 0 & \rho > \rho_0 \end{cases} \tag{5-23}$$

斥力
$$\boldsymbol{F}_0^* = -\mathbf{grad}[U_0(\boldsymbol{X})] = \begin{cases} \eta\left(\dfrac{1}{\rho}-\dfrac{1}{\rho_0}\right)\dfrac{1}{\rho^2}\dfrac{\partial\rho}{\partial x} & \rho \leqslant \rho_0 \\ 0 & \rho > \rho_0 \end{cases} \tag{5-24}$$

式中，η 为斥力增益系数；ρ_0 为常数，表示障碍物斥力的影响范围；ρ 为智能汽车与障

碍物的最短距离。

智能汽车受到的合力为 $\boldsymbol{F}^* = \boldsymbol{F}_{\text{all}}^* + \boldsymbol{F}_0^*$ ，智能汽车在合力作用下向目标点运动。

5.3.2　基于数据驱动的方法

随着人工智能技术的不断发展，机器学习算法越来越多地应用到智能汽车研究领域中，监督学习、强化学习、深度学习等技术在解决智能汽车决策规划的某些问题上展现出了比基于机理和规则的传统轨迹规划方法更优异的性能。该类方法普遍采用端到端（End to End）架构，基于训练数据建立从状态到动作的映射模型，极大地简化了智能汽车决策规划架构，且在驾驶场景深度遍历上具有良好的性能，在处理复杂场景和高级别自动驾驶任务上颇具潜力。从数据驱动方法原理角度，可大体将该方法分为基于强化学习的方法和基于监督学习的方法。

1. 基于强化学习的方法

智能汽车的局部路径规划本质上是一种复杂、随机、不确定性约束下的动态多目标协同优化问题，强化学习（Reinforcement Learning，RL）作为一种自学习算法在处理该类问题上具有原理性优势。强化学习方法建立在马尔可夫决策过程（Markov Decision Process，MDP）的基础上，其框架如图 5-20 所示，算法从真实驾驶环境或者模拟驾驶环境中获得状态观测量，输出一个决策量或控制量。根据算法输出的结果，可以从环境中获得一个奖励（或者惩罚）值。在训练的过程中，可以根据奖惩函数值调整强化学习网络的参数，从而不断收敛得到最优策略。

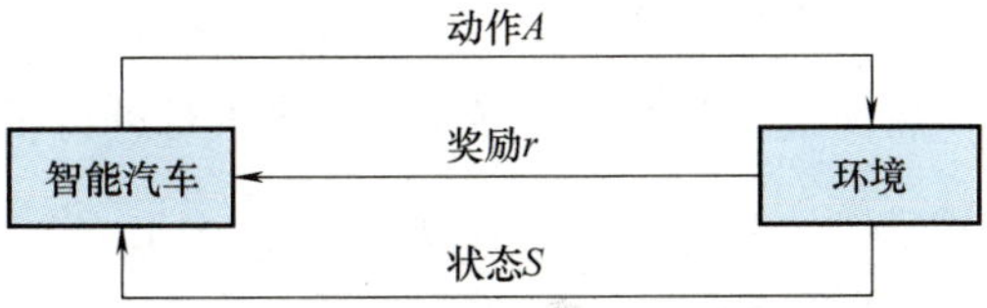

图 5-20　强化学习框架

对于此 MDP（S，A，P，r，γ），S 为由环境信息和车辆状态参数组成的相关状态；A 为自车轨迹规划策略产生的动作输出；P 为由环境不确定性产生的状态转移概率；r 为奖励函数；γ 为奖励折扣因子，且 $\gamma \in (0, 1)$。记基于强化学习的策略为 π，策略 π 的累计奖励为 $J(\pi)$，则强化学习算法目标就是在多目标约束下求解使折扣累积奖励期望最大化的最优确定性行为策略 $\pi*$。

$$\pi^* = \underset{\pi}{\operatorname{argmax}} J(\pi) \tag{5-25}$$

$$J(\pi) = E_{\pi}\left[\sum_{t=1}^{\infty} \gamma^{i-1} r_t\right] \tag{5-26}$$

式中，γ 为奖励折扣因子，$\gamma \in (0, 1)$；r_t 为 t 时刻奖励函数，$r_t = J_1 + J_2 + \cdots + J_n$，$J_1$，$J_2$，…，$J_n$ 为与智能汽车规划性能有关的各个目标函数。

强化学习作为一种端到端的车辆控制方法，可以同时对感知、决策、规划、控制部分进行优化，即可以完成综合驾驶场景的特征表征、良好的时机判断和决策输出、精确的轨迹规划和稳定的控制。

强化学习算法按照其求解最优策略的方式可分为值函数近似法、策略优化法、策略梯度法等。在智能汽车决策规划中，常用的值函数近似法包括 Sarsa 算法、Q 学习

（Q-Learning）、深度 Q 学习网络（Deep Q-Learning Network，DQN）算法等；常用的策略优化法包括置信域策略优化（Trust Region Policy Optimization，TRPO）算法等；常用的策略梯度法包括深度确定性策略梯度（Deep Deterministic Policy Gradient，DDPG）、近端策略优化（Proximal Policy Optimization，PPO）算法等。

2. 基于监督学习的方法

监督学习需要通过大量带有标签（Label）的训练数据训练监督学习模型，从而建立从指定输入到输出的黑箱映射模型。在智能汽车决策规划领域，常用的监督学习方法包括模仿学习（Imitation Learning，IL）和深度神经网络（Deep Neural Network，DNN）等。

（1）模仿学习 模仿学习又称为示教学习（Learning From Demonstrations），可以分为直接模仿学习和间接模仿学习。

1）直接模仿学习相比于间接模仿学习逻辑较为简单，本质上是采用监督学习的方式学习人类驾驶人或其他传统机理规则算法的专家示教轨迹，从而得到状态-动作映射模型。设此专家示教轨迹集合为

$$\{\tau_1,\tau_2,\tau_3,\cdots,\tau_m\} \tag{5-27}$$

集合中的任意一条轨迹 τ_i 均包含一系列的状态-动作对

$$\tau_i=\{s_1^i,a_1^i,s_2^i,a_2^i,\cdots,s_n^i,a_n^i\} \tag{5-28}$$

将所有轨迹中的所有状态-动作对进行抽取组合为一个训练数据集合 D，即

$$D=[(s_1^i,a_1^i),(s_2^i,a_2^i),\cdots,(s_N^i,a_N^i)] \tag{5-29}$$

式中，$N=\sum_{i=1}^{m}n_i$，为每条轨迹 τ_i 中所包含的状态-动作对数目。在数据集合 D 上使用监督学习方法进行训练，即可得到与示教数据相匹配的策略，也可以与强化学习相结合为强化学习的初始化策略。典型的示教学习算法包括行为克隆（Behavior Cloning）、ALVINN 系统、数据聚集算法（Dagger）等。在智能汽车的规划问题中，状态-动作对中的状态可以是交通态势、车辆状态等信息，动作可以是车辆的轨迹坐标点或其他控制参数。

2）间接模仿学习通常定义为逆向优化控制（Inverse Optimal Control，IOC）问题，通常与强化学习结合转化为逆强化学习（Inverse Reinforcement Learning，IRL）问题。如图 5-21 所示，逆强化学习的思路与强化学习相反，它与环境交互，从专家示教数据中反推奖励函数 r。

图 5-21 强化学习与逆强化学习思路对比

在逆强化学习中，状态空间 S 和动作空间 A 与直接模仿学习类似，已知一组示教轨迹 $\{\tau_1, \tau_2, \tau_3, \cdots, \tau_m\}$，若想使机器在相同状态下做出和专家示教一致或接近的行为，等价于在某个奖励函数体系求解一个能够产生和专家示教轨迹一致或接近的最优策略 π^*，也就是说设计的奖励函数应使已知的专家示教轨迹是最优的，才能够使策略向该方向收敛。下面假定奖励函数能够表达为关于状态特征的线性函数，即 $R(\boldsymbol{s}) = \boldsymbol{\omega}^{\mathrm{T}}\boldsymbol{s}$，则与强化学习类似，策略 π 的累计奖励函数为

$$J(\pi) = E_{\pi}\left[\sum_{t=1}^{\infty}\gamma^{t-1}R(\boldsymbol{s}_t)\right] = E_{\pi}\left(\sum_{t=1}^{\infty}\gamma^{t-1}\boldsymbol{\omega}^{\mathrm{T}}\boldsymbol{s}_t\right) = \boldsymbol{\omega}^{\mathrm{T}}E_{\pi}\left(\sum_{t=1}^{\infty}\gamma^{t-1}\boldsymbol{s}_t\right) \tag{5-30}$$

将 $E_{\pi}\left(\sum_{t=1}^{\infty}\gamma^{t-1}\boldsymbol{s}_t\right)$ 记作 $\boldsymbol{s}^{-\pi}$，$\boldsymbol{s}^{-\pi}$ 可利用蒙特卡洛方法通过采样近似求解，且专家示教轨迹可看作是最优策略的一个采样，于是可将每条轨迹上的状态加权求和再取平均值得到 $\boldsymbol{s}^{-*}$。设使专家示教轨迹最优的奖励函数系数矩阵为 $\boldsymbol{\omega}^*$，则最优奖励函数为

$$R(\boldsymbol{s}) = \boldsymbol{\omega}^{*\mathrm{T}}\boldsymbol{s} \tag{5-31}$$

则对于任意其他策略 π 产生的状态向量期望 $\boldsymbol{s}^{-\pi}$，一定有

$$\boldsymbol{\omega}^{*\mathrm{T}}\boldsymbol{s}^{-*} - \boldsymbol{\omega}^{*\mathrm{T}}\boldsymbol{s}^{-\pi} = \boldsymbol{\omega}^{*\mathrm{T}}(\boldsymbol{s}^{-*} - \boldsymbol{s}^{-\pi}) \geqslant 0 \tag{5-32}$$

若能对所有策略求得 $\boldsymbol{s}^{-*} - \boldsymbol{s}^{-\pi}$，即可求解最优奖励函数和基于示教数据的最优策略 π^*，即

$$\boldsymbol{\omega}^* = \arg\max_{\boldsymbol{\omega}}\min_{\pi}\boldsymbol{\omega}^{\mathrm{T}}(\boldsymbol{s}^{-*} - \boldsymbol{s}^{-\pi}) \tag{5-33}$$

（2）深度神经网络 神经网络（Neural Network，NN）模型是监督学习（Supervised Learning）中的重要内容，通过建立一定结构的神经网络模型，基于人类驾驶人数据或传统规划算法产生的数据通过误差反向传播（Back Propagation，BP）和梯度下降（Gradient Descent）等方法训练神经网络参数，从而实现根据当前交通态势和车辆状态进行车辆轨迹规划与预测，且基于人类驾驶人数据训练得到的神经网络模型具有较好的拟人性，便于在决策规划架构中嵌入驾驶人个性化风格，提升智能汽车的驾驶习性适应度。智能汽车轨迹规划中常用的神经网络模型包括 BP 神经网络模型、循环神经网络（Recurrent Neural Network，RNN）模型等。

其中，长短期记忆（Long Short Term Memory，LSTM）网络作为 RNN 的一种，较好地解决了传统 RNN 模型中的梯度离散问题，同时在面向序列数据建模问题上具有较好性能，能够记忆和处理序列中数据的长期依赖关系。通常人类驾驶人在驾驶过程中会对一定时间内交通环境变化以及自车运动状态变化进行分析处理，因此 LSTM 网络能够较好地揭示时间序列数据中隐藏的驾驶人操作规律，实现较为准确的轨迹规划与预测。

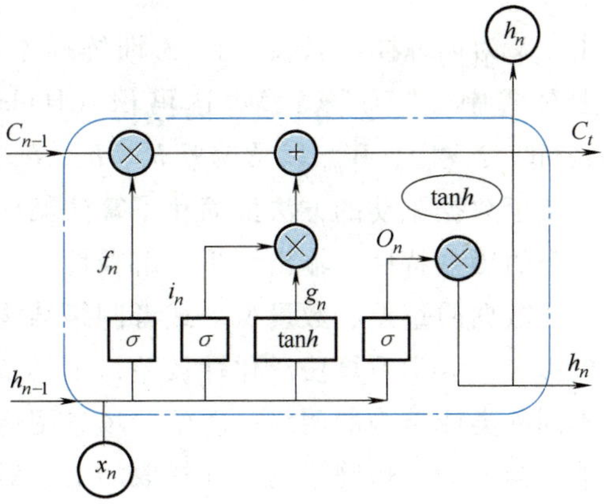

图 5-22 LSTM 网络结构

LSTM 网络结构如图 5-22 所示，通过在传统 RNN 的基础上引入遗忘门（Forget

Gate）、输入门（Input Gate）、输出门（Output Gate）3 个门控单元，以控制 LSTM 网络对历史时间序列信息的依赖程度以及给定新输入信息后何时进行状态更新。

对于智能汽车的轨迹规划问题，假定 LSTM 的特征值为 x，即网络输入可作为车辆历史轨迹坐标及其他运动学参数，网络的输出 $\boldsymbol{p}_n$ 可作为下一步长的轨迹坐标。LSTM 网络中的前向传播计算流程如下：

1）计算遗忘门。

$$f_n=\sigma(\boldsymbol{W}_f[\boldsymbol{h}_{n-1},\boldsymbol{x}_n]+\boldsymbol{b}_f)=\sigma(\boldsymbol{W}_{fh}\boldsymbol{h}_{n-1}+\boldsymbol{W}_{fx}\boldsymbol{x}_n+\boldsymbol{b}_f) \tag{5-34}$$

2）计算输入门。

$$i_n=\sigma(\boldsymbol{W}_i[\boldsymbol{h}_{n-1},\boldsymbol{x}_n]+\boldsymbol{b}_i)=\sigma(\boldsymbol{W}_{ih}\boldsymbol{h}_{n-1}+\boldsymbol{W}_{ix}\boldsymbol{x}_n+\boldsymbol{b}_i) \tag{5-35}$$

3）计算描述当前输入的状态单元。

$$g_n=\tanh(\boldsymbol{W}_g[\boldsymbol{h}_{n-1},\boldsymbol{x}_n]+\boldsymbol{b}_g)=\tanh(\boldsymbol{W}_{gh}\boldsymbol{h}_{n-1}+\boldsymbol{W}_{gx}\boldsymbol{x}_n+\boldsymbol{b}_g) \tag{5-36}$$

4）更新状态单元。

$$\boldsymbol{C}_n=\boldsymbol{f}_n\circ\boldsymbol{C}_{n-1}+\boldsymbol{i}_n\circ\boldsymbol{g}_n \tag{5-37}$$

5）计算输出门。

$$\boldsymbol{o}_n=\sigma(\boldsymbol{W}_o[\boldsymbol{h}_{n-1},\boldsymbol{x}_n]+\boldsymbol{b}_o)=\sigma(\boldsymbol{W}_{oh}\boldsymbol{h}_{n-1}+\boldsymbol{W}_{ox}\boldsymbol{x}_n+\boldsymbol{b}_o) \tag{5-38}$$

6）计算 LSTM 网络的输出。

$$\boldsymbol{h}_n=\boldsymbol{o}_n\circ\tanh(\boldsymbol{C}_n) \tag{5-39}$$

式（5-34）~式（5-39）中，$\sigma()$和 $\tanh()$ 为 sigmoid 激活函数和双正切激活函数，即

$$\sigma(x)=\frac{1}{1+\mathrm{e}^{-x}} \tag{5-40}$$

$$\tanh(x)=\frac{\mathrm{e}^{x}-\mathrm{e}^{-x}}{\mathrm{e}^{x}+\mathrm{e}^{-x}} \tag{5-41}$$

经过 LSTM 网络的计算后，LSTM 网络的最终加速度预测值输出为

$$\boldsymbol{p}_n=\boldsymbol{W}_{ph}\boldsymbol{h}_n+\boldsymbol{b}_p \tag{5-42}$$

通常可使用平方损失函数作为 LSTM 网络训练的优化函数，即

$$\mathrm{MSE}=\frac{1}{N}\sum_{n=1}^{N}(\boldsymbol{y}_n-\boldsymbol{p}_n)^2 \tag{5-43}$$

式中，N 为训练样本长度；$\boldsymbol{y}_n$ 为训练样本的真实标签值；$\boldsymbol{p}_n$ 为 LSTM 网络的预测值。以上公式中，“∘”表示哈达玛积（Hadamard Product），权重矩阵 $\boldsymbol{W}_{fh}$、$\boldsymbol{W}_{fx}$、$\boldsymbol{W}_{ih}$、$\boldsymbol{W}_{ix}$、$\boldsymbol{W}_{oh}$、$\boldsymbol{W}_{ox}$、$\boldsymbol{W}_{ph}$ 以及偏置 $\boldsymbol{b}_f$、$\boldsymbol{b}_i$、$\boldsymbol{b}_o$、$\boldsymbol{b}_p$ 为 LSTM 网络需要训练优化的参数。

基于数据驱动的方法虽简化了算法架构和规模，但仍存在一些问题：①由于学习算法本身的黑盒特性，输出结果可解释性差，模型修正难度大；②需要大量数据作为训练样本，数据质量差、数量少，或者网络结构和训练过程设计不合理极易导致模型过拟合或欠拟合；③学习算法泛化性较差，不具备场景遍历的广度优势，处理不同场景可能需要不同种类或结构的网络；④给定场景图像或其他特征，直接输出决策量或规划量的端到端架构较为依赖网络的特征提取能力，对于场景隐式特征提取不充分等问题将严重影响算法准确度；⑤当前基于强化学习的交互式训练只能在虚拟游戏引擎或仿真平台中进

行，强化学习网络进行特征提取的信息来源往往是虚拟场景中的图像、点云等，这就意味着虚拟与现实图像、点云数据等的差距将极大影响和阻碍强化学习策略从训练环境向真实应用的迁移和泛化。

5.4 车辆运动规划

5.4.1 动态规划算法

动态规划（Dynamic Programming，DP）算法是运筹学的一个分支，是求解多阶段决策过程最优化问题的数学方法。各个阶段决策的选取是任意确定的，它依赖于当前面临的状态，又影响以后的发展。当各个阶段的决策确定后，它们组成一个决策序列，也就决定了整个过程的一条活动路线，这样一个前后关联、具有链状结构的多阶段过程称为多阶段决策问题。动态规划在车辆工程技术领域有着广泛的应用，如两档变速器最优换档规律、混合动力汽车最优能量管理策略、栅格地图最优路径搜索等。其搜索策略主要是将问题分成若干个子问题，通过求解每个子问题的最优解，自下而上地组成整个问题的最优解。

DP算法的求解过程为逆向寻优、正向求解的过程，其算法结构主要由3层嵌套的循环组成：第1层为遍历搜索过程的每个子阶段；第2层为遍历第 i 个阶段的每个可能的状态；第3层为遍历第 $i+1$ 个阶段的每个状态。

【例5-7】 如图5-23所示，通过DP算法寻求由 A 到 E 的最短路径。

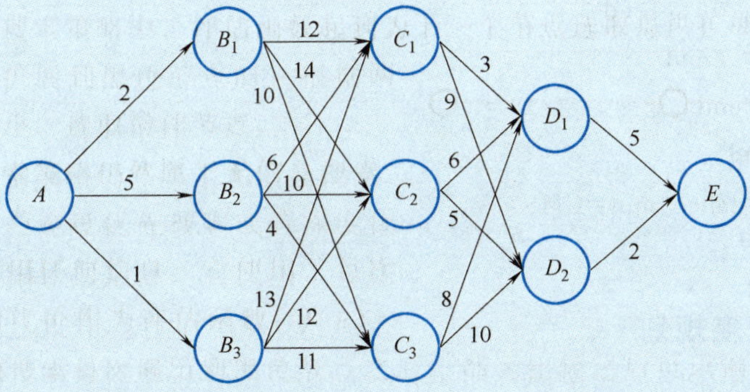

图5-23　A 到 E 的网络

解： 由于DP算法逆向寻优以及求解子问题的最优解特性，因此算法首先会遍历 $D \to E$ 的路径，下一步遍历 $C \to E$ 阶段，接着进入第2层循环，依次遍历 $C_1 \sim C_3$ 每个点，最后进入第3层循环，遍历下一阶段的状态即 D_1 与 D_2，通过第3层循环，那么第2层的某个状态（如 C_1）将会求解出其距离 E 最短的路径（$C_1 \to D_1 \to E$），通过第2层循环便可以获得 C_1、C_2、C_3 分别到 E 点的最短路径。由此通过第一层循环最后能获得上个阶段每个状态的最短路径，直到最后遍历到第一个状态，获得起点到终点的最短路径。相应的MATLAB代码如下，结果为19。

```
% 动态规划程序
GM=[0 2 5 1 100 100 100 100 100 100;…
      2 0 100 100 12 14 10 100 100 100;...
      5 100 0 100 6 10 4 100 100 100;...
      1 100 100 0 13 12 11 100 100 100;...
      100 12 6 13 0 100 100 3 9 100;...
      100 14 10 12 100 0 100 6 5 100;...
      100 10 4 11 100 100 0 8 10 100;...
      100 100 100 100 3 6 8 0 100 5;...
      100 100 100 100 9 5 10 100 0 2;...
      100 100 100 100 100 100 100 5 2 0];
distance_min=floyd(GM);
distance_min(1,10)
function distance_min=floyd(GM)
n=length(GM(1,:));
    for i=2:n
        for j=1:n
            for k=1:n
                if GM(j,k)>GM(j,i)+GM(i,k)
                    GM(j,k)=GM(j,i)+GM(i,k);
                end
            end
        end
    end
    distance_min=GM;
end
```

5.4.2 车辆速度规划

运动规划作为自动驾驶的核心环节之一，其功能是生成自动驾驶车辆的运动轨迹，以躲避行驶路线上的障碍物。该轨迹包含了车辆行驶的路径和以何种速度（加速度）运动的信息。如图 5-24 为例，1 车是本车，2 车和 3 车是交通车。1 车前方有障碍物，

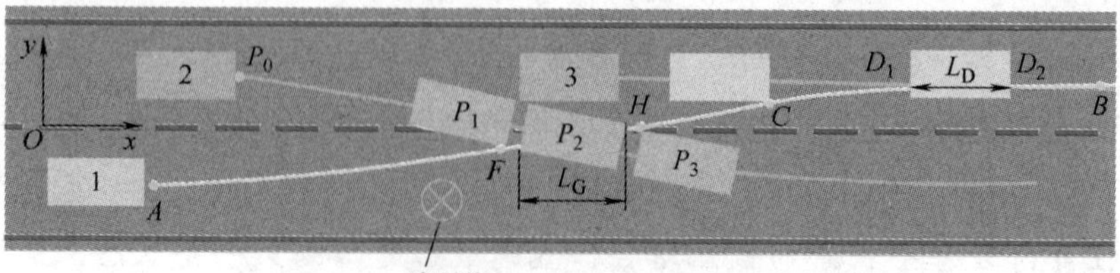

图 5-24　三车运动轨迹情境

必须在此前换左车道，2 车欲换右车道，3 车欲直行。

在上述情境下，2 车在 P_1 位置时，车辆右前方的投影点 F 刚好触碰到 1 车轨迹，占据轨迹长度为 0；当 2 车到达 P_2 位置时，2 车在 1 车轨迹的投影点分别为 G_1 和 G_2，G_1 和 G_2 占据轨迹长度为 L_G；当 2 车到达 P_3 位置后车辆左后方的投影点 H 刚好离开轨迹，占据轨迹长度又变为 0。而 3 车则在 C 点刚好与 1 车的行驶线触碰，行驶过一定距离后，3 车便一直处在 1 车行驶线的轨迹上。将 1 车的行驶轨迹按照时间与距离 A 点的行驶路程作为横坐标轴与纵坐标轴表示，则上述过程可以用“占据轨迹长度-时间”二维图表达，即 S-T 图（见图 5-25）。以 2 车为例，2 车在 t_3 时刻到达 P_1 位置时，体现在 S-T 图则是 F 点；当 2 车在 t_4 时刻行驶到 P_2 点时，体现在 S-T 图中则是一段长度为 L_G 的线段。因此，当把时间离散化后，2 车从 P_1 位置到 P_3 位置的轨迹占据过程，映射到 S-T 图则是一个二维区域。只要绕开障碍物区域任意规划一条单调递增轨迹曲线，即可保证 1 车安全换道，该轨迹曲线的导数即为速度序列曲线，因此在 S-T 图搜索避道曲线的过程就是速度规划过程。

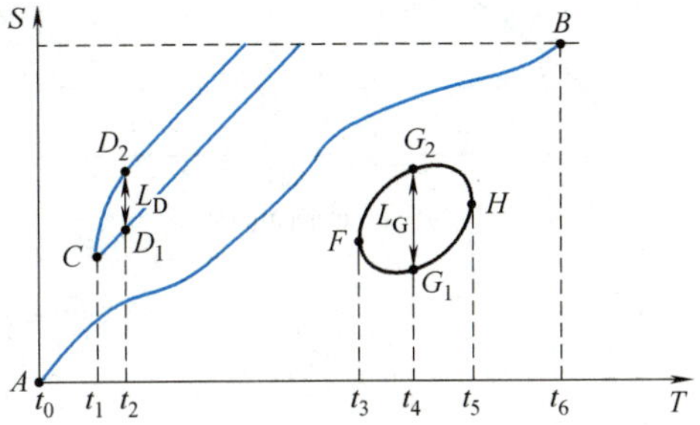

图 5-25 S-T 图

【例 5-8】 以图 5-26 为例，1 车为本车，2 车为交通车，试分析其路径、速度的变化。

解： 将上述部分场景进行 MATLAB 仿真试验，如图 5-26 所示。

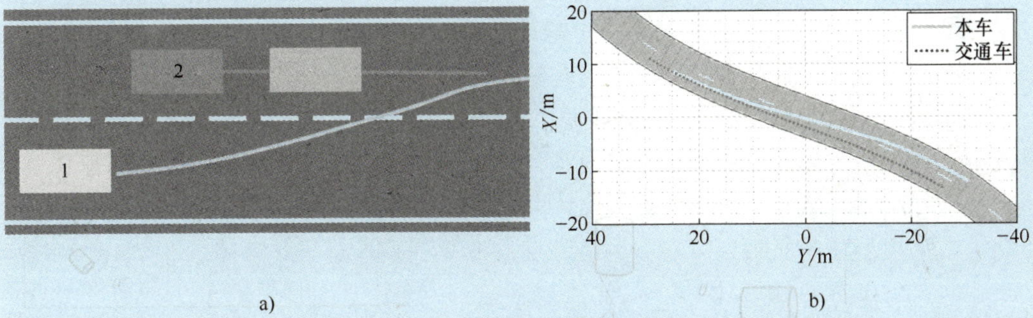

图 5-26 两车系统的仿真试验

a）模拟场景 b）MATLAB 仿真场景

在 MATLAB 中建立好相关场景后，定义离散化的 S-T 图状态空间，初始化相关参数以及定义约束条件，v_ini = 12；a_ini = 0；a_end = 0；v_max = 16；a_max = 3，并将状态空间中，满足条件速度不可超过最大速度、加速度同理也不可超过最大加速度以及不可触碰障碍区作为约束条件。只有满足这些条件的下一阶段的状态才能与上一阶段的状态联合，并通过 DP 算法获得子阶段的最优路径，以此获得各不同时间的终点位置的最优路径。通过 DP 算法所规划的最优路径和速度如图 5-27 所示。此路径与初始条件的状态以及约束条件相关，在不同的初始条件与约束条件下会有不同的结果。

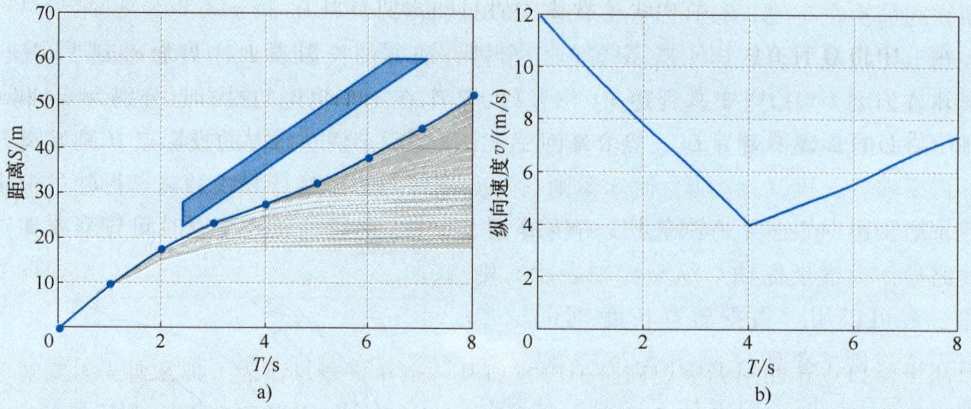

图 5-27　规划结果

a）路径规划结果　b）速度规划结果

第6章　智能线控底盘

控制算法是智能车辆线控底盘的核心技术。它将实现对传统驾驶人作用的替代，在保障车辆安全性和自动驾驶的有效性中具有十分重要的地位。

本章选取了比例积分微分（Proportional Integral Derivative，PID）控制、模型预测控制（Model Predictive Control，MPC）和最优预瞄控制（Optimal Preview Control，OPC）3种智能车辆中较为常见的控制方法进行研究，给出了3种方法在车辆控制中的数学模型并描绘了具体应用场景和方法。另外，线控底盘的基础知识请自行查阅相关文献。

6.1 智能车辆控制

智能车辆的分层系统包括感知、决策和控制3个模块。控制模块将感知到的道路信息和决策层面做出的行为判断落到实处，使车辆的行为模式尽量符合预期，其性能直接影响智能车辆智能行为的执行能力。如何使车辆的控制能减少来自外界环境和自身动力学参数变化带来的影响，并保持控制系统的快速响应能力，是需要重点研究的内容。智能车辆的运动控制主要分为横向控制和纵向控制。

1. 横向控制

智能车辆路径跟踪横向控制系统是指智能车辆的自动转向控制，主要表现为车辆的路径跟随。根据期望路径和当前位置或航向角之间的偏差，通过直接或间接的方法得到该偏差与转向盘转角之间的函数关系，进而控制车辆转向盘转角来调整车辆航向。横向控制的主要目的是跟踪道路，使车辆始终沿着期望路径行驶，同时保证车辆的行驶安全性和乘坐舒适性。

根据使用的传感器不同，道路跟踪系统分为预瞄式和非预瞄式参考系统。道路跟踪参考系统的控制方法归纳为两种：①基于车辆当前位置与期望路径之间的横向偏差（或航向偏差）的反馈控制系统；②首先通过期望路径产生描述车辆运动的动力学物理量，然后通过反馈系统进行跟踪。第①种是以车辆前方或当前位置的道路曲率作为输入，根据车辆与期望路径之间的横向偏差或航向偏差为控制目标，通过各种反馈控制方法如参数空间法、增益调度法、滑模控制方法等，设计对车辆动力学参数鲁棒的反馈控制系统。该方法理论上能得到较高精度的道路跟踪效果，但必须提前得到前方道路的曲率信息，因此对于非标准化的道路（如乡村道路或自然灾害下的应急物流）上的预瞄参考系来说难以实现。第②种是根据期望路径通过车辆运动学模型计算出车辆运动的物理控制量，如车辆横摆角速度，然后利用反馈控制对输出结果进行跟踪。该方法的控制器参数需要在实际场景下的实车试验中进行调整。由于智能车辆行驶速度变化较大，控制参数的调整较为困难。

2. 纵向控制

智能车辆速度跟踪控制系统主要是将期望车速和实际车速之间的误差经过计算得到期望加速度并转化成车辆执行系统的控制量。典型的汽车纵向动力学控制系统如图 6-1 所示，包括驱动控制系统、制动控制系统和两者的切换，通过驱动/制动控制系统对期望加速度进行跟踪，输出期望节气门开度/制动压力，再将其反馈给车辆纵向动力学系统。经过对车辆的纵向控制，执行机构应保证车辆的实际车速快速、准确地响应期望车速的变化和要求，同时操作过程中速度改变不宜过快，从而保障乘员具有较好的舒适性和操作的平顺性。

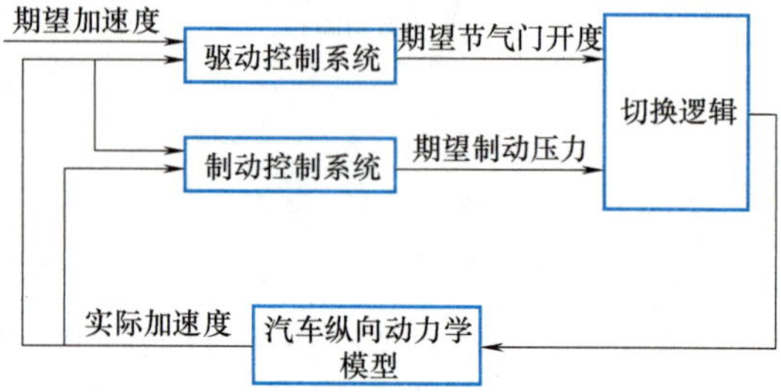

图 6-1　典型的汽车纵向动力学控制系统

6.2 PID 控制

6.2.1 基本原理

PID 调节器及其改进型是在工业控制中最常见的控制器，现在全球过程控制中 84% 仍采用纯 PID 调节器，若改进型包含在内则超过 95%。它具有结构简单、对模型误差具有鲁棒性及易于操作等优点。尽管自 1940 年以来许多先进控制方法不断推出，但 PID 控制器仍被广泛应用于冶金、化工、电力、轻工和机械等领域。

PID 控制算法的基本方程为

$$\begin{cases} u(t)=K_{\mathrm{P}}\left[e(t)+\dfrac{1}{T_{\mathrm{I}}}\displaystyle\int_0^t e(t)\,\mathrm{d}t+T_{\mathrm{D}}\dfrac{\mathrm{d}e(t)}{\mathrm{d}t}\right] \\ e(t)=r(t)-y(t) \end{cases} \tag{6-1}$$

式中，$e(t)$ 为系统的跟踪误差；$r(t)$ 为期望输出值；$y(t)$ 为实际输出值；K_{P} 为比例系数；T_{I} 为积分时间常数；T_{D} 为微分时间常数。

鉴于 PID 控制的诸多优点，其在自动驾驶中的车辆控制器中也具有广泛的运用。下面介绍 PID 在纵向控制和横向控制中的控制方法。

6.2.2 纵向控制中的 PID

纵向控制主要表现为车辆的速度跟随。控制器通过将期望车速和实际车速之间的误差进行计算输出期望加速度，并利用建立的车辆纵向动力学逆模型将加速度转化成执行机构的控制期望值，使得车辆实际车速准确、快速地跟随期望车速，同时保证驾驶操作过程的平顺性和乘员的舒适性。

纵向控制 PID 的应用形式为位置式 PID 和增量式 PID，相较于 PID 控制的标准型，实际车辆控制中需要将包含连续函数微分的控制方程转化为离散系统差分方程，并考虑积分项的实现。

位置式 PID 的数学模型为

$$\begin{cases} a(k) = K_{\mathrm{P}}e(k) + K_{\mathrm{I}}\sum_{0}^{k}e(i) + K_{\mathrm{D}}[e(k) - e(k-1)] \\ e(k) = u - v(k) \end{cases} \tag{6-2}$$

式中，$e(k)$ 为第 k 拍的速度误差；$v(k)$ 为第 k 拍的车速；u 为期望车速；$K_{\mathrm{I}}\sum_{0}^{k}e(i)$ 和 $K_{\mathrm{D}}[e(k)-e(k-1)]$ 分别对应 PID 的积分项和微分项；$\sum_{0}^{k}e(i)$ 为误差积分，表示从 $k=0$ 开始每一拍误差 $e(i)$ 的累加，表明当前输出量 $u(k)$ 与过去所有状态都有关。为了适应传感器采样数据的不连续性，微分项 $K_{\mathrm{D}}[e(k)-e(k-1)]$ 将原本的连续函数微分转化为离散形式。

在位置式 PID 中，各调节器结构清晰、作用分明，参数调整简单明了。因此控制器的设计和输出值的测试都较为方便。但是为计算第 k 拍的输出值 $a(k)$，需要储存 $e(0)\sim e(k)$ 的每一份偏差值，当 k 较大时会占用很大的内存空间，并且增加计算所需的时间。

为了解决位置式 PID 的内存占用问题，可用增量式数字 PID 代替。增量式 PID 的基本数学模型为

$$\begin{cases} \Delta a(k) = K_{\mathrm{P}}[e(k)-e(k-1)]+K_{\mathrm{I}}e(k)+K_{\mathrm{D}}[e(k)-2e(k-1)+e(k-2)] \\ e(k) = u-v(k) \\ \Delta a(k) = a(k)-a(k-1) \end{cases} \tag{6-3}$$

增量式 PID 的特点是其计算得到的结果并不是直接的输出值，而是对应第 k 拍时位置式 PID 调节器在这次的实际值与上一次的实际值的差量，输出结果 $a(k)$ 需通过与上一拍的输出结果相加得到对控制系统的实际输出量。

该方法仅需对最近的 3 次速度误差进行累加，内存占用少，不会产生过多的误差积累。但是运用增量式 PID 导致在设计的测试环节和出现故障时无法直接得到每个部分的控制值，难以进行检测和维护。

6.2.3　横向控制中的 PID

智能汽车的横向控制主要表现在车辆的路径跟随，需要根据车辆的期望路径与实际位置或航向角的偏差值之间的函数关系，计算得到车辆转向盘偏角，使车辆能够准确跟随期望路径，同时考虑过程的舒适性和稳定性。

横向控制 PID 的应用形式与纵向控制类似。以位置式为例，由比例环节、积分环

节和微分环节共同构成的基本方程为

$$\begin{cases} \sigma = K_{\mathrm{P}} e_{\mathrm{P}} + K_{\mathrm{D}} e_{\mathrm{D}} + K_{\mathrm{I}} e_{\mathrm{I}} \\ e_{\mathrm{D}} = \Delta e_{\mathrm{P}} / \Delta t \\ e_{\mathrm{I}} = \sum_{i=0}^{k} e_{\mathrm{P}} \end{cases} \tag{6-4}$$

式中，σ 为车辆转向角；比例环节中 e_{P} 为航距偏离误差，如图 6-2 所示，为车辆实际位置与期望路径的最短距离；微分环节中 e_{D} 为航距偏差率，反映汽车相对于期望轨迹运动的垂向速率；积分环节中 e_{I} 为航距偏差和，是过去航距偏离误差的累计。

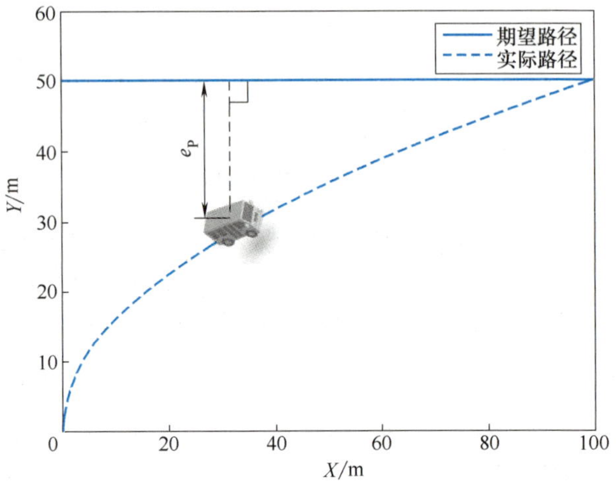

图 6-2　航距偏离误差

PID 控制中各环节的控制增益选择是决定控制效果的关键。比例增益 K_{P} 用于调节系统控制的强度，其增益值的提高通常能改善控制性能，但在增益值较高且开始调节位置偏移量较大时易造成系统失去控制，并且使控制器反复超调实际轨迹而跟随效果不佳。如果微分增益 K_{D} 太低，则为欠阻尼，会导致不断振荡；如果微分增益 K_{D} 过高，则为过阻尼，需要很长的时间来校正偏移。如果积分增益 K_{I} 过低，则对于动态变化的响应速度需要时间过长；如果积分增益 K_{I} 过高，则控制器会不稳定，这是因为正常的控制器波动会被放大。

PID 控制车辆速度算法一般会选择 P+I 的形式，即仅采用比例项和积分项而不加入微分项。从频域响应角度来看，微分环节随着频率的增加，增益会变大。因此微分环节对量测噪声非常敏感，即微分环节会放大噪声，而实际应用过程中噪声通常较大且难以避免，容易对输出结果产生较大影响。实际车辆测试也说明比例项和积分项的组合形式已经可以很好地控制系统。

6.2.4　PID 控制的改进设计

1. 前馈控制

前馈控制能够给转向盘提供一个可快速响应的控制输入，通常在控制系统中加入前馈补偿用于抑制系统静差。对于一般的时滞系统来说，设定值的变动会产生较大的滞后才能反映在被控变量上，从而产生合理的调节。而前馈控制系统是根据扰动或给定值的变化按补偿原理来工作的控制系统，其特点是当扰动产生后，被控变量还未变化以前，根据扰动作用的大小进行控制，以补偿扰动作用对被控变量的影响，使被控变量不会因扰动作用或给定值变化而产生偏差，它相对反馈控制能更加及时地进行控制，并且不受系统滞后的影响。

前馈控制在 PID 中较为典型的例子就是车辆遇到有坡度的道路，在 PID 计算输出的扭矩中再加入一个前馈补偿值来补偿斜坡路上车辆的重力分量值。

2. 抗饱和积分

一般需要在 PID 后加上饱和极限和一旦监测到达到积分上限就使积分项的值自动减少的抗饱和积分措施。当汽车由于外界因素较长时间位于偏差较大的位置时，随着时间的增加，每次累积较大的误差，很容易造成积分饱和并产生较大的过冲，而且当误差变为负时，其过冲仍维持一段时间后才恢复正常的情形，此时车辆控制处于较长时间的超调状态，进而造成较长时间内对于反向调节的反应迟缓。

$$\begin{cases} a(k)=K_{\mathrm{P}}e(k)+K_{\mathrm{I}}\sum\limits_{i=0}^{k}e(i) \\ e(k)=u-v(k) \end{cases} \tag{6-5}$$

以定速巡航功能为例，对驾驶人设定的巡航速度值进行 PI 控制，如式（6-5）所示，根据汽车动力学模型计算合适的转矩值提供给发动机。

设发动机能提供的最大转矩为 T，那么设置饱和上限为 T。如果 PID 输出大于 T，则输出值仅为 T，同时减小控制器中积分项的值。重置积分项积累的值 $\sum\limits_{i=0} e(i)$ 为 $[T-K_{\mathrm{P}}e(k)]/K_{\mathrm{I}}$。因为在达到目标值之前，比例项必然逐渐减小而积分项则逐渐增大。如果两者的和大于 T，那么第 k 拍重置后的输出值在第 $k+1$ 拍必然满足条件 $T-K_{\mathrm{P}}e(k+1)\leqslant K_{\mathrm{I}}\sum\limits_{i=0}^{k+1}e(i)$。同时，为保证不输出反向转矩设置饱和下限为 0。如果 PID 输出的是负数，那么输出传给发动机的转矩为 0。此时说明车速大于设定速度，比例项为负、积分项为正，且比例项的相反数大于积分项。因此将积分项积累的值 $\sum\limits_{i=0}^{k+1}e(i)$ 重置到 $[0-K_{\mathrm{P}}e(k)]/K_{\mathrm{I}}$ 或者重置到 0（根据超速大小来决定）。

【例 6-1】 设某一汽车速度与转矩关系的传递函数如式（6-6）所示，采用增量式 PID 方法分别在引导车匀速 $v_2(t)=t$ 和速度正弦变化 $v_1(t)=\sin(t)$ 时对车辆进行纵向控制。

$$G(s)=\frac{53}{6s^2+60s} \tag{6-6}$$

解：

由于计算机控制是一种采样控制，只能根据采样时刻的误差来计算控制量，所以计算机控制系统中，必须对公式进行离散化，具体就是用求和代替积分，用向后差分来代替微分，使模拟 PID 离散化为数字形式的差分方程。差分方程本质上是递推的代数方程，若已知初始条件和激励，利用迭代法可求得其数值解。

根据式（6-2）在 MATLAB 中设计和建立车辆纵向运动的 PID 速度控制模型，如图 6-3 所示。

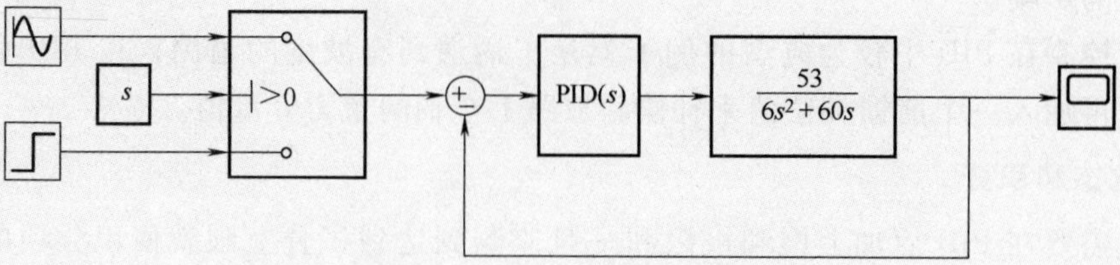

图 6-3　PID 速度控制模型

该模型建立的 MATLAB 代码如下所示：

```
ts=0.001;                          %采样时间
sys=tf(53,[6,60, 0]);              %tf是传递函数,即被控对象函数 G()
dsys=c2d(sys,ts,'z');              %把控制函数离散化取 Z 变换 n 阶定常离散系
                                    统差分方程
[num,den]=tfdata(dsys,'v');        %离散化后提取分子、分母
u_1=0.0;  u_2=0.0;
y_1=0.0;  y_2=0.0;
x=[0,0,0]';
error_1=0;
error_2=0;
                                   %核心代码
for k=1:1:10000
    time(k)=k*ts;                          %采样次数
    S=2;
    if S==1                                %阶跃输入
        kp=100;ki=0.5;kd=24;               %初始化 PID
        rin(k)=1;                          %Step Signal
    elseif S==2                            %正弦输入
        kp=100;ki=0.5;kd=10;
        rin(k)=sin(k*ts);                  %Sine Signal 即实际输入
    end

    du(k)=kp*x(1)+kd*x(2)+ki*x(3); %PID Controller 控制系数
    u(k)=u_1+du(k);                        %真正的 PID 输出应该为 du+前一
                                            时刻的输出
    if u(k)>=3
        u(k)=3;
    end
    if u(k)<=-3
        u(k)=-3;
    end
```

```
%Linear model 难点就是把传递函数转化为差分方程,以实现 PID 控制
yout(k)=-den(2)*y_1-den(3)*y_2+num(2)*u_1+num(3)*u_2;  %实际输出 num 为 dsys 分子多项式系数,den 为 dsys 分母多项式系数,从 n 阶定常离散系统差分方程变化来的
error(k)=rin(k)-yout(k);      % 误差,输入-输出
    u_2=u_1;                  %保存上上次输入,为下次计算
    u_1=u(k);                 %保存上一次控制系数,为下次计算
    y_2=y_1;                  %保存上上次输出,为下次计算
    y_1=yout(k);              %保存上一次输出,为下次计算

    x(1)=error(k)-error_1;                 %KP 的系数
    x(2)=error(k)-2*error_1+error_2;       %KD 的系数
    x(3)=error(k);                         %KI 的系数
    error_2=error_1;                       %上次的变上上次误差
    error_1=error(k);                      %这次的变上次误差
end
font_size=15;
figure(1);                                 %输入和实际控制输出
plot(time,rin,'b','LineWidth',2);
hold on; plot(time,yout,'r','LineWidth',2);
xlabel('时间(s)'); ylabel('速度(m·s^-^1)');
legend('期望输出','实际输出')
grid on
figure(2);                                 %时间误差输出曲线
plot(time,error,'r','LineWidth',2)
xlabel('时间(s)'); ylabel('速度(m·s^-^1)');
grid on
box on
set(gca,'Fontsize',font_size,'FontName','Times New Roman','FontWeight','bold')
set(gcf,'color','w');
```

系统将传递函数转化为差分方程，从而实现模拟 PID 控制。系统中饱和积分上限和下限为 3 和-3，采样频率为 1000Hz。根据 PID 参数确定一般调试方法，确认 PID 模型中各环节的增益值见表 6-1。

表 6-1　PID 模型中各环节的增益值

输入信号	比例增益 K_P	微分增益 K_D	积分增益 K_I
$v_1(t)$	100	0.5	24
$v_2(t)$	100	0.5	10

PID 模型仿真结果如图 6-4 所示。图 6-4a 为阶跃信号 $v_1(t)$ 的期望输出和实际输出曲线，总采样时间为 3s，图 6-4b 为期望输出与实际输出之间的误差值 $e_1(k)$。通过图 6-4a、b 可以看出实际输出信号无超调并迅速收敛，调节时间约为 0.62s。图 6-4c 为正弦信号 $v_2(t)$ 的期望输出和实际输出曲线，总采样时间为 10s，图 6-4d 为期望输出与实际输出之间的误差值 $e_2(k)$。通过图 6-4c、d 可以看出实际输出信号在约 2.32s 后趋于稳定，误差 $e(k)$ 随期望输出规律性变化，说明系统在动态追踪过程中也具有良好的性能。

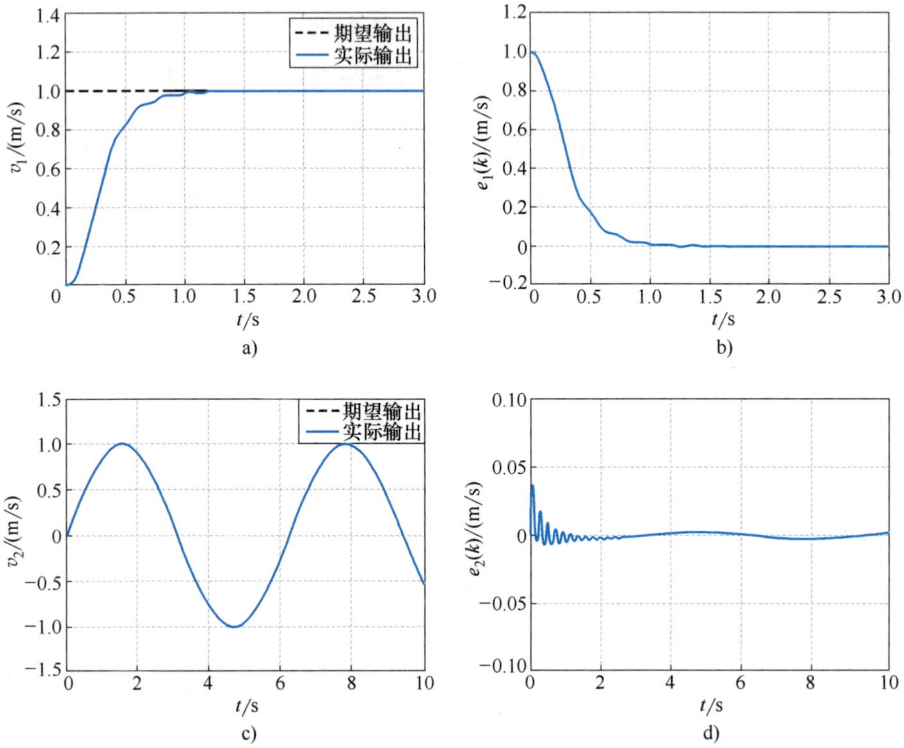

图 6-4　PID 模型仿真结果

6.3　模型预测控制

6.3.1　概述

模型预测控制（Model Predictive Control，MPC）理论作为一种有较强工业应用背景的优化控制算法，具有控制性能好、鲁棒性强、有效处理约束等特点，因而在石油、化工、电力等领域均有较为广泛的应用。在智能汽车控制中，MPC 在处理约束和求解最优控制序列方面都有较为明显的应用。模型预测控制器也称作滚动时域控制器，其基本原理是根据控制系统的动力学模型，考虑系统中各执行器的动态特性约束和状态特性约束，预测未来一段时间内系统的输出行为，进而求解带约束的最优控制问题，进而得到最优的控制输入，使未来一段时间内的跟踪误差最小。

MPC 的控制流程如图 6-5 所示，可以概括为 3 个环节：模型预测、滚动优化和反馈调节。

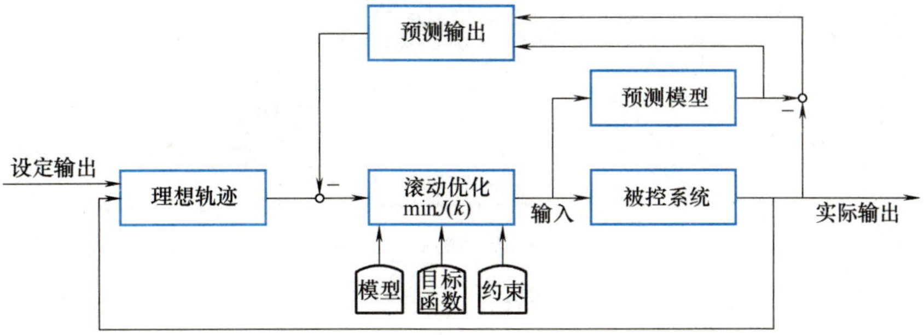

图 6-5 MPC 的控制流程

模型预测环节是指根据系统状态方程预测系统未来动态。在 MPC 算法中，需要一个描述对象动态行为的模型，这个模型的作用是预测系统未来的动态，即能够根据系统 k 时刻的状态和控制输入，预测到 $k+1$ 时刻的输出。在这里 k 时刻的输入正是用来控制系统 $k+1$ 时刻的输出，使其最大限度地接近 $k+1$ 时刻的期望值。所以此环节强调的是该模型的预测作用，而不是模型的形式。

滚动优化环节中，系统通过当前的测量信息在线求解一个有限时域的开环优化问题。因为外部干扰和模型失配的影响，系统的预测输出和实际输出存在着偏差，如果能测到这个偏差，那么能根据这个测量到的偏差值在线求解下一时刻的控制输入，即优化掉这个偏差值。若将求解的控制输出的全部序列作用于系统，那么 $k+1$ 时刻的测量值不能影响控制动作，也就是说测量值所包括的外部干扰或模型误差信息得不到有效利用。所以将每个采样时刻的优化解的第一个分量作用于系统，在下一个采样时刻，将新得到的测量值为初始条件重新预测系统的未来输出并求解优化解，继续将这个时刻的优化解的第一个分量作用于系统，这样重复至无穷。因此，预测控制不是采用一个不变的全局优化目标，而是采用时间向前滚动式的有限时域优化策略，这意味着优化过程不是一次离线进行的，而是反复在线进行的。

反馈调节环节中，系统将最优解序列的第一个分量，即下一时刻的最优输入量作用于被控系统。虽然在求解优化问题中 MPC 采用的是开环优化的方法，但其 $k+1$ 时刻的输出值始终来源于 k 时刻的控制输出量和状态量，并作用于修正系统偏差，因此 MPC 整体为闭环控制。

6.3.2 在车辆控制中的应用

智能车辆的轨迹跟随包括横向和纵向控制，都可以通过 MPC 实现。以图 6-6 为例，假定汽车从坐标原点驶出，期望轨迹和实际轨迹如图中所示，实际轨迹为离散取样点拟合的曲线。针对每个取样点，模型预测控制器都规划了未来 N 步的最佳输入量，预测最优轨迹如图 6-6 所示。由于车辆本身和路面条件的约束，预测的最优路径与实际路径始终有差异。

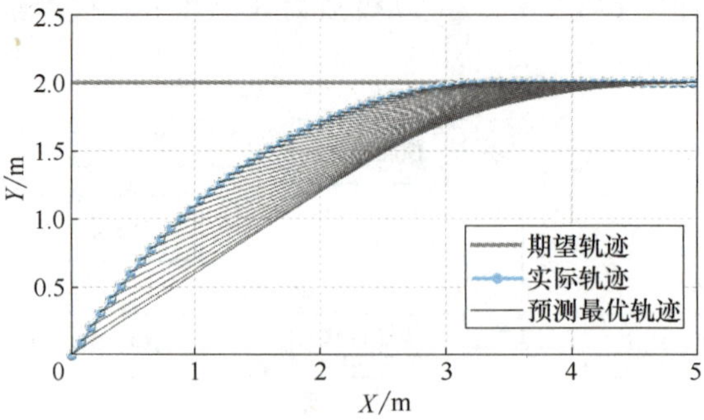

图 6-6　MPC 纵向控制的应用

1. MPC 理论模型

建立模型预测控制器，首先需要建立车辆纵横向耦合的车辆运动模型，如图 6-7 所示，包括车辆的动力学模型、转向盘转角模型和汽车加速度控制模型。

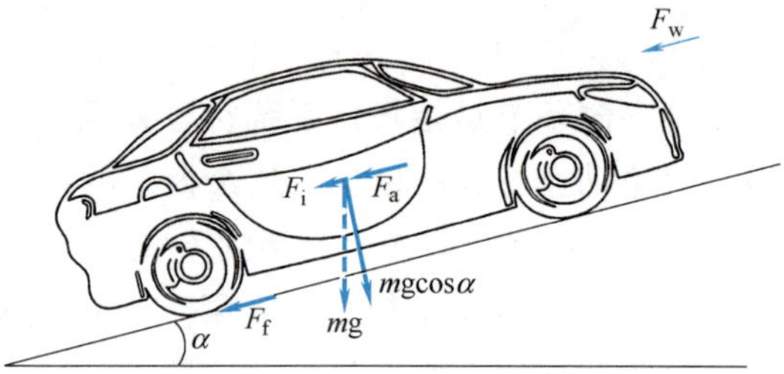

图 6-7　车辆运动受力模型

根据建立的物理学公式，对车辆的模型和传感器输入的参量进行离散化后可得到离散化系统模型为

$$\begin{cases}x(t+1)=f[x(t),u(t)]\\u(t)=u(t-1)+\Delta u(t)\\y(t)=\boldsymbol{C}x(t)\end{cases}\tag{6-7}$$

式中，$x(t)$ 为 t 时刻的系统预测输出量；$y(t)$ 为 t 时刻的理论输出量；$u(t)$ 为系统的控制输入；$\boldsymbol{C}$ 为用于最优化求解的 Hessian 矩阵。为了使智能汽车路径和速度的跟随过程中路径误差和速度误差最小，建立如下目标函数，即

$$J(u_{t-1},\Delta u_t)=\sum_{i=1}^{H_p}(\|y_{t+i,t}-y_{\mathrm{ref}t+i,t}\|_{\boldsymbol{Q}}^2)+\sum_{i=1}^{H_c-1}(\|\Delta u_{t+i,t}\|_{\boldsymbol{R}}^2)\tag{6-8}$$

式中，在标准 MPC 描述里，$\Delta u_t=[\Delta u_{t,t},\ \cdots,\ \Delta u_{t+H_c-1,t}]$ 表示 t 时刻下的优化控制输入，$y_{t+i,t}$ 表示 t 时刻时 $t+i$ 时刻的预测输出。H_p 和 H_c 分别代表了预测步长和控制步长。当步长 i 满足 $H_p<i<H_c$ 时，控制输入为定值，即 $\Delta u=0$，$\forall\, i>H_c$。$\boldsymbol{Q}$ 和 $\boldsymbol{R}$ 分别代表各部分的权重系数矩阵。

每一个步长之内，控制器在约束条件下求解式（6-9）所示的优化问题，根据前一时刻的控制输入 u_{t-1} 求解得到 $\Delta u_t=[\Delta u_{t,t},\ \cdots,\ \Delta u_{t+H_c-1,t}]$，并将预测的第一个时刻的最优控制增量 $\Delta u_{t,t}$ 计算出最优控制输入 $u(t)=u(t-1)+\Delta u_{t,t}$。

$$\min_{\Delta u_t} J(x,\Delta u_t)\tag{6-9}$$

2. 二次规划问题

模型预测控制器的最优化求解与最终建立的目标函数有很大关系，由于上述优化问题的优化目标是一个二次函数，因此可以看成是一个二次规划（Quadratic Programming，QP）问题进行求解。

$$\begin{cases}\min\ q(\boldsymbol{x})=\dfrac{1}{2}\boldsymbol{x}^{\mathrm{T}}\boldsymbol{G}\boldsymbol{x}+\boldsymbol{c}^{\mathrm{T}}\boldsymbol{x}\\ \text{s. t. } \boldsymbol{A}\boldsymbol{x}\leqslant\boldsymbol{b}\end{cases} \tag{6-10}$$

式（6-10）为二次规划的基本型，目标是求解函数 $q(\boldsymbol{x})$ 在限制条件下的最小值。设变量个数为 n，限制条件数量 m，则 $\boldsymbol{c}$ 是一个 n 维向量，$\boldsymbol{b}$ 为一个 m 维向量，$\boldsymbol{A}$ 为一个 $m\times n$ 矩阵。$\boldsymbol{G}$ 是 $n\times n$ 的 Hessian 矩阵，$\boldsymbol{G}$ 是否正定决定二次规划是否为凸二次规划。二次规划的求解方法有拉格朗日（Lagrange）法、Lemke 方法、内点法等。具有线性约束的二次规划可以在 MATLAB 中调用函数 $x=\mathrm{quadprog}(\mathrm{G},\mathrm{c},\mathrm{A},\mathrm{b},\mathrm{A_{eq}},\mathrm{B_{eq}})$求解。

【例 6-2】 已知$f(x)=\dfrac{1}{2}x_1^2+x_2^2-x_1x_2-2x_1-6x_2$，求解满足约束条件$\begin{cases}x_1+x_2\leqslant 2\\ -x_1+2x_2\leqslant 2\\ 2x_1+x_2\leqslant 3\end{cases}$的最小值。

解：

解法一：利用拉格朗日法计算。

构造 Lagrange 函数：

$$L=\frac{1}{2}x_1^2+x_2^2-x_1x_2-2x_1-6x_2+\mu_1(x_1+x_2-2)+\mu_2(-x_1+x_2-2)+\mu_3(2x_1+x_2-3)$$

计算其 KKT（Karush Kuhn Tucher）条件：

$$\begin{cases}\dfrac{\partial L}{\partial x_i}=0 \quad i=1,\ 2\\ x_1+x_2-2\leqslant 0\\ -x_1+2x_2-2\leqslant 0\\ 2x_1+x_2-3\leqslant 0\\ \mu_1,\mu_2,\mu_3\geqslant 0\\ \mu_1(x_1+x_2-2)=0\\ \mu_2(-x_1+x_2-2)=0\\ \mu_3(2x_1+x_2-3)=0\end{cases}$$

求偏导解得到

$$\frac{\partial L}{\partial x_1}=x_1-x_2-2+\mu_1-\mu_2+2\mu_3=0$$

$$\frac{\partial L}{\partial x_2}=2x_2-x_1-6+\mu_1+\mu_2+\mu_3=0$$

化简求得

$$x_1=10-4\mu_1+\mu_2-5\mu_3$$

$$x_2=8-3\mu_1-3\mu_3$$

由约束条件得到

$$x_1=\frac{2}{3},\ x_2=\frac{4}{3}$$

代入目标函数得到最小值为

$$f(x)=-\frac{74}{9}$$

解法二：利用 MATLAB 进行求解。

首先将目标函数转化为二次规划的标准型。根据式（6-10）得 $f(\boldsymbol{x})=\frac{1}{2}\boldsymbol{x}^{\mathrm{T}}\boldsymbol{G}\boldsymbol{x}+\boldsymbol{c}^{\mathrm{T}}\boldsymbol{x}$。其中，$\boldsymbol{G}=\begin{pmatrix}1 & -1\\ -1 & 2\end{pmatrix}$，$\boldsymbol{c}=\begin{pmatrix}-2\\ -6\end{pmatrix}$，$\boldsymbol{x}=\begin{pmatrix}x_1\\ x_2\end{pmatrix}$。

由于该问题具有线性约束，因此得到约束矩阵 $\boldsymbol{A}=\begin{pmatrix}1 & 1\\ -1 & 2\\ 2 & 1\end{pmatrix}$，$\boldsymbol{b}=\begin{pmatrix}2\\ 2\\ 3\end{pmatrix}$。

在 MATLAB 中调用函数 quadprog(G，c，A，b)，将上述矩阵输入后求解得到最优解 $f(x)=-8.2222$ 及其对应的输入变量矩阵 $\boldsymbol{x}=\begin{pmatrix}0.6667\\ 1.3333\end{pmatrix}$。由于 $\boldsymbol{G}$ 为正定矩阵，该二次规划为凸型，所得最小值是全局最小值。

3. 模型预测控制器实现车辆纵向控制

自适应巡航控制（Adaptive Cruise Control，ACC）又称主动巡航控制，其在传统定速巡航控制基础上结合了车距保持功能，利用车载雷达探测前方行驶环境，通过控制节气门和制动系统自动调整车速，提高驾驶舒适性和安全性。ACC 的基本功能如图 6-8 所示。

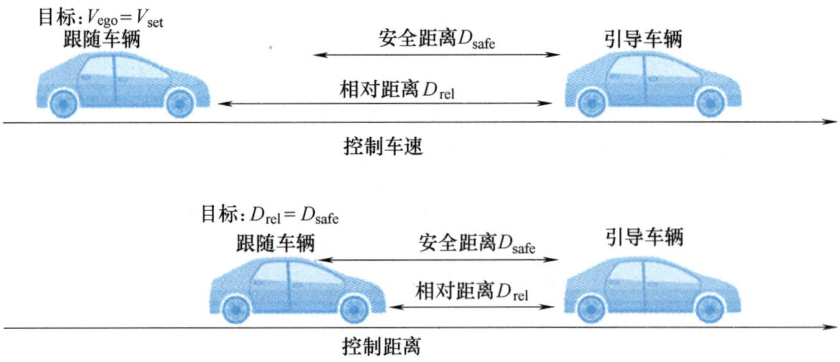

图 6-8　ACC 的基本功能

ACC 的基本功能包括速度控制（定速巡航）和距离控制（车距保持）。为了保证行车的安全性，设定引导车辆和跟随车辆之间的安全距离 $D_{safe}=D_{def}+T_{gap}V_{ego}$。其中，$D_{def}$ 和 T_{gap} 为设定的最小距离和时间间隔，V_{ego} 为跟随车辆的行车速度。当跟随车辆与引导车辆的相对距离大于该车速时的安全距离时，跟随车辆进入定速巡航模式，车速保持在

巡航速度 V_{set}；当跟随车辆与引导车辆的相对距离小于该车速时的安全距离时，车辆进入距离控制模式，跟随车辆依据两车的相对速度和距离制定合适的减速策略，使车辆在保证舒适性和控制性的情况下尽快使相对距离 D_{rel} 满足关系 $D_{rel} \geqslant D_{safe}$。距离控制根据行车工况的不同，分为稳态跟车、前车急减速、前车急加速、旁车切人、前车切出、远处接近前车、主动避撞 7 种模式。本小节只考虑距离控制中的纵向控制部分。

【例 6-3】 MPC 应用实例分析。

解： Simulink 中设计了很多 MPC 的控制模组，可用于车辆控制模型的选择，本例中选用模块 mpcACCsystem，如图 6-9 所示。为了使车辆模拟试验接近真实工况，给引导车辆输入大小为 0.6m/s^2 的正弦加速度信号。设定引导车辆和跟随车辆初始速度分别为 25m/s 和 20m/s，初始距离为 40m，巡航速度为 30m/s，最小车辆距离为 10m，时间间隔为 1.4s。为了保证车辆的加速舒适性，设定加速度区间为 [−3m/s^2，2m/s^2]，跟随车辆上的传感器以 0.1s 为采样时间测量两车距离并作为 MPC 时间步长，从而模型预测控制器向跟随车辆输入加速度以实现车辆的纵向控制。

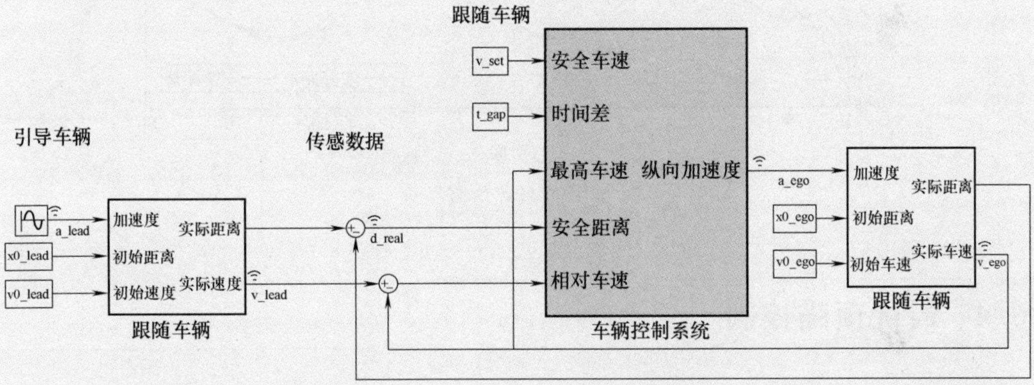

图 6-9　Simulink 中的模型预测控制器

在 Simulink 中运行模块，测试时间为 80s。分别绘制引导车辆和跟随车辆的加速度、速度和距离曲线，仿真结果如图 6-10 所示。在初始的 3s 内，为了达到巡航速度，跟随车辆以最高加速度行驶。在 3~13s 内，由于引导车辆的加速度较小，跟随车辆为保持安全距离 D_{safe} 而以变化的较小加速度行驶。在 13~25s 内，如速度曲线所示，跟随车辆保持巡航速度行驶。但随着输入引导车辆的负加速度积累，其速度不断减少，使两车相对车距与安全车距的差值不断减小。在 25~45s 内，引导车辆经历减速和加速环节，跟随车辆为保持安全距离 D_{safe} 不断调整车速。在 45~56s 内，两车相对距离与安全距离之差大于 0，因此引导车辆再次进入定速巡航模式。在 56~80s 内，随着引导车辆的再次减速，跟随车辆重复 25~45s 的减速过程。

通过仿真过程可以看出模型预测控制器保证了两车的实际距离始终大于或等于安全距离 D_{safe}。当相对距离足够大时，跟随车辆自动切换至定速巡航模式。跟随车辆的速度能跟随引导车辆的车速呈周期性变化，具有良好的动态追踪性能。

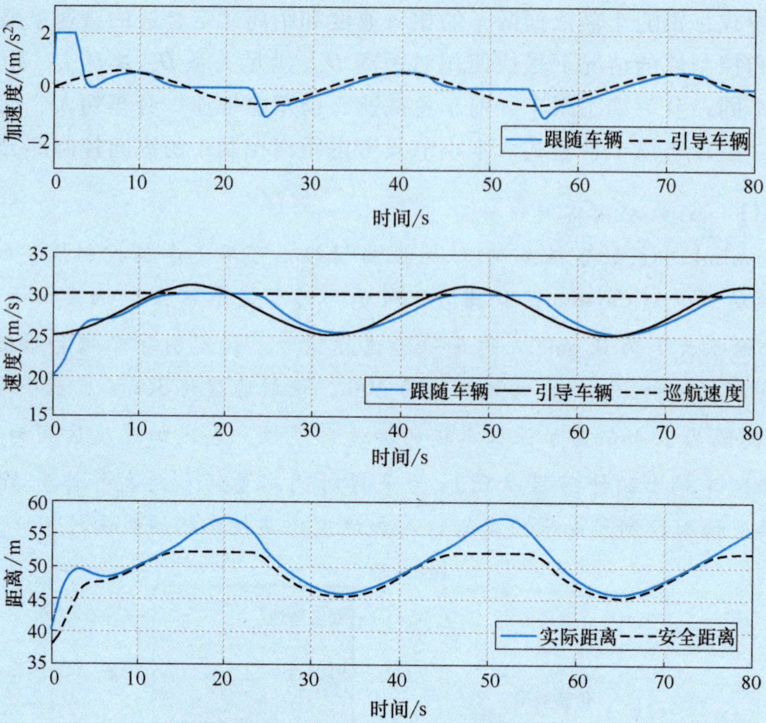

图 6-10 MPC 仿真结果

6.4 最优预瞄控制

6.4.1 稳态预瞄动态校正假说

“预瞄-跟随”理论描述了系统中参考未来输入信息而进行的控制方法，从系统角度来看此系统可理解为是由预瞄器和跟随器两者串联组成的系统。最优预瞄控制（Optimal Preview Control，OPC）的理论依据是驾驶人驾驶车辆过程中，通过对道路前方信息进行预估，使得车辆实际轨迹与理论轨迹的偏差最小，从而得到一个最优的转向盘转角输入。驾驶人稳态预瞄动态校正假说是在“预瞄-跟随”理论的基础上，针对汽车动力学控制强非线性的特点，同时借鉴广义预测控制理论的思想而提出的应用于驾驶人操纵行为建模的理论。其基本内容为：驾驶人完全利用汽车动力学稳态响应特性进行可行预期轨迹点的预测，并由此进行理想预期轨迹的决策；而在接下来的操作校正环节中，根据汽车动力学动态响应特性和驾驶人自身滞后特性对得到的理想控制量进行操作校正控制，从而得到对汽车的实际控制输入量。提出该假说主要是为了简单、有效且合理地描述驾驶人的轨迹决策行为，即忽略复杂的汽车动力特性的影响，仅根据汽车运动学特性（即汽车当前的运动状态和可能的加速度数据）进行轨迹预测，从而将研究的重点放在理想预期轨迹点的决策行为上。

稳态预瞄动态校正假说实际就是将汽车运动学特性和异常复杂的动力学特性相互隔离，假想地认为基于汽车运动学特性进行轨迹决策和操作校正。

6.4.2 横向预瞄误差模型

实际车辆在行驶过程中通常以当前车辆的运动状态为基础，预测汽车行驶至前方某位置时车辆质心与期望路径道路中心线之间的横向偏差，该偏差即为横向预瞄误差。在路径跟踪时，驾驶人模型控制的目的为根据横向预瞄误差和车辆的运动状态得到汽车的转向盘转角，进而实现对目标路径的跟踪。基于预瞄的线性二次型调节器（Linear Quadratic Regulator，LQR）控制方法，既能够综合考虑前方路径特征，又不需要在线优化求解占用大量计算资源，具有较强的嵌入式环境实车应用价值。

LQR 的基本原理是，在每一个控制周期内，通过对采用跟踪误差描述的系统进行线性化得到线性化模型，并给予该模型优化求解一个线性二次优化目标，获得最优状态反馈控制率来实现最优的轨迹跟随控制输入。

1. 单点预瞄追踪

基于最优预瞄理论的路径跟随控制问题一般包括两个部分：第一部分是根据当前的车辆状态，选择一个合理的预瞄距离，并计算出预瞄距离和期望路径的误差与转向盘转角之间的传递函数，这部分称作最优预瞄理论的前馈控制；第二部分是在路径跟随的过程中，计算车辆的航向角和期望航向角的误差，并基于车辆航向角的误差进行反馈控制，这部分称作基于最优预瞄理论的反馈控制。

前馈控制中，驾驶人沿着当前车辆行驶方向进行预瞄，根据当前车辆状态，选择一个合适的预瞄距离，然后计算参考轨迹中离预瞄点最近的点的距离，该距离称为预瞄误差。为了使车辆实际行驶的轨迹与期望轨迹的误差最小，根据车辆模型确定预瞄误差与转向盘转角之间的传递函数关系，最后根据该传递函数，得到最优的转向盘转角。

建立车辆模型时一般采用 2 自由度模型，稳态行驶即跟随误差为零状态下的车辆模型方程为

$$
\begin{pmatrix} -\dfrac{C_{af}+C_{ar}}{m_{CG}u} & -u+\dfrac{bC_{ar}-aC_{af}}{m_{CG}u} \\ \dfrac{bC_{ar}-aC_{af}}{I_z u} & -\dfrac{a^2C_{af}+b^2C_{ar}}{I_z u} \end{pmatrix} \begin{pmatrix} v_{ss} \\ r_{ss} \end{pmatrix} = \begin{pmatrix} \dfrac{C_{af}}{m_{CG}} \\ \dfrac{aC_{af}}{I_z} \end{pmatrix} \sigma_{ss} \tag{6-11}
$$

式中，C_{af}、C_{ar} 分别为前轮、后轮的等效偏刚度；m_{CG} 为车的质量；I_z 为质心处的转动惯量；u 为车辆质心处沿车辆行驶方向的速度；a、b 分别为前轴、后轴到质心的距离；v 为车辆行驶方向的速度；r 为横摆角速度；下标 ss 为稳态情况下的车辆状态量；σ 为前馈控制量。

根据上述方程，结合稳态圆周运动的规律，可以得到期望的转向盘转角和预瞄误差之间的传递函数为

$$\begin{cases}\dfrac{\delta_{ss}}{o_{ss}}=\dfrac{\dfrac{u}{\sqrt{R^2-T^2}}\left[a+b-\dfrac{m_{CG}u^2(aC_{af}-bC_{ar})}{(a+b)C_{af}C_{ar}}\right]}{\sqrt{d^2+R^2+2dT}-R}\\ V_{ss}=Rr_{ss}\\ v_{ss}=Tr_{ss}\\ r_{ss}=\dfrac{u}{\sqrt{R^2-r^2}}\end{cases} \tag{6-12}$$

式中，δ 为转向盘转角；o 为预瞄误差；d 为预瞄距离；V 为合速度；T 为预瞄时间；R 为转弯半径。

为了简化公式，根据泰勒公式假设有$\dfrac{|d(d+2T)|}{R^2}\ll 1$ 和$\dfrac{|T|}{R}\ll 1$，即预瞄距离和车身质心参数均远小于曲率半径，可将式（6-12）进一步化简为式（6-13），得到期望转向盘转角与预瞄误差、车速、预瞄距离和车辆参数的函数关系。

$$\frac{\delta_{ss}}{o_{ss}}=\frac{2\left[a+b-\dfrac{m_{CG}u^2(aC_{af}-bC_{ar})}{(a+b)C_{af}C_{ar}}\right]}{d(d+2T)} \tag{6-13}$$

为了使车辆以较小的误差沿着期望的路径行驶，预瞄距离的选取对预瞄跟随效果的影响很大。在车速较低的情况下，如果预瞄距离过大，就会导致车辆前方信息无法有效利用；在车速较高的情况下，如果预瞄距离过短，则会丢失车辆未来道路的信息，从而使控制效果变差。因此，可采用综合考虑车速和预瞄时间的动态预瞄距离计算公式，即

$$d_{pre}=t_{pre}\mu_x+d_0 \tag{6-14}$$

式中，t_{pre} 为预瞄时间；μ_x 为车辆纵向速度；d_0 为固定的预瞄距离。

2. 多点预瞄追踪

单点预瞄控制虽然也能起到路径跟随的控制作用，但是仅采用单点预瞄模型可能导致前方道路情况与车辆当前状态偏差较大的情况发生，使跟随效果变差。因此，实际车辆控制中常采用多点预瞄的模型来更加有效地利用道路信息，从而减小探测误差。预瞄模型如图 6-11 所示，对于每一个预瞄点对应的侧向误差 e_i，定义为每个预瞄点与预瞄方向垂直的直线与参考轨迹的交点与对应的预瞄点的距离。

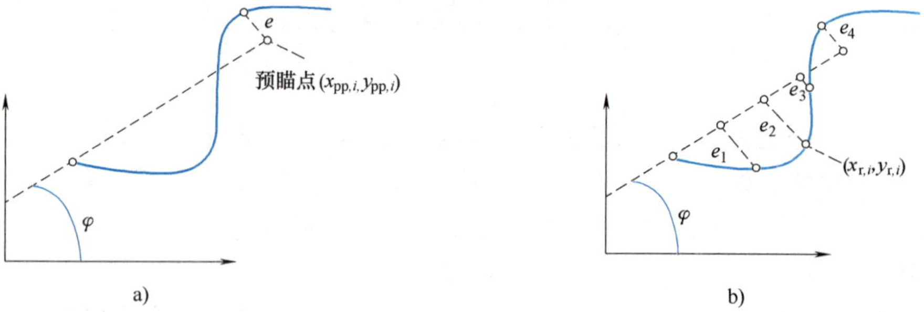

图 6-11　预瞄模型

a）单点预瞄　b）多点预瞄

预瞄点的坐标可以根据式（6-15）得到，即

$$\begin{cases} x_{pp,i}(t)=x_{CG}(t)+K_i d_{pre}(t)\cos[\varphi(t)] \\ y_{pp,i}(t)=y_{CG}(t)+K_i d_{pre}(t)\sin[\varphi(t)] \end{cases} \tag{6-15}$$

式中，$x_{pp,i}(t)$ 和 $y_{pp,i}(t)$ 为第 i 个预瞄点在 t 时刻的坐标；$x_{CG}(t)$ 和 $y_{CG}(t)$ 为 t 时刻车辆质心在坐标系下的坐标；K_i 为第 i 个预瞄点到车辆质心距离与预瞄距离的比值；d_{pre} 为定义的预瞄距离；$\varphi(t)$ 为车辆的航向角。

【例 6-4】 车辆采用多点预瞄进行轨迹跟随，预瞄点数量为 3，车辆在坐标（10，20）以速度 20m/s、航向角 15°行驶。设定固定预瞄距离为 10m，预瞄时间为 0.5s，求第 3 个预瞄点的坐标。

解： 根据式（6-14）求得，预瞄距离 $d_{pre}=(0.5\times20+10)\text{m}=20\text{m}$。

对于第 3 个预瞄点，预瞄点到车辆质心距离与预瞄距离的比值 $K_i=1$。因此代入式（6-15）得到

$$x_{pp,i}=10+1\times20\cos15°=29.32$$

$$y_{pp,i}=20+1\times20\sin15°=25.18$$

所以第 3 个预瞄点的坐标为（29.32，25.18）。

总的预瞄误差定义为各个预瞄点的偏差的权重和，即

$$o(t)=\sum_{i=1}^{n}G_i e_i(t) \tag{6-16}$$

基于多点预瞄的路径跟随控制框架如图 6-12 所示。根据车辆目前的坐标和纵向速度，通过多点预瞄得到一系列的预瞄误差，然后得到前馈控制量 σ_{ss}，再根据航向角的误差 $\Delta\sigma_{\varphi}$，通过 PD 控制得到反馈控制增量，最终通过前馈和反馈得到总的控制量 σ。

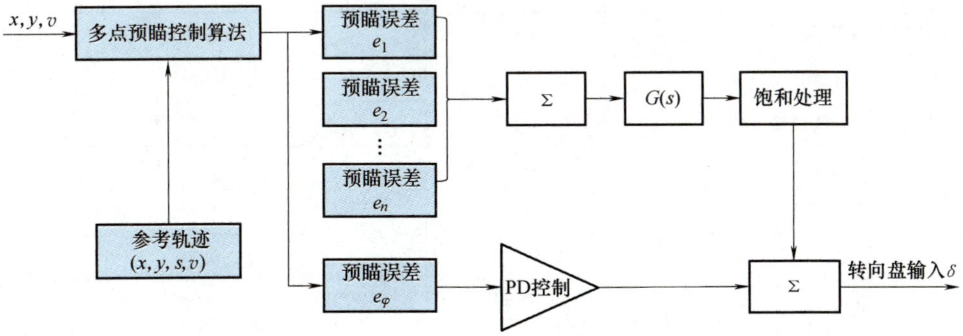

图 6-12 基于多点预瞄的路径跟随控制框架

6.4.3 最优预瞄加速度决策

最优预瞄理论除了用于横向控制，也可以用于车辆的纵向控制，即根据车速和期望轨迹来输出合适的加速度信号。最优预瞄加速度模型描述了驾驶人对汽车方向与速度的综合控制行为。模型基于预瞄跟随理论及广义预测控制理论，提出了上述驾驶人稳态预瞄动态校正假说于最优预瞄的路径跟随控制框架。依据此假说，可以将模型划分为信息

感知、轨迹决策与操作校正3个部分。信息感知部分描述了驾驶人对行车环境信息及汽车本身状态信息的感应。模型核心部分为轨迹决策和操作校正。

完整的路径追踪最优预瞄模型，通过驾驶人操作特性将最优预瞄加速度转换为应该输入于汽车的最优转向盘转角，使汽车经过预瞄时间 T_{pre} 后到达预期估计点，实现期望路径在约束条件下快速准确的追踪。

【例 6-5】 设计一套完整的智能车辆轨迹追踪方法，包括横向控制和纵向控制方案，建立基于MPC和最优预瞄理论的车辆控制模型。以6.3.2节中介绍的车辆自适应巡航控制（ACC）为应用场景，通过基于Simulink与CarSim联合的仿真试验来验证模型在目标速度控制、安全距离保持、弯道转向的有效性，分析实际情况下的运动和控制性能指标。

解：（1）环境和车辆参数设置　试验采用Simulink作为控制算法实现的平台，版本为MATLAB2019a，同时联合了车辆动力学仿真软件CarSim，建立仿真控制车辆和仿真工况，版本为CarSim8.02。车辆模型采用CarSim中默认设置的车辆7自由度操纵稳态模型，即包括车轮纵向、横向、横摆以及4个车轮的转动7个自由度。

在CarSim中设置车辆和道路信息和参数，试验选取汽车整车参数见表6-2。ACC下选择B型车为引导车辆，D型车为跟随车辆即控制的主要对象。试验采用自定义的仿真环境，如图6-13所示为两车道的郊区公路，包含3个弯道和起步时的平直加速路段。路面为路宽5.5m、摩擦系数为0.85的平整水泥地面。

表6-2　汽车整车参数

描述	B型车	D型车
颜色	红色	蓝色
汽车质量/kg	1110	1370
前轮轮胎偏转刚度/(N/rad)	90000	87000
后轮轮胎偏转刚度/(N/rad)	90000	87000
整车绕 Z 轴转动惯量/kg·m^2	1343.1	2315.3
质心至前轴距离/m	1.04	1.10
质心至后轴距离/m	1.56	1.76
车轮滚动半径/m	0.31	0.34
车轮转动惯量/kg·m^2	1.2	1.8
前轮宽度/m	1.480	1.436
后轮宽度/m	1.480	1.436

（2）控制模型建立　控制模型以MPC建立纵向控制模块，以最优预瞄建立横向控制模块。引导车辆的速度变化曲线和转向动作设定为试验前完成设置，使引导车辆按照规定的路径行驶。被控对象为跟随车辆，利用雷达模块探知道路信息，包括与前车间距、前车速度。根据感知的信号制定加速度策略和转向盘转角输入，使得跟随车辆在道路追踪的基础上达到自适应巡航的车距保持和定速巡航功能。

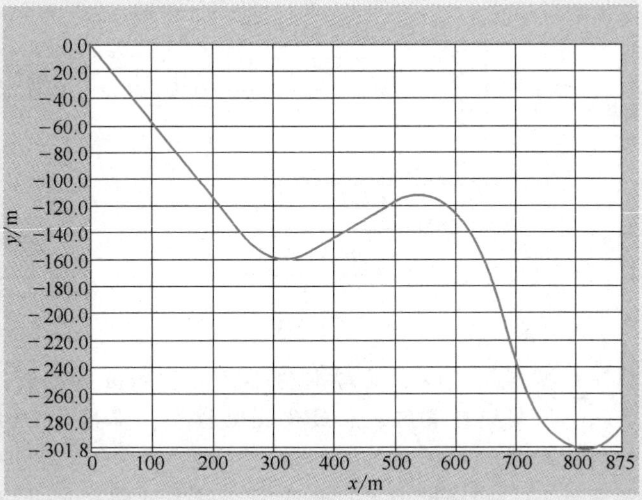

图 6-13 试验道路设置

跟随车辆的纵向控制即车辆的加速策略制定和控制信号输出由 Simulink 计算完成后传输回 CarSim 中进行车辆模型仿真。Simulink 中搭建的控制模块如图 6-14 所示。

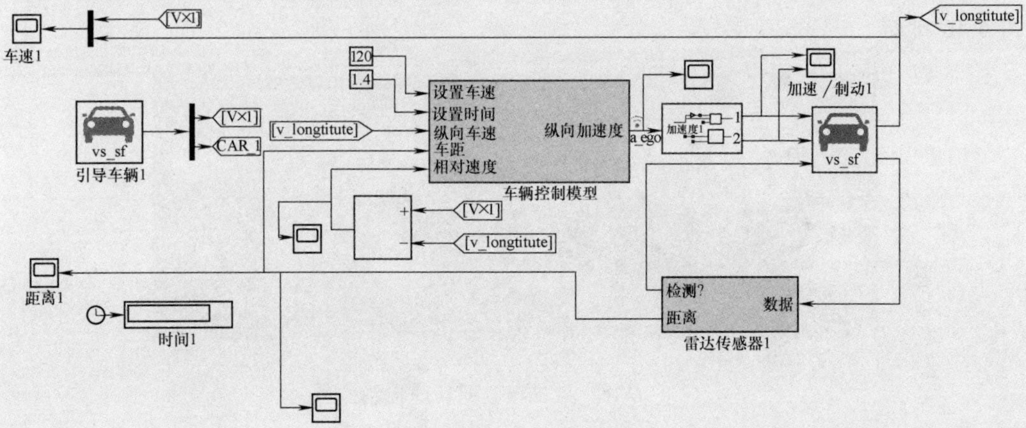

图 6-14 控制模块

MPC 的车辆控制模型采用 mpcACCsystem 模块，设定车辆定速巡航速度 V_{set} 为 120km/h，时间间隔 T_{gap} 为 1.4s，加速度范围为 $[-3m/s^2, 3m/s^2]$。输入信号为车辆纵向速度 V，跟随车辆与引导车辆间实际距离 d_{real}，跟随车辆与引导车辆间纵向速度差值 V_{diff}。控制器将输入变量根据式（6-9）进行计算，输出在约束条件下车辆的最优加速度信号。

CarSim 中的车辆纵向控制输入信号不能直接以加速度控制，而是以加速踏板行程控制正加速度，以制动踏板行程控制负加速度，因此为了使模型预测控制器输入的加速度信号对车辆进行纵向控制，需要建立转化模组将加速度信号转化为对应的加速踏板和制动踏板行程。将设定加速度值与模型实际的加速度输出进行对比，多次试验后确定制动转化比例系数和加速转化比例系数分别为 $K_{negative}=-0.54$ 和 $K_{positive}=0.079$，建立加速度转化模块如图 6-15 所示。

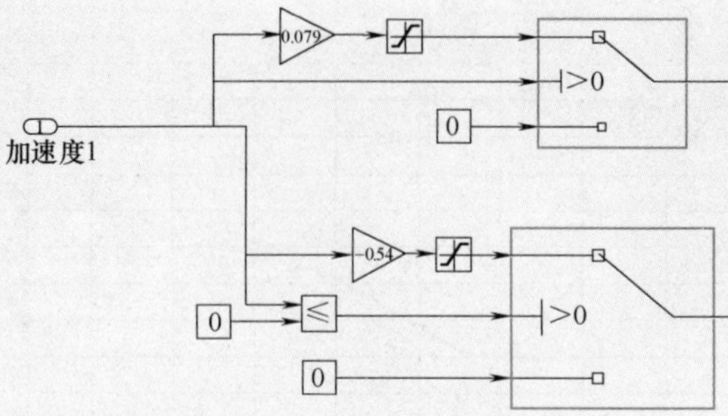

图 6-15　加速度转化模块

车辆横向控制即根据车辆实际位置与期望路径差值和当前车辆速度调整转向盘角度，实现路径追踪。控制模型采用多点最优预瞄模型，直接在 CarSim 中建立驾驶人操作模型进行控制仿真。

设置预瞄点数量为 10，预瞄时间 t_{pre} 为 0.5s，固定预瞄距离 d_0 为 10m，车身物理参数已在表 6-2 中给出，总的预瞄误差加权计算式（6-16）中对应的 10 个预瞄点权重向量 $\boldsymbol{G}$ 为 $[0.3, 0.15, 0.1, 0.1, 0.1, 0.05, 0.05, 0.05, 0.05, 0.05]^T$。据此可计算出每一时刻预瞄误差对应的转向盘转角大小。最优预瞄的转向控制如图 6-16 所示。

图 6-16　最优预瞄的转向控制

（3）仿真试验和结果分析　将建立的车辆模型导入设置好的场景模型，利用 CarSim 和 Simulink 的控制器对车辆进行控制计算。相关参数和控制方法见 6.1 和 6.2 节中介绍，设定仿真时间为 40s，在 CarSim 中生成仿真结果如图 6-17 所示。

绘制结果数据曲线如图 6-18～图 6-20 所示。由图 6-18 可知，试验过程中跟随车辆始终与引导车辆保持合适间距，未发生碰撞现象。目标安全距离随两车相对速度变化而改变。初始时跟随车辆速度较快，因此在 0～10s 中跟随车辆缓慢减速，跟随车辆和引导车辆的间距不断减少。10～15s 跟随车辆由于进入第一个弯道，因此雷达短暂丢失引导车辆信息，因此在图 6-18 中呈现一个较大的信号突变。15～20s 时，距离信号恢复，为保持两车间距大于安全距离，跟随车辆继续减速，跟随车辆和引导车辆的距离继续增大。20s 时车辆经历第二个弯道，在此转向过程中，引导车辆和跟随车辆的距离调整达到安全距离后，跟随车辆之后随引导车辆车速的变化不断调整。在 27～31s 时车辆经历第三个弯道，跟随车辆和引导车辆间距离发生波动，但在之后很快恢复。

图 6-17 CarSim 仿真结果（CarSim 动画）

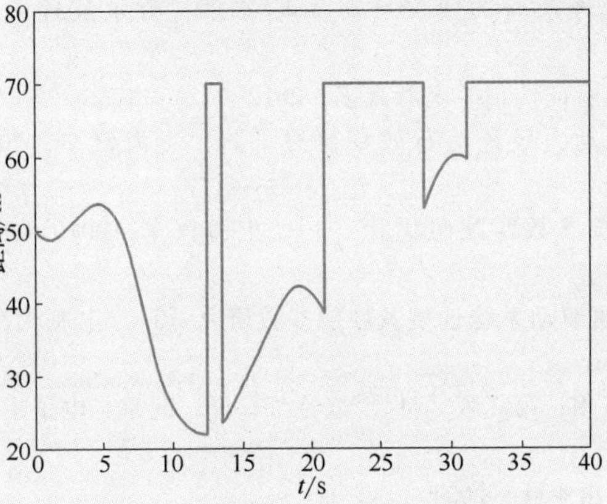

图 6-18 引导车辆与跟随车辆间的距离

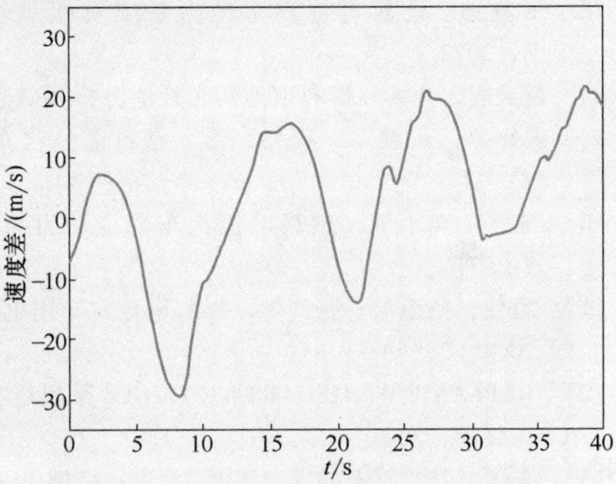

图 6-19 引导车辆与跟随车辆速度差

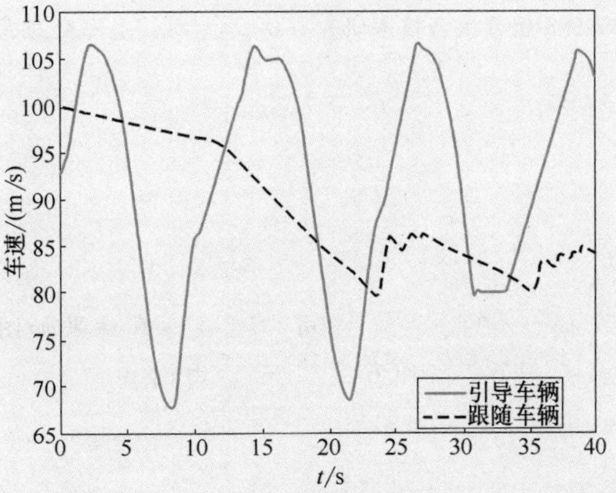

图 6-20 引导车辆与跟随车辆速度比较

由于试验场景中弯道较多，且设置的引导车辆速度波动较大，因此跟随车辆的路径跟随和自适应巡航功能都较难实现。然而建立的控制器依然较好地达到了控制效果，在经过 20s 的调整后使跟随车辆和引导车辆之间达到了安全距离，期间无碰撞发生，预计的转向功能得到良好的实现。尽管由于道路场景长度较短且情况较复杂，未能切换到定速巡航模式，但整体控制效果依然达到预期，证明了控制模型的有效性。

参 考 文 献

[1] 肖浚仿. 纯电动轿车基础 [M]. 2版. 武汉：湖北科学技术出版社，2020.

[2] 杨殿阁，黄晋，江昆，等. 汽车自动驾驶 [M]. 北京：清华大学出版社，2022.

[3] 杨殿阁，黄晋，江昆，等. 汽车自动驾驶：实验 [M]. 北京：清华大学出版社，2022.

[4] 《中国公路学报》编辑部. 中国汽车工程学术研究综述：2017 [J]. 中国公路学报，2017，30(6)：1-160.

[5] 《中国公路学报》编辑部. 中国汽车工程学术研究综述：2023 [J]. 中国公路学报，2023，36(11)：1-192.

[6] SPIEGEL C. 质子交换膜燃料电池建模与MATLAB仿真 [M]. 张新丰，张智明，译. 北京：电子工业出版社，2013.

[7] 王晓拙. 燃料电池汽车动力系统及能量管理策略的研究 [D]. 哈尔滨：哈尔滨理工大学，2022.

[8] 倪天鹿，卢治. 燃料电池轿车性能分析和试验验证 [J]. 上海汽车，2012 (12)：3-7.

[9] 殷婷婷，黄晨东，程伟，等. 燃料电池汽车动力系统运行效率研究 [J]. 上海汽车，2012 (8)：2-5.

[10] 王平，黄小枫. 燃料电池汽车混合动力系统参数匹配与优化 [J]. 上海汽车，2010 (3)：7-11.

[11] 程伟，欧阳启，张晓辉. 燃料电池汽车用电机驱动系统选型及性能参数研究 [J]. 上海汽车，2008 (3)：4-7.

[12] KAPLAN E D，HEGARTY G J. GPS原理与应用：第2版 [M]. 寇艳红，译. 北京：电子工业出版社，2007.

[13] 朱冰. 智能汽车技术 [M]. 北京：机械工业出版社，2021.

[14] 吴光强. 汽车理论 [M]. 3版. 北京：人民交通出版社，2021.

[15] 靳文瑞. 基于GNSS的多传感器融合实时姿态测量技术研究 [D]. 上海：上海交通大学，2009.

[16] 王立端. 星载GNSS/INS超紧组合技术研究 [D]. 上海：上海交通大学，2010.